KB198914

트럼프 2.0

대한민국
지금이 기회다!

트럼프 2.0

대한민국
지금이 기회다!

김문수 지음

생각하는 갈대

트럼프 2.0
'하늘이 대한민국에 내린 기회다!'

트럼프 대통령 2기 정부의 목표는 뚜렷하다. 한마디로 요약하면 중국이 더는 미국의 패권을 넘보지 못하게 경제-군사적으로 완전히 몰락시킨다는 전략이다. 이미 중국은 트럼프 1기 때 관세폭탄이라는 불의의 습격을 당한 데 이어, 우한발 코로나바이러스를 전 세계에 퍼뜨린 불량국가로 손가락질받으면서 인류의 공적이 되어 휘청거리고 있다.

중국은 러시아가 우크라이나를 침공하자 곧바로 러시아를 지원하고 나섰다. 그러면서 한때 친중 노선의 길을 걷던 이탈리아와 독일, 프랑스 등 유럽연합(EU)의 중심 국가들이 모두 중국과의 결별을 선언한다. 중국은 미국과 서방 국가들로부터 완전한 왕따를 당하게 된다.

이로써 중화민족의 패권을 꿈꾸던 시진핑의 중국몽이 흔들리기 시작한다. 무엇보다 중국몽의 두 가지 대 전략에 균열과 파멸이 시작된다. 먼저 〈중국 제조2025〉가 미국 정부의 최첨단 기술 차단과 관세 폭탄으로 완전히 무너지고 있다. 그리고 두 번째 대전략인 〈일대일로(一帶一路)〉가 이미 파탄을 맞았다.

특히 1월 20일 트럼프 2기 정부가 출범하면서 안긴 60%의 초고율 관세로 중국이 더는 버티어 내기가 어렵다. 다만 시진핑이 언제 두 손 들고 항복하느냐는 그 시점에 세인의 관심이 집중되고 있다. 물론 대국의 체면상 시진핑이 트럼프에게 항복을 선언하기는 쉽지 않다. 하지만 그 선언이 늦어지면 늦어질수록 중국의 경제와 국가사회의 골병은 깊어질 수밖에 없다.

◇ 中 이미 대도시에 거지 떼가 북적인다!

중국을 대표하는 국제도시이자 중심도시인 상하이와 수도 베이징에서는 이미 고급 음식점들이 속속 문을 닫았다. 문을 닫은 황량한 거리에는 근로자들이 임금을 받지 못해 항의하는 등 폭동에 가까운 사건들이 날마다 벌어지고 있다. 이것이 바로 중국 경제가 몰락하고 있다는 가장 현실적인 시그널이 아닐 수 없다.

한때 중국의 실리콘밸리로 불리면서 젊고 참신한 IT 인재들로 활기에 찬 쉔젠과 같은 부자 도시의 길거리에는 거지들이 때지어 돌아다니고 있다. 이들 젊은이는 갈 곳을 잃고 노숙자로 전락하고 있다. 이러한 양상이 중국 전역에서 일어나고 있다. 문제는 기업들이 더 이상 노동자를 고용할 여력이 없다. 중국은 2024년 10월 이후 실업자마저 발표하지 않고 있다. 전문가들은 중국의 실업률이 50%를 넘고 있다고 예상한다.

무엇보다 중국 경제를 떠받치는 최고의 부동산 재벌그룹 헝다가 무너지고 부동산 산업이 몰락하고 있다. 그동안 중국 지방정부가 마구잡이식으로 지어놓은 아파트만도 30억 명이 들어가 살고도 남는다. 여기다 제조업과 서비스업까지 무너지는 것을 보면서 그동안 중국 찬양 일색으로 노래하던 친중 기업인들까지도 중국 몰락을 외치고 있다. 중국 문제 전문가들은 한결같이 중국이 무너지는 것은 이제 시간문제일 뿐이라고 말한다.

◇ 대한민국 5,000년 만의 大 행운

트럼프 대통령이 중국을 무너뜨리게 되면 대한민국은 5,000년 역사에서 가장 큰 행운을 맞이하게 된다. 이는 우리 역사상 엄청난 우환거리가 해결되기 때문이다. 지난 왕조시대의 어두운 역사는 리뷰할 가치조차 없다. 그러나 현대사회에 들어서서도 중국은 김일성의 6·25전쟁을 획책한 결과 지금 한반도의 허리를 두 동강이로 잘라놓은 용서할 수 없는 전범국이자 적성국이다.

그럴 리야 없겠지만 만에 하나 중공이 다시 득세하여 미국을 이기고 패권을 잡게 된다면 자유민주주의 대한민국은 운명을 다하게 된다. 그리고 지난 5,000년 왕조 역사시대보다 훨씬 더 가혹한 속국으로 전락하게 될 것은 너무도 명약관화하다. 이미 자유민주주의를 한껏 누려온 대한민국 국민에게는 어떤 형벌보다 견디기 어려운 삶이 될 것이다. 그런 중국이 무너지면 우리에게 이보다 더 큰 행운이 어디 있겠는가?

◇ 한국에 제조업 大 부흥이 도래한다!

한국과 중국은 현재 제조업과 첨단 업종을 막론하고 가장 많은 분야에서 경쟁하면서 충돌하고 있다. 예를 들면 한국이 세계 1위이던 디스플레이, 조선, 원전 등에서 중국은 이미 한국을 떠밀어 내고 있다. 트럼프 대통령은 이번에 중국 경제를 가장 확실하게 제압할 것이다. 트럼프 대통령이 중국 제압에 앞장서면서, 그는 한국 경제와 산업을 중국의 추격으로부터 막아 주는 '구세주'가 될 것이다.

한 가지 예로 미-중 무역 전쟁으로 트럼프 대통령과 중국 시진핑 간의 갈등이 심화하면서 화웨이에 대한 미국의 보복 규제가 강화 돼 화웨이가 제기 불능 상태가 된 적이 있다. 당시 화웨이는 중국 스마트폰 시장을 이끄는 최대 통신장비 업체였다. 하지만 미국의 제재로 화웨이가 넘어지면서 각축전을 벌이던 삼성이 화웨이의 추격을 따돌리며 스마트폰 시장을 굳건히 지킬 수 있었다. 이제 트럼프 시대 대한민국은 미국 시장을 놓고 중국을 완전히 따돌리 면서 제조업 분야에서 엄청난 부흥을 이룩할 수 있게 되었다.

◇ 유가 안정으로 연간 50조 이득 본다!

트럼프 대통령의 석유 정책은 'Drill Baby Drill(파내고 또 파내 자)이다. 따라서 트럼프 2기 정부의 국제 유가는 배럴당 평균 40~50달러 선에 유지될 것으로 전문가들은 전망하고 있다. 이는 조 바이든 시대 80~90달러보다 대략 연간 50조 원가량의 석유 비용 절감이 일어나게 된다. 이는 대한민국 경제에 엄청난 유동성 공급 촉진 현상이 일어난다.

2024년 현재 대한민국은 하루에 약 260만 배럴의 원유를 사용하고 있다. 이는 연간 약 1,128억 달러(약 150조 원)를 유가 비용으로 국고가 탕진되는 것이다. 그런데 트럼프 대통령의 유가 정책에 따르면 매년 34%의 유가 절감 혜택을 보게 된다. 그리고 이를 금액으로 환산하면 연간 저유가 혜택이 약 50조 원에 이르는 것이다.

◇ K-방산 산업이 날개를 달게 된다!

트럼프 대통령이 미국 국방 재건을 천명하고 나섰다. 최근 미국 군사 안보 제1기관인 '전략 연구소 RAND(Research and Development)'가 "지금 중국은 미국이 군함 한 척을 만들 때 3척을 만든다"라면서 "물론 질(quality)에서는 미국이 훨씬 우수하다. 하지만 중국의 엄청난 물량을 따라갈 수 없다"라고 보도했다.

그런데 트럼프 정부는 이 문제를 해결하는 방법으로 대한민국을 거론하고 있다. 한국은 미국과 같은 질적 수준의 배를 만들면서도 중국과 같은 속도로 만들 수 있다는 것이다. 이에 트럼프 대통령이 당선 초기에 윤석열 대통령과의 전화 통화에서 단도직입으로 한국의 조선업을 언급한 것이다. 트럼프 대통령은 해군 함정 수를 중국과 맞추기 위해 어마어마하게 해군력을 늘릴 것이다. 이는 우리에게 절호의 찬스가 아닐 수 없다.

게다가 현재 유럽은 재래식 무기 생산 인프라가 축소된 상태다. 특히 노후화된 전차나 대포 등 중화기 무기의 세대교체가 필요하다. 따라서 군사 전문가들은 "미국 업체보다 빠르고 가성비가 좋은 K-방산의 무기를 구매하게 될 것이 유력하다"라고 주장한다. 이는 곧 우리의 K-방산이 유럽 시장에서도 점유율을 확대해 나갈 기회가 된다.

방위사업청에 따르면 2019년 3조 5,000억 원이던 방산 수출액은 2023년 18조 9,100억 원으로 몸집을 불렸다. 정부는 2025년 방산 수출 목표치를 28조 원대로 잡았다. 한국 정부는 2027년까지 세계 4대 방산 강국에 진입하겠다는 야심 찬 계획을 세웠다.

이와 같은 엄청난 일들이 트럼프 2.0 시대에 벌어질 수 있다. 이 때문에 올바른 지식을 가진 국제정치 전문가는 "트럼프 대통령은 하늘이 대한민국에 내린 축복"이라고 주장하고 있는 것이다.

■ **차례** ■

2장 트럼프 2기 '초강경 反中 인사'

3장 美 정권 실세는 '페이팔 마피아!

4장 트럼프 '전 세계 부정선거 밝힌다'

5장. 계엄 사태 '중국이 조종하고 있다!'

1장
우리가
잘못 알고 있는 **트럼프**

도널드 트럼프!
한국 '**기레기**'가 보도하는
괴짜인가? 망나니인가?

좌파 언론과 허접한 지식인은
트럼프 대통령 때문에
나라가 곧 망하기라도 할 것처럼
호들갑을 떨고 있다.

미국인 절반 이상 지지를 받고
미국 대통령 권좌에 올랐다.

기업-자녀-정치 모두 성공한
위대한 인물로 거듭났단다.
부패한 좌파 쓰레기 언론은
상응하는 대가 치르는 게 역사의 필연이다!

트럼프
두 번이나 전 세계를 바보로 만들었다!

〈땡그랑….〉

서울의 강남구 도곡동 타워 팰리스 아파트 김순복 씨(66)! TV를 보다 미국 대통령 '트럼프 후보 당선 확실'이라는 뉴스 속보에 순간적인 충격으로 그만 손에 잡고 있던 노리다케 커피잔을 떨어뜨리고 만다. 아뿔싸! 언론이 말하는 '괴짜', '망나니', '미치광이'라는 사람이 미국 대통령이 되었으니, 뉴욕에 사는 아들과 며느리, 그리고 손자 손녀의 미래는 어떻게 된단 말인가?

트럼프 1기 행정부가 탄생하던 2016년 11월 8일은 괴짜(?) 한 인간이 세계를 '바보'로 만들어 버린 순간이었다. 명실공히 세계 최강의 나라 미국을 이끌 주인공으로 도널드 트럼프가 세인의 예상을 완전히 뒤엎고 대통령으로 당선됐으니 말이다. 주변의 수많은 사람은 한결같이 트럼프의 당선 소식에 한순간 멍해졌다고 말한다. 한 마디로 불결한 혜성과도 같이 나타난 트럼프라는 괴짜 정치인이 온 세상을 조롱거리를 넘어 바보로 만들어 버린 것이다.

돈 놓고 돈 먹는 '도박쟁이'들은 물론 뉴스특보를 제공하는 언론, 특히 대한민국의 주류 언론 매체인 조선, 중앙, 동아 그리고 MBC, KBS, SBS 등 신문방송은 물론 각종 전문 여론조사기관과 엘리트 지식인 그룹마저도 그 순간만은 모두가 '멍청이'로 전락하고 만 것이다. 이것이 8년 전인 2016년 11월 대한민국에서 벌어진 부끄럽고 씁쓸한 해프닝이었다.

◇ 좌파 '기레기'가 우릴 두 번이나 바보 만들었다!

그러면 트럼프 2기 행정부가 탄생하는 순간인 2024년 11월 6일은 오후는 어땠을까? 한결같이 붉은 물에 흠뻑 젖어버린 대한민국의 좌파 언론이 바라던 '혹시나가 역시나'가 되어버렸다. 우리 쓰레기 신문과 방송은 선거 당일까지도 민주당 후보 카멀라 해리스 당선을 점치며 애타도록 바랐다. 미국 뉴스를 조금만 눈여겨봐도 트럼프 당선이 너무도 유력했다. 그런데도 공정성과 객관성, 신뢰성을 담보로 하는 한국 언론은 왜 이토록 중대한 뉴스조차 좌파 편향에 매몰된 애꾸처럼 가짜뉴스 보도에 혈안일까?

그 심각한 오류의 이유는 두 가지로 요약된다. 첫째는 좌파 매체들의 이념적 지주인 북한과 중공에 트럼프 당선이 독이 될 것 같으니 무조건 싫다는 것이다. 둘째는 외눈박이 사회에서는 애꾸가 정상인 것처럼 한국의 워싱턴 파견 기자들이 너나없이 취재력이 떨어진 데다 좌 편향 사고에 갇힌 미국의 좌파 매체 CNN, 뉴욕타임스, 워싱턴 포스트만 주야장천 베껴서 퍼 나르고 있기 때문이다. 그러니 한국 쓰레기 좌파 '**기레기**'들이 객관적이고 공정한 뉴스를 전달한다는 게 애당초 불가능하다. 그래서 대한민국 주요 뉴스 중에 외신 오보가 가장 많은 이유다.

싫든 좋든 누가 뭐래도 미국은 여전히 세계를 호령하는 패권국가다. 그리고 우리 대한민국과는 지난 75년간 동맹국으로 함께 달려오고 있다. 따라서 미국은 대한민국에 가장 영향력이 있는 주요 국가다. 이러한 미국에 대해 공정성을 담보로 하는 언론이 이념적인 호불호에 매몰돼 자기 입맛대로 정보를 골라 뉴스를 보도하는 대한민국 좌파 매체와 소속된 '기레기'는 모두 쓰레기다.

인천시 영종도 인천 공항 신도시에 사는 이천하(55) 씨는 "대한민국은 지금 세계 어디를 가도 반도체, 원전, 조선, K-방산 등 과학기술과 한류 등을 자랑하는 자유민주주의 선진국이라고 엄지를 치켜세워주는 사람들이 많은 자랑스러운 나라"라며 "그런데도 유독 우리 한국 언론만은 어쩌다 이토록 편협하고 불공정하고 저질스러운지 도무지 이해되지 않는다"라고 흥분했다. 이것이 바로 오늘 대한민국의 부끄러운 좌파 언론의 민낯이다.

그러면 진짜 트럼프는 어떤 사람인가?

어쨌든 트럼프는 2024년 11월 5일 선거를 마친 이후 최대의 격전지로 꼽혔던 러스트 벨트 '오하이오~미시간~위스콘신~펜실베이니아'에서 모두 승리함으로써 근래에 보기 드문 선거인단 312대 226이라는 압승을 거두었다. 그리고 대한민국 쓰레기 좌파 매체들이 '설마 되겠어?'라는 자기 '뇌피셜'을 무참하게 짓밟아 뭉개버리면서 세간의 예측을 비웃기라도 하듯 당당히 백악관 주인공 자리를 다시 꿰찼다.

트럼프 대통령은 2025년 1월 20일 미국 역대 최고령 대통령(79세)으로 임기를 시작하는 진기록을 세웠다. 또한 중간선거 결과 미국의 하원(435명: 220 대 215)과 상원(100명: 53 대 47) 의석을 모두 절대 과반을 확보하는 정치 지형을 만드는 데도 성공했다. 이제 트럼프 대통령은 자기 정치를 마음껏 뽐낼 수 있게 됐다. 무엇보다 트럼프는 미국의 역대 대통령 중에서 두 번째로 징검다리 (45대, 47대) 대통령과 역시 두 번째 행운의 재벌 대통령이라는 화려한 수식어까지 달고 백악관에서 행정업무를 시작한 것이다.

그럼, 트럼프는 도대체 누구란 말인가? 그는 정말로 괴짜인가? 망나니인가? 아니면 패권국 미국을 두 번이나 호령하는 희대의 영웅인가? 지금까지 우리 언론은 그에 대한 정확한 정보를 전달하지 않고 있다. 왜냐하면 순간순간 파란과 돌풍을 일으키면서 예상을 뒤엎고 공화당 대선후보가 됐기 때문이다. 무엇보다 정작 트럼프가 공백을 딛고 또다시 백악관의 주인공이 되리라고는 믿기도 예상하기도 싫었다. 특히 좌파 언론은 트럼프 등극을 애써 외면했다. 그래서 더욱 전 세계가 이 악질적인 좌파 매체의 오보로 두 번씩이나 '멘붕'에 빠지게 된 것이다.

일견 그의 발언이나 행동거지를 보면 괴짜 같기도 하고, 특히 돌출 발언을 보면, 섬뜩한 망나니 같은 생각이 들기도 한다. 그러나 그 숱한 비난과 비속어를 달고도 세상을 비웃기라도 하듯 다시 세계 최강 미국의 '깜짝' 대통령으로 등장했다. 그리고 대한민국 언론을 모두 멍청이로 만들어 버린 것이다. 그렇다면 트럼프는 진짜 희대의 영웅이란 말인가? 아직은 이를 속단할 수는 없다. 그러나 한 가지 그는 자기의 길을 스스로 개척하면서 이 엄청난 미국 대통령의 자리에 오를 수 있도록 기획하고 실행한 천재적인 엔터테인먼트임에는 틀림없는 것 같다. 자, 이제 그 가짜와 거짓 뉴스로 누더기가 된 채, 세계 패권국 미국의 대통령 자리에 등극한 도널드 트럼프는 진짜 어떤 사람인가를 만나러 가보자.

◇ 출생 및 초중고 시절

트럼프는 1946년 6월 14일 뉴욕시 퀸스 보로(郡)에서 태어났다. 독일 출신의 이민자 후손으로 부동산개발 업자였던 아버지 프레드 트럼프와 스코틀랜드 태생인 메리 애니 사이의 3남 2녀 가운데 차남이었다. 어릴 적 그의 모습은 독일인의 전형적인 귀공자 타입으로 매우 귀엽고 총명한 눈빛이 초롱초롱 빛나는 명석한 아이였다. 그리고 그는 어린 시절부터 승부 욕이 강했다. 한 예로 초등 2학년 때는 "음악 선생이 음악에 대해 아무것도 모른다"라며 교사에게 주먹을 휘둘러 얼굴에 상처를 입혔다"라고 전한다.

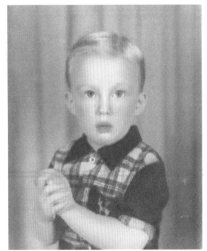

〈도널드 트럼프 대통령의 세 살 때 모습과
79세에 최고령 미국 대통령이 2025년 새해 모습.〉

　트럼프 부모는 이런 '고약한' 기질을 바로잡기 위해 13세의 아들을 당시 규율이 엄하기로 소문난 뉴욕 군사학교에 보낸다. 하지만 트럼프는 군사학교에서는 전혀 다른 모습을 보여준다. 군사학교에 입학한 8학년(우리 중학 2년) 때 자신이 감당할 수 없을 만큼 엄격한 선생님을 만난다. 트럼프의 담당 선생은 전직 해병대 상사인 시어오더 도비어스라는 사납고 거친 성격의 소유자였다. 그는 누구든 규칙에 어긋나면 가차 없이 때리고 견디기 힘든 신체적 고통을 가하는 무시무시한 사람이었다.

　그런 사람 앞에서도 어린 트럼프가 자신의 주장처럼 '자립심'을 발휘하고 덤벼들었을까? 아니다. 한마디로 완전히 꼬리를 내린다. 오히려 트럼프 자신이 도비어스를 매우 존경하고 있음을 알리며 그의 환심을 사고 매질을 피해 가는 '영악함'을 보인다. 사람은 누구나 이중적인 인격을 가지고 있다. 하지만 이를 두고 주변 사람들은 "트럼프를 이중인격자임을 확인할 수 있는 대목"이라고 지적한다. 그러나 이것이 오늘 국제정치를 아우르는 강자 논리를 펼치게 하는 자양분이 된다.

◇ 대학 시절과 장년기

도널드 트럼프는 이후 뉴욕 포덤대를 거쳐 유펜 와튼 스쿨 (UPenn Watton School)로 진학한다. 유펜 와튼은 펜실베이니아 대학의 와튼 경영대학(Wharton School of Business)의 합성어다. 펜실베이니아 대학은 누구나 다 아는 미국 동부 펜실베이니아주 필라델피아에 있는 '아이비리그' 사립 명문대학이다. 그리고 와튼 스쿨은 조지프 와튼이 설립한 펜실베이니아 대학의 경영대학원을 말한다.

와튼 경영대학원은 미국에서 가장 오래되고 세계에서 가장 우수한 경영대학원으로 꼽힌다. 따라서 유펜 와튼(UPenn Watton)

은 정말 전 세계의 명문 중에서도 가장 명문이다. 흔히 세계적 명문인 하버드 경영대학원보다도 와튼 스쿨만은 그 명성이 앞설 만큼 "탑 오버 더 탑(a top over the tops)"이다. 그렇다면 트럼프가 머리는 매우 영리하고 명석한 사람이라는 걸 알 수 있다. 실제로 트럼프는 지능지수(IQ)가 159로 미국 역대 대통령 중에서 가장 높은 것으로 소문나 있다.

그리고 그는 대학 시절부터 부동산 개발업자인 아버지를 도우면서 자연스레 사업에 손을 대기도 했다. 그는 대학 시절을 이렇게 회고한다. "또래 학생들이 모여서 신문에서 만화(comic strip)나 가십(gossip)을 보고 낄낄거리면서 기껏해야 흥미 있는 칼럼이나 이슈가 되는 사설 정도를 읽고 토론할 때, 나는 연방주택관리국(FHA)의 저당권 상실 내역 등을 살피면서 헐값에 나온 매물을 물색했다"라고 말할 정도로 어린 시절부터 남달리 재테크에 엄청난 관심이 있었다.

참고로 미국 내 대학들은 대개 설립 연도별로 대학의 순위가 매겨져 있다고 해도 과언이 아니다. 세계 최고의 명문으로 꼽히는 하버드 대학(1636년: 매사추세츠주), 예일 대학(1701년: 코네티컷주), 펜실베이니아 대학(1740년: 펜실베이니아주), 프린스턴 대학(1746년: 뉴저지주), 컬럼비아 대학(1754년: 뉴욕주), 다트머스 대학(1769년: 뉴햄프셔주), 코넬 대학(1864년: 뉴욕주) 순으로 설립된 미국 동부지역의 8개 사립 명문대학이다.

이들 대학은 모두 미국 북동부 지역에 존재하고 있다. 8개 대학은 한결같이 고색창연한 담벼락에 담쟁이넝쿨(Ivy)이 우거져 있다. 이들 8개 대학은 해마다 봄가을 축제 때 벌이는 야구와 풋볼 경기를 취재하던 한 체육부 기자가 이들 무성한 담쟁이넝쿨에서 따와 붙인 이름이 '아비 리그(Ivy League)'이다. 여기서 유래된 '아비 리그'가 바로 이들 8개 동부 명문대학을 부르는 대명사가 된 것이다.

그런 면에서 펜실베이니아 대학은 미국서 3번째로 설립된 사립 명문대학이다. 하지만 경영대학원은 가장 먼저 개설됐으니 가히 그 명성을 짐작할 수가 있다. 물론, 이후 미국은 국력과 경제력이 급격히 성장하면서 후발로 설립된 대학 중에서 아비 리그 대학들과 어깨를 겨루는 대학들이 많이 생겨났다. 그중에 대표적인 대학이 동부 보스턴의 MIT와 서부 캘리포니아의 스탠퍼드 대학을 꼽을 수 있다.

트럼프는 야망가로 알려져 있다. 그의 야망은 대학 시절에 있었던 '일화(anecdote)'에서도 엿볼 수가 있다. 트럼프가 부동산개발 과목의 첫 수업에서 담당 교수로부터 왜 이 과목을 수강하느냐는 질문을 받자 "나는 뉴욕 부동산업계의 대부가 되고 싶습니다"라고 답한 것으로 유명하다. 트럼프는 실제로 유펜 와튼(UPenn Watton)에 재학 중이던 1971년 약관(弱冠)의 나이에 아버지로부터 '엘리자베스 트럼프 & 선(Elizabeth Trump and Son)'의 경영권을 승계받으면서 본격적으로 손수 부동산사업을 시작한다.

트럼프는 회사명을 바로 자신의 이름을 딴 '트럼프 그룹(Trump Organization)'으로 바꾸고 경영자의 길을 걷는다. 어린 나이에 아버지 기업을 물려받자마자 자기 이름으로 기업 명칭을 바꾸는 것만 봐도 그가 얼마나 철저한 자기중심적인 성격인가를 알 수 있다. 그리고 11년 뒤인 1982년 불과 35세의 나이에 뉴욕 맨해튼 명품 거리인 5th Ave에 있는 68층짜리 '트럼프 타워(Trump Tower: 높이 202m)'를 세우고, 호텔 체인 홀리데이 인을 인수한다. 그는 본격적으로 유명 사업가의 반열에 이름을 올린다. 그리고 트럼프라는 청년의 이름에는 항상 불타는 야망이 이글거리는 도전정신으로 가득 차 있다.

〈트럼프가 한창 젊은 시절인 30대 중반에 자기 이름을 브랜딩하며 소위 세계의 수도 뉴욕 맨해튼 부동산 재벌가에 '명함(business card)'을 내민 68층 최고급 빌딩이다.〉

트럼프 대통령 자녀 교육
'명문대에 효자'

◇ 대선 경쟁자 힐러리도 트럼프 자녀 칭찬

트럼프 대통령은 두 번 이혼에 세 번 결혼하면서 모두 5명의 자녀(3남 2녀)를 두었다. 하지만 자녀들만의 교육은 철저하게 기독교식으로 길러냈다. 현재 멜라니아와의 사이에 태어난 막내 베른 트럼프를 제외하고 2남 2녀는 모두 결혼했다. 그리고 이들은 한결같이 아버지 트럼프를 존경하면서 잘 따르고 있다.

현재 미국서 자라는 아이들은 중고 및 대학생 시절에 단 한 번이라도 마약을 경험해 본 확률이 80%를 넘는다. 하지만 트럼프 자녀의 3남 2녀는 모두 마약이나 술, 이성 문제로 소란을 피우거나 사회문제를 일으키지 않았다. 이들은 모두 아버지 트럼프의 가르침대로 성장해 매우 모범적인 삶을 살고 있다.

젊은 시절 트럼프는 아이들과 체육대회에도 자주 참가했다. 차남 에릭과 함께 전미 테니스 대회를 참관하거나 장녀 이방카와 야구대회에 참가한 과거 사진들을 디지털 공간에서 쉽게 찾아볼 수 있다. 이방카는 2004년 한 인터뷰에서 "매일 아침 등교하기 전에 우리는 모두가 1층으로 내려가 아버지 트럼프의 애틋한 사랑이 담긴 포옹과 입맞춤을 먹고 자랐다"라고 밝혔다.

그러면서 "어릴 적부터 아버지는 우리에게 '이런 식으로 하면 어때?'라며 격려를 아끼지 않았다"라고 말했다. 작은딸 티파니도 "아빠처럼 지혜롭고, 근면하면서도 포용력이 넓은 분과 함께 산다는 것이 정말 행복요. 아빠(dady)의 언제나 변함없는 사랑과 격려, 그리고 무한한 신뢰에 감사해요"라는 글을 인스타그램에 올려 화제가 되었다.

특히 2016년 45대 대선 경쟁자였던 힐러리 클린턴 민주당 후보마저도 "트럼프 자녀는 모두 다 능력이 뛰어나고 헌신적이며 반듯하게 성장했다"라며 공개적으로 칭찬할 정도였다. 장녀 이방카와 둘째인 아들 에릭 트럼프, 그리고 셋째인 딸 티파니는 아버지 트럼프 측근에서 정치적으로 엄청난 역할을 하면서도 한 점 잡음 없이 아버지 트럼프를 열심히 돕고 있다.

◇ 美 명문대 출신 트럼프 3남 2녀 누구인가?

첫째 부인 이바나와의 사이에서 태어난 자녀는 도널드 트럼프 주니어(77년생: 펜실베이니아대 경영학[유펜 와튼]), 이방카 트럼프(81년생: 펜실베이니아 경영학)와 에릭 트럼프(84년생: 조지타운대 재무 및 경영) 등이다. 이바나는 자녀들이 술과 담배, 마약을 멀리하도록 가르쳤고, 에이즈의 위험을 다룬 기사를 수십 번 소리 내어 읽도록 교육했다고 한다.

트럼프와 두 번째 부인 말라 메이플스의 딸, 티파니 아리아나 트럼프(93년생: 펜실베이니아 및 조지타운 로스쿨)는 트럼프에게는 차녀이자 어머니 메이플스에게는 외동딸이다. 트럼프 2기 행정부출범 이후 유일하게 정계 활동을 하지 않는 트럼프의 성인 자녀이다. 그래서 그런지 트럼프 집안을 비판하는 사람들마저도 티파니는 까지 않는 경우가 대부분이다. 다만 아버지 지지 연설을 몇 번 하긴 했지만 잘 알려지지 않은 딸이다.

베른 트럼프(2006년: 컬럼비아대학과 뉴욕대 경영대학원)는 도

널드 트럼프와 영부인 멜라니아 트럼프의 아들이다. 트럼프에게
는 3남 2녀 중 막내아들이며, 멜라니아에게는 외동아들이다. 막내
는 슬로베니아계 미국인인 어머니 멜라니아 트럼프의 영향으로
슬로베니아를 구사할 수 있다. 베른은 가끔 어머니와 슬로베니아
어로 대화를 나누기도 한다.

〈트럼프 대통령이 두 번 이혼 전력이 있으나 기업과 정치인, 그리고 자녀 교육에는
성공한 인생을 살고 있다. 3남 2녀 모두 명문대 출신에다 아버지에 대한 존경과
효심이 큰 것으로 알려졌다.〉

◇ 손자·손녀도 트럼프 가훈으로 바르게 성장

트럼프 대통령은 손주들에게도 기독교적인 가훈으로 술과 담

배, 마약 등을 철저히 금지하고 있다. 그는 "아이들이 성장 과정에서 술과 담배가 무엇인지도 모르면서 나쁜 걸 접해서는 안 된다"라며 무엇보다 인생을 망치는 마약은 절대로 흡입해서 안 된다"라고 강조한다. 트럼프 대통령의 교육관은 모두 기독교 성경에서 비롯된 것으로 알려졌다.

따라서 아이들이 학교에 입학하기 전부터 예방주사를 놓듯이 술·담배·마약의 해로움을 가르치면서 세 가지 금지를 가훈으로 삼고 있다. 장녀인 이방카와 큰아들 트럼프 주니어는 아버지가 등교하기 전에 매일 아침 엄격한 훈계를 반복했다고 말한다. 자상한 아버지이지만 등교 전 훈계 때는 매우 침착하고 근엄했다고 덧붙였다.

자서전으로 본 인간 도널드 트럼프

트럼프는 막 불혹(40)을 넘길 즈음인 1987년 자서전을 발간한다. 제목부터 장사꾼임을 자임하는 『거래의 기술: 원제(Art of the deal)』이다. 이 책은 그 당시 《뉴욕타임스》 베스트셀러였다. 이뿐만 아니다. 미국 대학의 경영학 교수들도 인용할 정도로 인정을 받은 훌륭한 내용을 담은 책이다.

그의 괴짜 발언이나 망나니 같은 기질, 그리고 카멜레온 같은 변신만을 들여다보면 도무지 그다음에 어떤 발언을 하고 어떤 행보를 이어갈 것인지를 예측하기가 어렵다. 하지만 개신교도인 트럼프는 자서전과도 같은 『거래의 기술』을 성경 다음으로 좋아한다고 했으니, 그 책 속에 내밀한 자기 속내를 털어놓았을 것이다. 이 책을 살펴보면 어느 정도 그를 이해하고 그의 미래를 예측하는 데 도움이 될 수 있다.

그의 자서전에서 트럼프는 철저하게 계산된 '계획'에 따라 움직이는 세심한 행동주의자라는 사실을 짐작할 수 있다. 언뜻 좌충우돌하는 모험주의자 같다. 하지만 실상은 전혀 그렇지 않다. 그는 도박장 개설로 큰돈을 벌면서도 도박을 한 번도 해본 적이 없을 만큼 자기 관리가 철저한 사람이었다. 왜냐하면 '도박이야말로 도박이기 때문'이라고 말한다.

다시 말해 도박으로는 돈을 벌 확률이 거의 없다는 계산에서 비롯된 것이다. 따라서 그는 절대로 도박에 손을 대지 않는 철저한 이익 추구에 모든 행동을 우선하는 사업가였다. 그만큼 부에 대한 그의 야망이 일반인의 생각보다 훨씬 크고 원대했음을 읽을 수 있다. 특히 그는 자신의 야망을 이루기 위해 자신이 원하는 것은 어떤 식이든 한번 물면 반드시 손아귀에 넣고 마는 끈질긴 기질을 가진 사람이었다.

◇ 이익에 기반한 철저한 계산주의자

도널드 트럼프의 자서전에 따르면, 그는 대학 시절부터 친구들과는 대조적인 모습을 보인다. 트럼프는 또래들과는 달리 특별히 돈과 재테크에 엄청난 관심을 가지고 있었다. 연방주택관리국의 저당권 상실 명단들을 살펴보고, 이 명단에서 트럼프는 '스위프튼 빌리지'를 찾아낸다. 대학생 때 아버지와 함께 건물을 사들였는데 그가 벌인 최초의 빅 비즈니스(big business)가 된 것이다.

그리고 트럼프는 여기서 매우 중요한 사실 하나를 발견한다. 정부 당국과 저당권이 압류된 물건을 거래하면 정부는 가능한 한 빨리 손을 떼고 싶어 한다는 것이다. 정부가 이를 떠맡아야 할 상황이 아니기 때문에 이러한 물건들은 실제로 매우 싼값으로 사들일 수가 있었다고 설명한다. 이미 트럼프는 대학 시절부터 돈을 버는 데는 탁월한 감각의 소유자임이 읽히는 장면이다. 무엇보다 그는 "내(트럼프)가 최고 명문대학에서 경영학을 공부했으니 이는 당연한 일"이라고 주장한다.

트럼프는 아버지와 함께 최소 가격으로 입찰해 결국 그 건물을 낙찰받는다. 그는 어떤 아파트 단지 하나를 인수한 뒤의 그 성공 여부는 관리 및 임대에 따라 결정된다고 말한다. 트럼프는 "임대료를 낼 능력도 없고 건물을 험하게 쓰는 '나쁜' 입주자는 오히려 내보내는 게 득이 된다"라고 생각한다.

그리고 이들을 내보낸 다음 약간의 수리로 임대료를 올려받아 수익을 재창출한다는 것이 그만의 한 가지 사업수완이었다. 당시 뉴욕에서는 보수를 하더라도 임대료를 올릴 수 없도록 법으로 규정돼 있었다. 하지만 그가 물건을 낙찰받은 오하이오주(州)의 신시내티에서는 가능하였으므로 즉시 임대료를 올려 수입을 늘렸다.

특히 트럼프가 사람을 고용하여 쓰는 방식도 남달랐다. 아파트 관리인을 고용할 때도 트럼프식 기준은 크게 다르다. 인간성이나 도덕성 또는 기본적인 지식 정도가 근거가 되는 일반적인 규칙(rule)을 완전히 벗어난다. 트럼프는 철저하고도 치밀하게 계산이 뒷받침된 성과주의에 고용할 인간의 가치를 두었다.

트럼프식 고용은 그가 비록 전과자라고 하더라도 자신이 원하는 일만 잘하면 고용한다는 것이다. 그리고 자신이 고용한 부동산

매니저가 빼돌린 돈이 연간 5만 달러가 된다고 의심이 들더라도 그 보다 훨씬 더 큰 돈을 벌어들인다고 생각하면 그를 데리고 일하는 철저하게 이익에 기반하는 계산주의자였다.

◇ 사교마저도 계산된 투자가 목적이다!

트럼프가 부동산사업과 더불어 맨해튼에서 시작한 첫 번째 일은 당시 가장 인기가 있고 배타적이며, 고급 지향적이었던 사교모임인 〈레 클럽(Le Club)〉에 가입하는 것이었다고 말한다. 트럼프는 자서전에서 이 클럽을 표현하기를 "75세 부유한 늙은이가 스웨덴 출신 20대 금발의 미녀 3명을 끼고 들어오는 모습을 볼 수 있는 환상적인 장소"라고 말하고 있다. 따라서 강하게 구미가 당긴 그는 이 클럽에 들어가기 위해서 얼마나 밤낮으로 애간장을 태웠는지 결코 잊지 못할 것이라고 회고한다.

이 클럽에 가입하려고 무턱대고 전화를 걸다가는 퇴짜 맞기 일쑤였다. 그래서 트럼프가 꾀를 낸 것이다. 트럼프는 반드시 가입에 성공하기 위해 "클럽 회장에게 직접 전달해 주어야 할 매우 귀중한 물품이 있다"라고 거짓말을 하고서야 회장을 만날 수 있었고, 마침내 클럽의 가입 허락을 받아낸다. 그는 한 번 시도한 것은 반드시 성공해야 하는 집요한 성격도 있다. 하지만 더욱 무서운 점은 성공을 위해서는 물불을 가리지 않는다는 것이다.

도널드 트럼프가 그런 유명 클럽에 가입하려고 기를 쓰고 덤벼들었던 것이 그냥 타고난 '끼'나 부리고 단지 미인들을 데리고 놀기 위한 것이었을까. 물론 아니다(Of course Not). 〈레 클럽〉의 성향이 그러하듯 트럼프는 클럽에 출입하는 동안 대다수 돈과 명성을 가진 성공한 사람들과 교제한다. 밤마다 클럽에 출입해 즐겁게 지낸다. 하지만 트럼프는 그 가운데서도 추구하는 방향성이 누구보다 분명하다. 그 목표는 바로 사업(business)이었다.

언제나 부의 야망에 불타는 트럼프에게는 그것 역시 단순한 사교를 넘어 '일(business)'의 연장선이었다. 그리고 자신의 철저한 이해득실의 계산에 따라 움직이는 훌륭한 사업의 일환이었다. 따라서 그는 이 〈레 클럽(Le Club)〉에서 세계 제일의 수도인 뉴욕의 상류사회가 무엇을 지향하며, 어떻게 움직이고, 무엇보다 돈의 흐름을 배울 수 있는 유용한 곳이었다고 말한다.

특히, 부동산 사업가인 그에게는 뜻하지 않은 엄청난 사람을 만나 거래를 틀 수 있었다. 그리고 유럽이나 남미 같은 지역에서 온 갑부들을 만나 교제하면서 트럼프 타워와 트럼프 플라자에서 가장 비싼 방들을 이들에게 팔아 이득을 챙길 수 있었다고 회고한다. 당시 트럼프 타워 맨 꼭대기 3개 층은 평방 3만 피트(30,000m²)이며, 펜트하우스는 다이아몬드로 3중 장식된 궁궐 같은 곳이었다.

트럼프 타워는 24캐럿의 다이아몬드와 금과 대리석으로 이루어져 있으며, 웅장한 내부 분수와 이탈리안 양식의 그림으로 채워진 천장이 유명하다. 그림만 해도 5,000만 달러(약 700억 원)로 평가받고 있으며, 현재 뉴욕에 소재한 가장 호화로운 주상복합 아파트로 유명세를 떨치고 있다. 특히 부인 멜라니아와 함께 살고 있는 맨 꼭대기 층은 황금 잎사귀, 대리석 기둥, 크리스털 샹들리에로 꾸민 미니 '베르사유' 궁전과도 같은 곳으로 유명하다. 이처럼 철저한 계산주의자인 사업가 트럼프에게는 이러한 사교마저도 철저하게 계획되고 계산된 투자였던 셈이다.

◇ 뉴스 한 토막에 캐치해 낸 '카지노 사업'

부동산업에서 거액을 벌어들인 트럼프는 마침내 또 다른 사업으로 변신을 시도한다. 트럼프는 1975년 말 어느 날 우연히 카지노 사업이 경제성이 있다는 사실에 주목한다. 이는 오랫동안 공을 들여왔던 세계적인 호텔 체인인 코모도어 호텔에 관한 상담 때문에 장시간 차를 타고 가면서 들은 라디오 뉴스 덕분이었다. 라스베이거스와 네바다에서 호텔 종업원들이 투표를 통해 파업 결정을 내렸다는 소식을 들은 것이다. 트럼프는 뉴스를 통하여 무엇보다 라스베이거스에 2개의 카지노를 운영하는 힐튼 호텔의 주가가 폭락했다는 사실에 특별히 주목한다.

전 세계에 걸쳐 최소한 150여 개의 호텔을 소유하고 있는 흔히 호텔업계의 제왕이라고 불리는 회사의 주가가 그중에 겨우 2개의 호텔에서 일어난 파업으로 그렇게 폭락했다는 사실이 좀처럼 믿기지 않았다. 하지만 트럼프가 주가 폭락 사실을 이해하는 데는 시간이 그리 오래 걸리지 않았다. 바로 호텔의 수입이 카지노에 있었다는 사실을 알아낸 것이다. 현재 힐튼은 전 세계에 150개 이상의 호텔을 운영하고 있다.

하지만 라스베이거스에 있는 고작 2개의 카지노 호텔에서 얻는 수익이 이 회사가 창출하는 총순이익의 거의 40%에 해당한다는 사실을 간파한다. 돈 흐름에는 동물적인 감각을 보이는 부분이다. 트럼프는 지체하지 않고 카지노 사업을 위해 애틀랜틱 시티로 날아간다. 스스로 도박을 즐기지는 않았지만 '황금알'을 낳는 것이 카지노 사업인데, 치밀한 계산주의자가 도박에 혐오감을 가질 리는 만무했다. 트럼프는 곧바로 이를 행동으로 옮긴 것이다.

애틀랜틱 시티는 원래 미국 뉴저지주 남동부 대서양 연안의 한섬에 있는 인구 약 4만 명 정도의 휴양도시로 유명했으나, 제2차 세계대전 이후 동부의 여러 도시와 마찬가지로 쇠퇴하면서 실업과 범죄 문제가 심각한 곳이었다. 하지만 1978년 카지노가 처음 들어선 이후 합법적인 도박의 독점권을 가지고 번성하기 시작한다. 해변을 따라 펼쳐진 너비 19m, 길이 7km의 '보드 워크(board walk)'는 이 도시의 '랜드마크(landmark)'로 유명하다. 특히, 이보드 워크를 따라 무려 9개의 호텔 카지노가 자리를 잡고 성업 중이다.

그리고 미국 호텔-카지노 업계의 '대부'로 군림하고 있는 그 트럼프가 세운 플라자호텔 카지노와 트럼프 타지마할이 바로 이곳에 있다. 그러나 지금은 카지노의 메카로 불리는 라스베이거스처럼 카지노 외에도 가족들이 함께 즐길 수 있는 리조트와 대형 쇼와 같은 볼거리를 제대로 준비하지 못하고 있어 어려움을 겪고 있다.

게다가 인근 지역의 코네티컷주와 펜실베이니아주(州)에서 카지노 영업이 허용되면서 무한 경쟁체제에 제대로 적응하지 못하여 쇠락의 길을 걷고 있는 곳이기도 하다. 그리고 필자가 아는 한국인 중에서도 애틀랜틱 시티의 호텔 도박장에서 일확천금을 꿈꾸다 되레 수백만 달러를 날리고 '거지'가 된 사람들이 손에 다 꼽을 수 없을 만큼 많은 '불운의 장소(an unfortunate place)'이기도 하다.

◇ 심리전으로 힐튼호텔 카지노 인수에 성공

트럼프가 힐튼 호텔의 카지노를 인수할 때는 자기 자신도 무서우리만큼 집요했다고 설명한다. 심리전을 펼치면서 상대방의 자존심을 긁는 전략을 쓰기도 한다. 힐튼이 계약을 무효화 하려는 낌새를 알아차렸기 때문이다. 3일 연속 협상을 해놓고 한 마디 해명도 없이 발뺌할 수는 없는 것 아니냐고 따져 묻기도 한다. 이는 비도덕적인 일일 뿐만 아니라 명예를 전혀 고려하지 않은 파렴치한 짓이라고도 비난한다.

그러면서도 그는 언성을 높이지 않으려고 극도의 자제심을 발휘한다. 거래의 대부분을 이미 협상을 마치고 합의점을 찾았기 때문이다. 따라서 공연히 힐튼 측이 빠져나갈 구실을 만들어 주지 않을 만큼 나름의 '극한점'을 상정해 놓고 상대의 심리를 최대한 이용한 것이다. 그리고 마침내 계약에 성공한다. 트럼프는 상대방 심리를 역이용하는 데도 남다른 '영리함'을 발휘하는데, 이마저도 철저한 계산에 기반한다. 하지만 이는 단순한 계산에서 나오는 게 아니다.

트럼프는 누구보다 독서를 즐기는 사람이다. 부동산업계의 재벌로 유명하면서 여성 비하를 일삼고, 막말을 쏟아내는 괴짜인 것 같다. 하지만 트럼프의 이면에는 남다른 점이 있다. 트럼프는 매일 밤 10시만 되면 침대에서 앉아 새벽 1시까지 3시간 책을 읽는 독서광이라는 사실이 그의 외적 이미지에 가려져 있다. 트럼프가 추천하는 최고의 책이 바로 심리학자 칼 융의 『무의식의 분석』이다. 칼 융은 이 책을 통해 "인간은 누구든 무의식과 의식이 통합된 균형적인 자아를 견지하는 노력이 필요하다"고 강조한다.

트럼프는 실제로 그런 융을 누구보다 좋아하고 존경한다고 말한다. 그리고 그가 쓴 책 가운데 『억만장자 마인드』, 『거래의 기술』 등 다수의 책이 뉴욕타임스의 베스트셀러에 올랐을 정도로 저자로서의 유명세를 뽐내고 있다. 하지만 좌파 언론은 이마저도 자신들의 잣대로 트럼프를 '이상한' 이미지로 채색해 버린다.

다독·다작하는
유명한 베스트셀러 작가

〈트럼프는 1987년 자신의 부동산 개발업자로서의 성공담과 노하우를 담은
베스트셀러 『거래의 기술』이란 자서전으로 시작해 2016년 대선 출마 출사표였던
『불구가 된 미국』에 이르기까지 총 30권이 넘는 저서를 펴낸 다작의 베스트셀러
작가로 유명하다.〉

◇ 트럼프 바쁜 와중에도 하루 3시간 책을 읽는다!

금수저 부동산 재벌로 잘 알려진 미국 대통령 도널드 트럼프가 미국 역대 대통령 중 가장 책을 많이 썼고, 판매량 또한 가장 많은 베스트셀러 작가라는 사실을 아는 사람은 흔하지 않다. 책 읽기를 즐기는 만큼 많은 책을 쓰는 작가 대통령이다. 트럼프는 책을 많이 읽고 또한 인쇄된 글에 대한 존경심을 가지고 있다고 말한다. 그래서 틈만 나면 책을 써왔다고 말한다. 그리고 이번 47대 대통령에 당선 뒤 트럼프가 임명하는 사람들은 대부분 베스트셀러 작품을 쓴 사람들이 많다.

트럼프가 2016년 대통령에 출마하기 위해 집필한 책『불구가 된 미국(CRIPPLED AMERICA)』은 뉴욕타임스 베스트셀러가 되면서 일대 반향을 불러일으켰다. 이 책의 핵심 코드가 바로 손자병법 '싸우지 않고 이기는 것이 최선이다'라는 것이다. 미국을 가장 강한 국가로 만들어 전쟁이 없는 세상을 만들겠다는 것이다. 트럼프의 책들은 주로 부자 되는 법이나 성공하는 법을 가르쳐 주는 자기계발서다. 심지어 트럼프가 네 번의 파산 끝에 재기에 성공했을 때는『재기의 기술』이란 책까지 써냈을 정도니, 트럼프의 모든 인생 경험이 그의 책 속에 녹아 있다고 해도 과언이 아니다.

트럼프는 이윤을 떠나 책 내는 일을 좋아하므로 사업가인 동시에 다작 작가로 살아왔다. 트럼프는 미국 내에서 대통령이 되기 이전에는 작가로 더 잘 알려져 있었다. 우리만 괴짜나 망나니로 알고 있는 그를 미국 사람들은 평판이 자자한 유명 작가로 잘 알고 있었다. 특히 정치 아웃사이드 부동산 재벌에 불과했던 그가 아무런 정치 경험이 없는 상태에서 미국 대통령 선거에서 승리할 수 있었던 가장 큰 이유가 책을 많이 읽고 많이 써본 사람이었기 때문이라고 말한다. 자기 경험을 책으로 발표하는 인생을 살아온 트럼프였기에 대통령 출사표로 발표한 『불구가 된 미국』이 미국인에게 엄청난 공감과 호응을 불러일으킬 수 있었다.

무엇보다 트럼프를 인종차별주의자, 여성 혐오자, 막말 또라이 등으로 욕하던 사람들도 트럼프의 책을 읽어보면 생각이 달라지는 경우가 많다. 그만큼 트럼프는 수십 년간의 다작 작가 경험을 통해 자기가 하고 싶은 말을 쉽고 재미있게 전달하는데 도가 튼 사람이라고 할 수 있다. 이는 곧 엄청난 독서와 사색의 결과물인 것이다. 따라서 이제 세상에서 가장 독서율이 낮은 대한민국 사람들이 무턱대고 트럼프를 '또라이'나 '망나니'라고 부르기 전에 스스로 부끄러운 줄을 알아야 한다.

트럼프 대통령은 어떤 책을 읽을까?

한번은 트럼프가 방송 인터뷰에 나와 대담을 하는데, 기자가 트럼프를 낮춰보면서 책을 읽지 않는 무식한 허풍쟁이로 보고 트럼프가 읽은 책 중에서 생각나는 10권 대보라고 말한다. 트럼프는 마치 기다리기라도 한 듯이 10권의 책을 제목과 저자를 줄줄이 꿰면서 질문한 기자를 바보로 만들어 버린 사건이 발생한다.

이후 트럼프는 여러 번의 방송 인터뷰에서 자신이 평소 머리맡에 두고 읽고 사랑하는 10권의 책을 소개한 바 있다. 그러면서 트럼프는 "사업을 하며 방송까지 해온 터라 너무 바빠서 하루 수면 시간조차 부족하지만 그래도 하루 3시간 정도는 책을 읽었다"라고 말한다. 무엇보다 자신이 표지로 나온 잡지는 꼭 읽는 편이고 주요 신문과 잡지 그리고 TV 뉴스를 아침마다 챙겨 본다고 설명했다.

◇ 트럼프 대통령이 즐겨 읽는 책 10권

1. 손자(Sun Tzu) 지음 『손자병법(The Art of War)』
2. 노먼 빈센트 필(Norman V. Peale) 지음 『긍정적 사고의 힘 (The Power of Positive Thinking)』

3. 랄프 왈도 에머슨(Ralph W. Emerson) 지음 『수필과 강의록 (Essays and Lectures)』

4. 니콜로 마키아벨리(Nicolo Machiavelli) 지음 『군주론(The Prince)』

5. 알베르트 아인슈타인(Albert Einstein) 지음 『아이디어와 의견(Ideas and Opinion)』

6. 리처드 멕그리거(Richard McGregor) 지음 『파티(The Party)』

7. 헨리 키신저(Henry Kissinger) 지음 『중국에 관하여(On China)』

8. 정장(Jung Chang) 지음 『모택동의 알려지지 않은 이야기 (Mao: The Unknown Story)』

9. 지안잉 자(Jianying Zha) 지음 『떠오르는 중국을 움직이는 사람들(Tide Players: The Movers and Shakers of a Rising China)』

10. 제임스 맥그레거(James McGregor) 지음 『10억의 고객들 (One Billion Customers)』

◇ 트럼프 '막강한 군사력으로 전쟁 없애겠다!'

그렇다면 책을 많이 읽은 베스트셀러 작가 대통령 트럼프가 손꼽은 열 권의 애독서는 어떤 책들인지 한번 살펴본다. 트럼프가 인터뷰 때마다 애독서 1위로 손꼽는 책은 바로 『손자병법』이다. 다음으로 자기 계발 분야의 대표 작가인 노먼 빈센트 필의 『긍정적 사고의 힘』과 랄프 왈도 에머슨의 수필 및 강의록을 꼽았다.

특히 트럼프 대통령이 평소 머리맡에 두고 애독하는 책이 바로 『손자병법』이다. 그렇다면 트럼프 대통령은 이 책에서 무엇을, 그리고 어떤 영감을 얻어 향후 미국을 경영할 것인지 궁금하다. 그는 손자병법의 '싸우지 않고 이기는 것이 최선이다'라는 전략을 그의 저서 『불구가 된 미국』에서 이렇게 언급했다. "미국은 너무나도 막강해서 아예 사용할 필요가 없는 군사력을 보유해야 합니다!"

중국 관련 책들이 많다(4권)는 것이 흥미롭고 『손자병법』에 이어 고전 중의 고전인 니콜로 마키아벨리의 『군주론』을 손꼽은 것이 눈에 띈다. 마키아벨리는 "가장 우선돼야 할 목적은 조국의 안전과 자유의지"라고 강조했다. 이는 실용주의 노선을 지향하는 현실주의자 트럼프다운 선택이라고 말할 수 있다.

이렇게 트럼프는 첫 번째 손자병법을 시작으로 마키아벨리의 군주론 등 10권을 거침없이 말했다. 특히 이 두 권은 군사 전략론 최고의 책으로 꼽힌다. 손자병법은 전쟁은 싸우지 않고 이기는 것이 최고다. 지금까지도 트럼프가 끊임없이 주장하는 것이 바로 내가 집권하는 동안 지구상에 전쟁은 없다는 주장을 뒷받침하는 말이다.

여기서 트럼프의 국가안보정책은 나는 대통령이 되면 미국의 군사력을 가장 막강하게 만듦으로써 아예 군사력을 사용할 필요가 없게 만들겠다는 것이다. 나를 강하게 만듦으로써 남이 감히 덤비지 못하게 만들겠다는 것이 바로 손자병법의 핵심이자 힘을 통해 진정한 평화를 구가하는 트럼프의 전략이다. 또 트럼프에 앞서 레이건이 한 말이 '힘을 통한 평화 추구(Peace for strength)'다. 트럼프는 『불구가 된 미국』을 쓰면서 실제로 불구가 된 미국을 다시 정상으로 되돌리겠다고 선언한다.

◇ 도널드 트럼프는 철저한 행동주의자

트럼프를 본격적인 미국 대스타로 만든 TV 리얼리티쇼 〈어프렌티스〉에 출연하기 전부터 트럼프가 유명 인사였던 까닭이 여기에 있다. 2000년도부터 트럼프는 미국 대통령 수준의 인지도(갤럽 여론조사에서 98%의 미국인이 그를 안다고 응답했습니다)를 자랑한다. 그 이유는 간단하다. 트럼프만큼 책을 많이 써낸 억만 장자가 없기 때문이다.

트럼프는 자신이 행동주의자이며, 또 행동하는 사람을 선호했다. 1985년 트럼프는 미국 내 최고의 방송국인 NBC가 자기 건물에 입주하고 싶어 할 정도로 매력적인 건축물을 만들고 싶었다. 이를 위해 두 사람의 건축가와 면담했다. 여기서 트럼프의 행동 성향을 읽을 수 있다. 건축가 한 사람은 리처드 메이어로 당시 뉴욕의 건축계를 대표하는 인물이었다. 그를 비평하는 건축비평가들마저도 그를 칭찬했을 정도로 뛰어난 실력의 소유자였다. 당연히 그를 따르는 추종자들이 줄을 이었다.

하지만 트럼프는 그를 좋아하지 않았다. 사색하고 분석하고 논리적으로 따지면서 시간 보내기를 좋아한다는 이유 때문이었다. 따라서 트럼프가 선택한 건축가는 헬무트 얀이었다. 얀은 뉴욕 건축계와는 아무런 관련이 없는 아웃사이드였다. 하지만 사업에 대한 안목이 높고 실행 능력이 뛰어난 사람이라고 평가한 것이다. 실제로 얀은 처음 만난 지 불과 3주도 안 돼 건축물의 축소 모형을 가지고 와 트럼프를 흡족하게 만들었다. 그래서 트럼프는 1985년 당신 뉴욕 최고의 건축가 메이어를 헌신짝처럼 벗어던지고 얀을 건축 책임자로 고용한다.

트럼프가 남보다 먼저 상대를 읽고, 성공을 위해 수단과 방법을 가리지 않는 인물임에는 틀림이 없다. 하지만 그는 무모한 사람이 아니라 매우 영리하고 치밀한 사람이라는 걸 알 수가 있다. 그의 신조는 "크게 생각하되, 발로 뛰고, 언제나 최고의 물건을 만들어"라는 것이다. 일하려면 지렛대도 사용하고 언론도 이용할 줄 알아야 한다고 충고할 정도로 철저한 계산을 바탕으로 한 냉혈인으로까지 비치는 인물이다. 그런 트럼프는 "행함이 없는 믿음은 죽은 것!"이란 성경 구절을 애송한다.

트럼프는 공부를 오래 안 해도 경험을 통해 올바른 판단을 할 수 있다고 믿기 때문에 전문가의 말이라고 해서 무조건 맹신하지 않는다고 한다. 보고서를 받을 때도 수백 장을 보내지 말고 딱 3장으로 요약해서 보낼 것을 요구한다. 평소 트럼프는 딱 5초 만에 사람을 사로잡을 수 없는 아이디어는 쓸모가 없다고 강조한다.

트럼프 대통령은
독실한 크리스천이다!

"우리는 당당하게 서 있습니다. 우리는 자랑스럽게 서 있습니다. 그리고 우리는 오직 전능하신 하나님께만 무릎을 꿇을 뿐입니다!"

Donald Trump : "We stand tall, We stand proud, and We only kneel to Almighty God!"

트럼프는 2024년 7월 19일(현지 시각) 대통령 후보 수락 연설에서 "나는 오직 전능하신 하나님의 은혜로 오늘 이 자리에 서 있을 수 있는 것입니다"라고 연설의 포문을 열었다. 이후 트럼프 대통령은 전국 유세를 순회하면서 언제나 기도하는 모습으로 일관했다. 이는 지난 1기 유세 때와는 많이 달라진 모습 중 하나라

〈트럼프 대통령은 선거 유세장이 어는 곳이든 항상 기도로 시작하고 기도 마친다.〉

고 보수 언론 폭스뉴스가 전했다.

　47대 대선 개표일 날 11월 6일 새벽 1시(한국시간 6일 오후 3시)에 트럼프는 선거인단 270표를 얻어야 당선되는데도 불구하고 선거인단 267명을 확보했을 때, 이미 미국의 모든 방송은 트럼프 당선을 확정했다. 그리고 곧바로 트럼프는 마러라고 별장에서 대통령 당선을 수락한 뒤 대선 승리 연설에서 "하나님이 내 목숨을 구해준 건 이유가 있는 것 같다(God spared my life for a reason. Says Donald Trump in this victory speech)"라고 연설했다. 그러면서 "미국을 다시 거룩하고 위대한 나라, 잘 사는 나라, 안전한 나라로 만들라는 그 사명을 나에게 주신 것 같다고 말한다.

　한편 이는 지난 40대 레이건 대통령(재임 1981~89년)도 대선 유세에서 저격당하고 당선된 뒤에 이와 비슷한 말을 했다. "하나님이 나를 살려주신 것은 공산주의 세계를 멸망시키고 세계를 안전하고 축복된 땅으로 만들라는 사명을 알고 있다"라고 말한다. 그리고 마침내 미국의 로널드 레이건 정부는 1991년 12월 26일 소련(당시 고르바초프 서기장)을 붕괴시켰다. 여기서 미국의 보수 정치 평론가들은 트럼프의 연설이 "중국 공산당의 수괴 시진핑과 북한 독재자 김정은 정권의 붕괴를 염두에 두고 말하는 것"이라고 주장한다.

트럼프 대통령은 연설이 끝난 뒤에 측근 인사들과 반주 없이 부른 노래가 바로 복음성가 "How Great Thou art(주님의 높고 위대하심을!)"이었다. 이 곡 〈How Great Thou art〉는 50, 60년대 미국의 전설적인 가수 로큰롤의 제왕 엘비스 프레슬리의 아홉 번째 스튜디오 음반이었다.

그리고 엘비스 프레슬리(1935~1977년)는 '하나님의 성회(AG: Assembly of God)' 교회를 다녔으며, 이곳에서 엘비스 프레슬리가 초기 음악적 영향을 받았다고 한다. 그의 사후 41년이 지난 2018년 트럼프 대통령이 직접 엘비스 프레슬리에게 '자유 훈장'을 추서한 적이 있다.

◇ 美 기독교 복음주의 세력의 열렬한 지원

미국 백인 복음주의 개신교도(White Envagelical Protestant)는 트럼프 대통령을 가장 열렬히 지지하는 종교 세력이다. 실제로 47대 대선에서 미국의 크리스천 유권자 중 백인 기독교 복음주의자(white evangelical voters) 가운데 82%가 트럼프를 지지한 것으로 나타났다. 이는 지난 45대 대통령 선거 때, 80%보다 2%나 높은 것이라며 역대 가장 높은 지지를 받았다고 여론조사기관인 라스무센(Rasmussen)이 밝혔다.

특히 측근들은 트럼프 대통령이 이번 유세에서 암살을 피하면서 더욱 독실한 크리스천이 되었다고 말한다. 그리고 향후 정치에도 기독교 색채가 더욱 뚜렷해질 것으로 보고 있다. 따라서 정치 전문가들은 "트럼프 외교정책은 하나님에 반하는 국가, 즉 조 바이든 정부 때 미국을 가볍게 보거나 우습게 본 나라에 대해서는 트럼프 대통령이 절대로 용서하지 않을 것이다"라고 전망한다.

트럼피즘(Trumpysm)의 핵심 기반인 기독교 복음주의자들은 성경에 대한 충성 맹세와 가족을 중시하며, 술과 도박, 마약, 성적 문란, 불성실한 재무 거래 등을 엄격하게 금지한다. 트럼프는 13세 때 장로교회에서 세례를 받았다. 그는 사업가로서 한때 순수와

순결이란 미덕과는 동떨어진 삶을 살았다. 하지만 대통령이 된 트럼프는 누구보다 철저한 크리스천의 삶을 살고 있다. 이번 대선에서도 그는 유세장마다 유명 목사님을 초빙해 기도로 시작하고 기도로 유세를 마치는 모습을 보여주었다.

◇ 미국 '메리 크리스마스 vs. 해피 홀리 데이즈'

미국 좌파는 해마다 연말 인사말을 두고 '메리 크리스마스(Merry Christ)'라는 표현이 비기독교인을 배척하는 표현이라며 '해피 홀리 데이즈(Happy Holidays)'를 사용했다. 하지만 트럼프 대통령의 등장으로 10년가량 '해피 홀리 데이즈'를 내걸어 온 대기업들이 이번에는 모두 '메리 크리스마스'를 부활했다.

지난 수백 년 기독교 전통 속에 '메리 크리스마스'를 기본 인사말로 지켜온 미국이 2000년대 중반부터 '해피 홀리 데이즈'가 미국 전역에서 사용되기 시작했다. 좌파 진영은 크리스마스는 단지 기독교 축일일 뿐이다. 그러니 비슷한 시기의 유대인 축일 '하누카(Hanukkah·12월 25일~1월 2일)'와 흑인 축제 '콴자(Kwanzaa 12월 26일~1월 1일)'를 포함해 그냥 '해피 홀리 데이즈'로 부르자고 주장했다.

'해피 홀리 데이즈'는 2009년 출범한 버락 오바마 행정부 때부터 미국 전역으로 확대됐다. 오바마는 연말 카드에 '크리스마스'라는 표현을 일절 쓰지 않았고 백악관의 크리스마스 장식도 생략했다. 그렇다고 민주당 지지층에서만 사용됐던 건 아니었다. 공화당 소속의 조지 부시 전 대통령도 2006년 크리스마스 대신 '홀리데이'라는 표현을 썼다. 다양성을 포용해야 한다는 논리에서였다.

흔히 '크리스마스 전쟁'이라 불리는 연말 인사말을 둘러싼 좌우 갈등은 그 뒤로도 계속됐다. 그동안 주로 좌파 계층에서 '메리 크리스마스'라는 표현을 쓰는 사람이나 기업을 비판하면서 벌어져 온 일이다. 2019년 닐 고서치 대법관이 한 방송에 출연해 앵커에게 "메리 크리스마스!"라는 인사말을 건넸다가 '사퇴하라'라는 여론이 불거진 게 대표적이다.

트럼프 대통령은 올해도 자신의 SNS에 "메리 크리스마스!"라는 표현만을 고집했다. 이번 대선 결과 일반 국민 사이에서는 '메리 크리스마스'라는 표현이 압승을 거둔 것으로 분석된다. 따라서 타깃, 스타벅스 등 미국 유통업체들도 이러한 사회적 분위기를 의식해 일부 보수층 소비자들의 불매운동에도 불구하고 연말 때마다 크리스마스라는 표현을 의도적으로 뺐다.

◇ 美 대기업, 너도나도 앞장서 'Merry Christmas'

〈트럼프 대통령이 올해 크리스마스 날 직접 산타 복장을 하고 '메리 크리스마스'를 외쳤다. 트럼프의 압박에 10년 가까이 '해피 홀리 데이즈'를 내걸어 온 대기업들이 트럼프 대통령 '눈치 보기'에 나섰다. 유통업체 타깃은 올해 매장 장식에 '메리 크리스마스' 표현을 부활시켰다. 타깃 매장에 메리 크리스마스 표현이 생긴 건 2005년 이후 약 20년 만이다.〉

그러나 2024년은 트럼프가 당선되면서 10년가량 '해피 홀리 데이즈'를 내건 대기업들이 너도나도 트럼프 '눈치 보기'에 나섰다. 미국 최대 유통업체 '타깃(Target)'은 올해 매장 장식에 '메리 크리스마스'라는 표현을 부활시켰다. 타깃 매장에 메리 크리스마스 표현이 생긴 건 2005년 이후 약 20년 만에 처음 있는 일이다. 트럼프가 정말로 세긴 세다는 말이 절로 나온다.

기업·아버지·정치 등
모두 성공한 대통령!

트럼프 대통령 인생철학 '자기 가치를 높이자!'

◇ 첫째, 기업인 트럼프:

도널드 트럼프는 1946년 뉴욕에서 부동산 재벌인 프레드 트럼프의 차남으로 태어났다. 그의 어머니 메리 앤 매클라우드 트럼프(Mary Anne MacLeod Trump)는 스코틀랜드에서 온 이민자였고, 그의 친할아버지 프레더릭 트럼프와 친할머니인 엘리자베스 크라이스트 트럼프(Elizabeth Christ Trump)는 독일 팔츠지방의 칼슈타트(Kallstadt)에서 이민해 온 독일계 이민자였다.

아버지인 프레드 트럼프는 자수성가한 부동산 재벌이며, 사망 시점인 1999년 기준 2억 달러에서 3억 달러 정도의 재산을 보유하고 있었다. 도널드 트럼프는 뉴욕 군사학교를 졸업한 후 펜실베이니아 대학교 와튼스쿨 경영학과를 졸업한 후 아버지의 가업을 이어받아 트럼프 기업을 성장시켰다.

부동산사업으로 여러 빛나는 성공을 거두었으며, 파산의 경험 등 몇 차례 역경을 극복하기도 했다. 1991년 애틀랜틱 시티의 타지마할을 그 당시 돈으로 10억 달러 가치의 파산 신청을 한 것을 시작으로, 다음 해인 1992년 트럼프 플라자 호텔, 2004년 트럼프 호텔과 트럼프 카지노, 2009년 트럼프 엔터테인먼트 리조트에 이르기까지 여러 번 파산 경험이 있었다. 타지마할 카지노 사업 이후 트럼프는 한 가지 깨달음을 얻었는데, 성공하기 위해서는 단순히 큰돈을 투자하는 것만 정답이 아니라 자신의 가치를 높이면 성공은 자연스럽게 따라오게 된다는 것이었다.

이를 통해 그의 철칙인 협상에 관한 기술 역시 자연스럽게 형성될 수 있었다. 이후 여러 미디어와 광고 등 자신의 가치를 높이기 위해 TV 프로그램에 자주 등장했다. 미국의 많은 도시에는 트럼프의 이름이 크게 새겨져 있는 빌딩들이 자리 잡고 있다. 대한민국에도 대표적으로 서울특별시 여의도에 소재한 '트럼프 월드'가 유명하다. 이 밖에 뉴욕타임스 베스트셀러 순위에 오른 책들이 그의 인지도를 높였다.

트럼프는 아버지 때부터 부자였고 아버지 회사에서 많은 수업을 받았으니 재벌 2세이기도 하다. 이미 1980년대 낸 자서전이 논픽션 베스트셀러가 되었을 정도로 성공한 저술가이기도 하다. 하지만 늘 성공만 한 건 아니었다. 1990년대 무리하게 투자했다가 당시 아버지에게 물려받은 재산으로 간신히 위기를 모면한 적도 있다.

최근에는 '트럼프 미디어 & 테크놀로지 그룹'의 주식 가치가 크게 상승하면서 순자산이 많이 증가한 것으로 알려졌다. 업계에서는 기업인으로서 평생 모아온 트럼프의 재산은 64.9억 달러(약 10조 원)로 추정하고 있다. 이는 2024년 포브스 미국 400대 부자 목록에서 319위에 해당한다. 그는 돈만 가진 단순한 재벌이 아니다.

트럼프는 기업인으로서도 크게 성공했다. 하지만 그는 방송, 저술, 정치 등 여러 방면에서 뛰어난 활약상을 보이고 있다. 아버지에게서 상속받은 재산을 바탕으로 시작했지만, 미국 대통령까지 오른 것은 그의 능력과 처세술이라고 평가할 수 있다. 그를 한마디로 표현하자면 '특이한 금수저'라 말할 수 있다.

◇ 둘째, 아버지 트럼프:

아버지로서 트럼프는 부인 이바나와의 사이에서 태어난 자녀는 도널드 트럼프 주니어(77년생: 펜실베이니아대 경영학[유펜 와튼]), 이방카 트럼프(81년생: 펜실베이니아 경영학)와 에릭 트럼프(84년생: 조지타운대 재무 및 경영) 등이다. 트럼프는 자녀들이 술과 담배, 마약을 멀리하도록 가르쳤고, 에이즈의 위험을 다룬 기사를 수십 번 소리 내어 읽도록 교육했다고 말한다.

트럼프와 두 번째 부인 말라 메이플스의 딸 티파니 아리아나 트럼프(93년생: 펜실베이니아 대학 및 조지타운 로스쿨)는 트럼프에게는 차녀이자 어머니 메이플스에게는 외동딸이다. 트럼프 행정부출범 이후 유일하게 정계 활동을 하지 않는 트럼프의 성인 자녀이다. 그래서 그런지 트럼프 집안을 까는 사람들도 티파니는 비판하지 않는 경우가 많다. 다만 아버지 트럼프 지지 연설을 몇 번 하긴 했을 뿐, 외부에는 잘 알려지지 않은 자녀이다.

베른 트럼프(2006년: 컬럼비아대학 및 뉴욕대 경영대학원)는 도널드 트럼프와 영부인 멜라니아와의 사이에서 태어난 아들이다. 트럼프에게는 3남 2녀 중 막내아들이며, 멜라니아에게는 외아들이다. 슬로베니아계 미국인인 어머니 멜라니아 트럼프의 영향으로 슬로베니아를 구사할 수 있다. 가끔 어머니와 둘이 슬로베니아어로 대화하기도 한다.

3남 2녀의 자녀들은 모두 아버지 도널드 트럼프의 가훈대로 절대로 음주 마약 담배와 같은 것은 하지 않고 성경을 바탕으로 성장을 했다. 그래서 그 말썽 많은 정치인 아버지를 측근에서 도우면서도 전혀 잡음을 일으키지 않고 있다. 그리고 두 명의 어린 손주도 기독교 성경에 기반한 교육을 받으면서 성장하고 있다.

◇ 셋째, 정치인 트럼프:

정치인으로서 도널드 트럼프는 거의 정치적 기반이 없는 이단아로 출발했다. 하지만 두 번이나 대통령에 오른 미국 역사상 최고령으로 취임한 대통령이자 가장 재산을 많이 보유한 재벌 대통령이다. 그로버 클리블랜드 이후로 132년 만에 탄생한, 최초로 재선에 실패 후 다음 선거에 당선한 비연속 재선 임기를 수행하는 역대 2번째 '징검다리 임기' 대통령이다.

무엇보다 도널드 트럼프는 미국 대통령이 되기 위해 가져야 할 기본 조건을 단 하나도 갖추지 못한 상태에서 대통령이 된 특이한 정치인이다. 예를 들면 연방 상·하원의원이나 정부 고위 공직은 물론이고, 주지사나 지방 의회 의원과 같은 자치 단체장 경력도 없다. 그러나 정계 진출에 관한 생각은 1980년대부터 했던 것으로 보인다. 2000년대 초반에는 개혁당에 입당해서 출마할 뻔했다.

트럼프는 여러 차례 정당을 옮겼는데, 2001년부터 2009년까지는 민주당 소속이었다. 그러나 2008년 대선에서는 공화당의 매케인을 지지했다. 트럼프의 정치적 성향은 시간에 따라 변화했으며, 2010년대 이전까지만 해도 정치적으로 큰 활동을 하지는 않았다. 당시 그는 주로 사업가와 유명 인사로 인식되었으며, 자신의 사업적 이익에 따라 민주당과 공화당 양쪽에 모두 기부하는 등 실용적인 접근을 했다.

한편 트럼프는 친민주당 성향의 언론 매체인 좌파 주류언론과 마찰이 심했다. 그래서 언론이 날마다 '트럼프는 나쁘다'라고 보도하자 오히려 공화당의 그 어떤 후보들보다도 언론 노출이 더 빈번해졌다. 그리고 '악명도 명성'이라는 말대로 트럼프의 인지도가 높아지면서 군건한 지지층이 형성됐다. 결국 2016년 미국 대통령 선거의 공화당 경선을 1위로 통과하는 1차 파란을 일으켰다.

민주당의 경선 승자인 힐러리 클린턴은 원로 정치인이자 언론계, 재계, 연예계 등 각계의 지원을 한 몸에 받는 상대였기에, 트럼프가 본선까지 이기고 대통령이 되리라고는 아무도 예상하지 못했다. 그 당시 실제 여론조사 동향까지 힐러리 클린턴이 본선의 승자가 될 것으로 예상했다. 개표 결과 정치 신인에 불과한 트럼프가 힐러리를 꺾고 당선되는 대이변을 일으키며 제45대 대통령이 됐다.

그러나 그 당시 트럼프의 선거전략에는 숨은 '신의 한 수'가 있었다. 미국 대통령은 선거는 다른 어떤 국가에서도 찾아볼 수 없는 선거인단이라는 제도가 있다. 미국 '선거인단(United States Electoral College: USEC)'은 4년마다 미국의 대통령과 미국의 부통령을 뽑는 공식적인 기구다.

미국의 주와 워싱턴 DC는 인구비례로 선거인단을 뽑는다. 그러나 하와이 등 해외 영토에서는 선거인단을 뽑지 않는다. 미국 대선 선거인단 수가 538명인데, 이는 미국 하원(435명)과 미국 상원(100명) 숫자를 합한 535명에다 워싱턴 DC 선거인단 3명을 합한 것이다. 미국 헌법 2조 1항 2절은 선거인단 숫자와 선출 방식을 자세히 기술하고 있다. 핵심은 전체 지지율에서 져도 선거인을 더 많이 확보한 후보가 대통령이 된다. 538명 중 과반이 넘는 270명만 확보하면 승리한다.

스윙 스테이트(swing state) 또는 경합주는 미국 대선에서 특정 정당이 압도적인 지지를 얻지 못한 주(state)를 뜻한다. 대부분 주에서 선거인단 승자독식제를 채택하고 있다. 그래서 대선 때마다 경합주의 판세가 여론의 가장 큰 관심을 받는 이유다. 경합주와 반대로 특정 정당이 압도적 지지를 받는 주를 안전주(safe states)라고 부른다. 안전주의 선거인단은 해당 주의 지지를 받는 당의 후보가 이미 확보한 것으로 간주 되기 때문에 대선 후보에게는 큰 의미가 없게 된다.

이번 47대 미국 대통령 선거에서도 대표적인 경합주인 러스트 벨트 '위스콘신, 미시간, 오하이오, 펜실베이니아'에서 승패가 갈렸다. 트럼프는 45대부터 이들 지역 공략에 성공해 대통령이 되었다. 특히 이번에 트럼프는 오하이오주 출신 JD 밴스를 부통령에 지명하는 '신의 한 수'를 통해 4개 주를 모두 이기면서 312대 226이라는 압승을 거두며 대통령에 당선되었다.

트럼프 등장에
전 세계가 알아서 긴다!

◇ **악의 축 '중·북·러 및 이란' 등 세계가 초긴장!**

트럼프 대통령이 당선되고 취임도 하지 않았는데, 시쳇말로 벌써 전 세계가 알아서 기는 현상이 여기저기서 벌어졌다. 예를 들면, 가장 먼저 중국이 미국과 평화롭게 지내기를 원한다고 촉구했다.

전쟁 중인 러시아와 우크라이나 정부는 트럼프 2기 정부가 출발하면 어떤 형식으로 든 전쟁을 종식할 것이라 믿고 있다. 두 국가는 트럼프가 당선되자 휴전을 염두에 두면서 서로 총공세로 전쟁이 정점에 달했다. 지금도 땅을 한 뼘이라도 더 확보하려고 치열한 전투를 벌이고 있다. 이 와중에 푸틴은 트럼프 대통령과 언제든지 대화할 수 있다고 밝혔다. 게다가 탈레반까지 휴전하고 싶다는 뜻을 전달해 왔다.

특히 멕시코를 통해 바이든 정부 4년 동안 대략 1,000만 명이 미국으로 대거 쏟아져 들어오던 불법 이민자들의 수가 급격히 줄었다. 멕시코와 미국 국경을 통해 떼를 지어 몰려들던 대형 이동 대열 '캐러밴(caravan)'이 트럼프 당선과 동시에 와해 됐다. 이는 멕시코 정부가 직간접적으로 도와주던 손길이 끊겼기 때문이다.

또한 카타르는 국토가 작지만, 풍부한 천연가스를 보유하고 있어 1인당 GNP가 2015년 IMF 통계로 8만 6,300여 달러로 전 세계에서 세 번째로 높다. 그런 카타르가 하마스 지도자들에게 은신처를 제공해 오던 것을 멈추고 자국 내에 있는 하마스 지도자들에게 모두 추방 명령을 내렸다.

바이든 정부 때 항상 미국을 가볍게 여기면서 비난을 일삼던 유럽연합(EU)도 태도가 완전히 바뀌었다. 그동안 사우디 등 중동과 러시아에서 석유를 구매하던 EU가 앞으로는 미국에서 석유를 사겠다고 결정했다. EU 국가 중에서도 특히 독일과 프랑스가 미국의 정책에 항상 대들어 왔는데 지금 숨을 죽이고 있다.

바이든 정부의 미국과 트럼프의 미국은 그 자체로 바뀐 게 아무 것도 없다. 그런데도 이러한 현상이 세계 곳곳에서 줄줄이 일어나고 있다. 이는 트럼프 대통령의 외교정책이 매우 분명하고 미국이 가진 힘을 제대로 발휘하기 때문이다. 전문가들은 한 마디로 "대통령 결단력(resolution)의 문제"라면서 "외교정책이 바이든과 트럼프가 근본적으로 다르기 때문"이라고 지적한다.

특히 러시아와 전쟁 중인 우크라이나 젤렌스키 정부는 최근 트럼프 대통령에게 유화 제스처를 보냈다. 바이든 정부가 이끄는 미국과의 주요 광물 협약을 두 차례나 연기하면서 이를 트럼프 대통령이 취임하면 그의 치적으로 내놓겠다는 것이다. 2024년 12월 2일 젤렌스키 정부 관계자는 "트럼프 대통령이 지정하는 회사와 주요 광물 채굴권을 협약하겠다"라고 밝혔다.

아마존·구글까지도···트럼프에 줄 서겠다!

알파벳(구글 모회사), 아마존, 메타(페이스북 모회사), 애플 등 실리콘밸리 빅테크 최고경영자(CEO)들이 트럼프 대통령의 눈에 들기 위해 동분서주하고 있다. 일론 머스크 테슬라 CEO를 필두로 한 이른바 '페이팔 마피아'가 차기 행정부 요직을 두루 차지한 것도 영향을 미쳤다는 분석이 제기된다. 미국 우선주의와 첨단기술 패권을 추구하는 트럼프 2기 행정부 정책에 대한 기대감 때문으로 풀이된다.

〈그동안 페이팔 마피아와 달리 트럼프 지지를 꺼려온 실리콘밸리 빅테크 기업들도 줄줄이 트럼프에 줄 서기 시작하면서 거액의 취임식 기부금을 전달하고 나섰다.〉

◇ 反 트럼프 진영 거부들 '100만 달러 기부 러시'

2024년 12월 말 외신에 따르면 미국 빅테크 CEO들이 잇달아 트럼프 당선인 자택인 플로리다주 마러라고 리조트를 방문했다. 아울러 트럼프 대통령 취임식에 거액의 기부금을 전달했다. 최근 뉴욕타임스(NYT)는 "기술 산업계가 트럼프 대통령에게 충성심을 보이기 위해 노력하고 있다"라고 평가했다.

제프 베이조스 아마존 창업자는 이미 마러라고를 다녀갔다. 트럼프가 당선되면서 바로 개최된 뉴욕증권거래소 행사에서 "베이조스 창업자가 찾아온다"라고 밝혔다. 과거 민주당을 지지한 베이조스 창업자는 이번 대선 직전 중립을 선언했다. 그리고 아마존을 통해 트럼프 대통령 취임식에 100만 달러를 기부했다. 그는 2021년 조 바이든 대통령 취임 땐 27만 6,000달러를 낸 적이 있다.

구글의 순다르 피차이 CEO와 세르게이 브린 창업자도 트럼프가 당선되자 곧바로 마러라고를 방문했다. 팀 쿡 애플 CEO도 트럼프의 당선인 시절 자택에서 만찬을 함께했다. 이들보다 먼저 마러라고에서 트럼프를 만난 마크 저커버그 메타 CEO는 트럼프 2기 정부 취임식에 기부금 100만 달러를 냈다. 샘 올트먼 오픈AI CEO도 100만 달러 기부 대열에 합류했다.

◇ "트럼프 지지한 일론 머스크 CEO 본받자"

미국 빅테크 기업의 산실인 실리콘밸리는 과거 자율과 창의를 내세워 미국 정부와 거리를 뒀다. 게다가 일부 기업은 트럼프 1기 행정부 정책을 공개 비판하기도 했다. 그러나 최근 들어 이런 분위기가 확연히 달라졌다. 정부와 '끈끈한 네트워크'를 구축해 놓지 않으면 사업상 불이익을 당할 수 있다는 위기감이 커졌기 때문이다.

트럼프 대통령은 선거 기간 정보기술(IT)업계가 편파적이고 반경쟁적이라고 비난했다. 그는 페이스북이 2020년 대선에서 자신의 패배를 획책했다며 "(저커버그 CEO가) 또 불법을 저지르면 평생 감옥에서 보낼 것"이라고 협박했다. 벤처 투자가 출신 JD 밴스 부통령 후보도 2024년 8월에도 "구글은 너무 크고 강력하다"라며 "해체돼야 한다"라고 주장했다.

특히 페이팔 마피아 인사들이 트럼프 당선인을 적극적으로 지지한 뒤 승승장구한 점도 영향을 미친 것으로 분석된다. 일론 머스크 CEO와 데이비드 삭스 크래프트벤처스 창업자가 각각 트럼프 2기 행정부의 정부효율부(DOGE) 공동 수장, 인공지능(AI) 암호화폐 차르에 각각 임명됐다. 브라이언 휴스 트럼프 인수위원회 대변인은 "삭스 창업자는 온라인에서 자유로운 발언을 보호하고 거대 기술기업의 (정치적) 편향과 검열에서 벗어나게 할 것"이라고 말했다.

◇ 빅 테크기업 모두 합심해 중국 견제하겠다!

미국 정부가 중국과의 경쟁에서 이기기 위해 독점 이슈 등을 관대하게 처리할 것이라는 우려도 나온다. 쿡 CEO는 이미 트럼프 대통령을 만나 유럽연합(EU) 등 외국 정부와의 분쟁에 관해 이야기한 것으로 알려졌다.

이어서 애플은 2024년 9월 아일랜드와의 소송에서 패소해 143억 유로를 물어냈다. 구글은 연방 법무부와 광고·검색엔진 독점 혐의로 소송 중이다. 미국 법무부는 구글이 인터넷 브라우저 크롬, 모바일 운영체제 안드로이드 부문을 분리해야 한다고 주장한다.

◇ 세계 증시와 수출까지 트럼프 등장에 떤다!

트럼프 대통령의 백악관 재입성을 앞두고 유로화 가치와 유럽 증시가 큰 폭으로 하락했다. 트럼프 당선인의 '폭탄 관세' 공약이 유럽 수출에 타격을 주고, 유럽 기업의 경쟁력을 하락시켜 성장과 물가에 악영향을 미칠 것이란 전망이 나온 영향이다.

트럼프 대통령의 공약에 따라 10~20% 보편관세를 도입하면 유로존(유로화 사용 20개국) 대미 수출이 크게 타격을 받고, 중국의 저가 수출품 때문에 자동차 등 유럽 기업의 경쟁력이 크게 하락할 것이란 우려가 나온다. 또 미 연방준비제도(Fed)와 유럽중앙은행(ECB) 간 금리 격차가 벌어질 것이라는 전망도 있다.

ECB 당국자들도 트럼프 대통령의 백악관 복귀에 대비할 것을 촉구했다. 로버트 홀츠먼 오스트리아 중앙은행 총재는 트럼프 대통령의 관세 정책이 시행되면 미국 금리와 인플레이션이 높게 유지되고, 다른 지역도 인플레이션 압박을 받을 것으로 전망했다. 또 달러와 유로가 패리티 단계에 접어들면 에너지 등 수입 물가에 영향을 미쳐 ECB가 2% 물가 목표에 도달하기가 더 어려워질 것이란 분석도 나왔다.

올리 렌 핀란드 중앙은행 총재는 트럼프 1기 행정부에서 유럽이 미국과의 무역전쟁에 대응하는 데 어려움을 겪었던 것을 강조하면서 "무역전쟁이 시작된다면 유럽은 2018년처럼 준비가 돼 있지 않아선 안 된다"라고 경고했다.

토마스 비엘라텍 타로우프라이스 유럽 수석 이코노미스트는 "(미국을 제외한) 나머지 세계가 압박받고 있다"라며 "마치 전 세계 나머지 국가의 성장을 미국 경제로 재분배하는 것과 같다"라고 언급했다.

한편 아시아 증시도 마찬가지로 어려움을 겪을 것으로 내다보고 있다. 2024년 11월 초 트럼프 당선 이전까지만 해도 중국과 홍콩, 일본 증시는 16% 이상 성장했고, 타이완 증시는 무려 30%

가까이 상승했다.

그러나 아시아 증시 전문가들도 미국 대선 이후 등락을 거듭하면서 국제 정세의 불확실성이 아시아 증시에 분명한 영향을 미칠 것으로 분석된다고 말했다. 이와 함께 중국을 비롯해 우리나라와 타이완 등 대미 무역 흑자국들이 트럼프 무역정책의 피해를 볼 수 있다는 전망이 나오면서 각국은 긴장감을 감추지 못하고 있다.

특히 미중 전쟁을 벌이고 있는 중국은 예상대로 트럼프의 미국 대선 승리에 애써 충격을 감추면서 차분히 응대하는 모습을 보였다. 그러면서 외교부 대변인은 트럼프 당선이 확정된 2024년 11월 6일 오후 11시 30분경(현지 시각) '기자와의 문답' 형식으로 홈페이지에 "우리는 미국 인민의 선택을 존중한다"라면서 "트럼프 선생의 대통령 당선에 축하의 뜻을 표한다"라는 짧은 메시지를 냈다.

트럼프 2기
'하늘이 대한민국에 내린 기회'

트럼프 대통령이 대한민국에 기회인 이유?

◇ 첫째 '대한민국 5,000년 만의 大 행운'

트럼프 대통령이 중국을 무너뜨리게 되면 대한민국은 5,000년 역사에서 가장 큰 행운을 맞이하게 된다. 이는 우리 역사상 엄청난 우환거리가 해결되기 때문이다. 지난 왕조시대의 어두운 역사는 논평할 가치조차 없다. 그러나 현대사회에 들어서서도 중국 공산당은 김일성의 6·25전쟁을 획책한 결과 지금 한반도의 허리를 두 동강이로 잘라놓은 전범국가이다.

그럴 리야 없겠지만 만에 하나 중공이 다시 득세하여 미국을 이기고 패권을 잡게 된다면 자유민주주의 대한민국은 운명을 다하게 된다. 그리고 지난 5,000년 왕조 역사시대보다 더 혹독한 조공 국가로 복귀하게 될 것은 너무나도 명약관화하다. 이미 자유민주주의를 한껏 누려온 대한민국 국민에게는 어떤 형벌보다 견디기 어려운 삶의 형국이 될 것이다.

트럼프 대통령의 대외전략 제1 목표는 아시아를 중심으로 하는 중국의 패권 도전을 꺾는 일이다. 중국 경제에 대한 트럼프 정책이 "중국이 공정한 무역 거래(Fair Trade)를 하라는 것"인데, 중국이 불응하다가 결국 파국을 맞은 것이다. 앞으로 중국의 약화는 한반도 경제발전의 국제적 환경이 엄청나게 좋아지게 된다. 더불어 한반도의 평화적인 자유 통일 조건이 매우 좋아지게 된다.

게다가 중국 해군 군사력 강화가 한국 조선에 큰 호재가 될 것이다. 이는 중국이 군사력을 증강하고 있는데, 특히 해군력을 엄청나게 늘리고 있다. 지금 미국이 숫자상으로 중국 해군력을 못 따라가고 있어 대한민국 조선의 힘을 빌리게 될 것이다. 게다가 한국 방산에도 엄청난 도움이 될 것이 분명하다. 트럼프 대통령의 대외전략의 일환인 전쟁 방지를 위해 미국은 국방력 강화와 한반도 전쟁 및 중국 대만침공 억제는 동아시아 전쟁을 막고 평화를 가져올 것이다.

마지막으로 대한민국은 트럼프 대통령을 통해 기대할 수 있는 가장 큰 일은 중국이 대만을 침공하지 못하게 만든다는 것이다. 이는 곧 북한이 덩달아 남한을 넘보지 못하게 한다는 것이다. 그래서 미중 신냉전으로 중국을 굴복시키고 해체할 트럼프 대통령의 등장이 우리 대한민국에는 그 무엇과도 바꿀 수 없는 '하늘이 내린 축복'이 아닐 수 없다.

◇ 둘째 '한국에 제조업 부흥이 도래한다!'

한국과 중국은 전통 제조업과 첨단 업종을 막론하고 가장 많은 분야에서 경쟁하면서 충돌하고 있다. 예를 들면 한국이 세계 1위이던 디스플레이, 조선, 원전 등에서 중국은 이미 한국을 이미 떠밀어 내고 있다. 트럼프 대통령은 중국 경제를 가장 확실하게 제압할 것이다. 트럼프 대통령이 중국 제압에 앞장선다면, 그는 한국 경제와 산업을 중국의 추격으로부터 구원해 주는 '구세주'가 될 수 있다.

한가지 예로 미중 무역전쟁으로 트럼프 대통령과 중국 시진핑

간의 갈등이 심화하면서 화웨이에 대한 미국의 보복 규제가 강화
되면서 화웨이가 재기 불능이 된 적이 있다. 당시 화웨이는 중국
스마트폰 시장을 이끄는 최대 통신장비 업체였다. 하지만 미국의
제재로 화웨이가 넘어지면서 각축전을 벌이던 삼성이 화웨이의
추격을 따돌리며 스마트폰 시장을 굳건히 지킬 수 있었다. 이제
한국은 미국 시장을 놓고 중국과 경쟁하면서 제조업에서 엄청난
우위를 확보할 수 있게 되었다.

◇ 셋째 '유가 안정으로 연간 50조 이득 본다!'

트럼프 대통령의 석유 정책은 'Drill Baby Drill(파내고 또 파내
자)이다. 따라서 트럼프 대통령 2기의 국제 유가는 배럴당 평균
40~50달러 선에 유지될 것이다. 이는 현재 80~90달러 때보다 대
략 연간 50조 원가량의 석유 비용 절감이 일어나게 된다.

2024년 현재 대한민국은 하루에 약 260억 배럴의 원유를 사용
하고 있다. 이는 연간 약 1,128억 달러(약 150조 원)를 유가 비용
으로 결제하는 것이다. 그런데 트럼프 대통령의 유가 정책에 따르
면 매년 34%의 유가 절감 혜택을 보게 된다. 그리고 이를 금액으
로 환산하면 연간 혜택이 약 50조 원에 이르는 것이다.

한편 좌파 언론들이 여차하면 주한미군 주둔 비용을 들고나와 트럼프 대통령이 '100억 달러(약 14조 원)의 방위비를 요구하고 있다'라고 주장한다. 그런데 이는 용어부터 잘못된 것이다. 이는 방위비가 아닌 주한미군 주둔 비용이다. 여기에는 미군이 사용하는 전기, 물, 청소, 가스 등의 부대 비용과 미군에 소속된 근로자 월급을 모두 합산해서 책정한 금액이다.

2024년 현재 전체 미군 주둔 비용이 35억 달러(약 5조 원)이다. 여기서 우리가 내는 비용이 현재 약 22%로 10억 달러(약 1조 4,000억 원)이다. 우리는 트럼프 1기 국방부 장관이 50%를 요구한 적이 있다. 당시 그들의 요구대로 라면 약 2조 5천억 원이다.

따라서 향후 협상 때는 50%를 증액해 달라고 요구하면 2조 5,000억 원을 내면 된다. 그리고 100%를 요구하더라도 5조 원을 내면 된다. 그런데 한국 좌파 언론은 트럼프가 100억 달러(약 14조 원)를 요구한다고 무식한 소리를 지껄이고 있다. 참고로 현재 일본의 경우 자국 내 주둔 비용의 75%를 내고 있다.

◇ 넷째 'K-방산 산업이 날개를 달게 된다!'

트럼프 대통령이 미국 국방 재건을 천명하고 있다. 최근 미국 군사 안보 제1기관인 '전략 연구소 RAND(Research and Development)'가 "지금 중국은 미국이 군함 한 척을 만들 때 3척을 만든다. 물론 퀄리티는 미국이 훨씬 우수하다. 하지만 중국의 엄청난 물량을 따라갈 수 없다"라고 보도했다.

그런데 미국 정부는 이 문제를 해결하는 방법으로 대한민국을 거론하고 있다. 한국은 미국과 같은 질적 수준의 배를 만들면서도 중국과 같은 속도로 만들 수 있다는 것이다. 이에 트럼프 대통령이 당선 초기에 윤석열 대통령과의 전화 통화에서 단도직입으로 한국의 조선업을 언급한 것이다. 트럼프 대통령은 해군 함정 수를 중국과 맞추기 위해 어마어마하게 해군력을 늘일 것이다. 이는 우리에게 절호의 기회다.

트럼프의 당선 제일성이다. "미국 군대가 무력해졌다. 군사력 재건을 위해 국방예산을 대폭 증액하겠다." 그리고 트럼프 대통령은 2024년 11월 7일 윤석열 대통령과의 전화 통화에서 "한국의 세계적인 군함과 선박 건조 능력을 잘 알고 있다"라며 "우리 선박 수출뿐만 아니라 유지·보수·정비(MRO) 분야에서도 긴밀하게 한국과 협력할 필요가 있다"라고 말했다.

또 트럼프 대통령은 통화에서 함정 유지·보수에 대해서만 언급했으나 업계에서는 보다 더욱 넓은 방산 협력으로 이어지길 기대하고 있다. 그동안 미국은 MRO 분야에서 지속해서 한국과의 협업을 추진해 왔다. 때마침 한화오션은 2024년 11월 12일 "미 7함대에 배속된 급유함인 '유콘'의 MRO 사업을 수주했다"라고 밝혔다.

이미 앞서 한화오션은 2024년 8월 미 해군 군수지원함 '월리 쉬라'의 MRO 사업을 따내기도 했다. HD현대중공업도 향후 5년간 미국 해군의 MRO 사업 입찰에 참여할 수 있는 자격인 함정정비협약(MSRA)을 체결하고 미국 시장 진출에 박차를 가하고 있다.

산업연구원은 2024년 6월 '미국 대선 향방에 따른 방산 영향 및 대응 과제' 보고서에서 "트럼프 후보가 다시 집권한다면 대대적인 국방비 지출 확대가 예상되며 이는 K-방산기업의 미국 시장 진입 기회가 될 것"이라고 전망했다. 실제로 국내 방산업계는 미국 국방예산 확대에 따라 미군 군수 수요가 급증할 것으로 보고 있다.

한화에어로스페이스의 K9은 미 육군이 추진하는 자주포 현대화 사업의 후보군 중 하나로 선정돼 시험평가를 마쳤다. LIG넥스원이 개발한 대함 유도로켓 비궁의 미국 수출 가능성도 제기된다. 또 한국항공우주산업(KAI)은 미국 정부가 추진 중인 고등훈련기

(UJTS) 사업 수주에 참여할 예정이다.

나토에 대한 방위비 확대 압박 역시 낙수효과로 작용할 수 있다는 분석이 나온다. 트럼프 대통령은 나토(NATO) 회원국에 현재 2%인 GDP 대비 방위비 지출 비율을 3%까지 올리도록 요구하고 있다. 트럼프 대통령의 압박으로 나토 회원국이 자국 안보를 위해 국방비를 늘리면 신규로 무기를 대량 구매할 가능성이 커진다.

현재 유럽은 재래식 무기 생산 인프라가 축소된 상태다. 특히 노후화된 전차나 대포 등 중화기 무기의 세대교체가 필요한 경우 미국 업체보다 빨리 조달할 수 있는 K-방산의 무기를 구매하게 될 것이 유력하다. 이는 곧 우리의 K-방산이 유럽 시장에서도 점유율을 넓혀갈 기회가 된다.

방위사업청에 따르면 2019년 3조 5,000억 원이던 방산 수출액은 2023년 18조 9,100억 원으로 몸집을 불렸다. 정부는 올해 방산 수출 목표치를 28조 원대로 잡았다. 한국 정부는 2027년까지 세계 4대 방산 강국에 진입하겠다는 야심 찬 계획을 세웠다. 이와 같은 엄청난 일들이 벌어질 수 있으므로 트럼프 대통령은 '하늘이 대한민국에 내린 축복'이 된 것이다.

2장
트럼프 2기
'초강경 반중 인사'

대한민국에 암적인 존재
중국 공산당은 한반도
자유 통일을 가장 싫어한다.

트럼프가 집필한 책『불구가 된 미국』은
정치가가 무슨 말을 하던
관계없이 중국은 미국의 적이다.

트럼프 1기 정부는 중국과 전쟁을 선언하며
중국 성장 동력을 멈추게 했다.

트럼프 2기 정부는
마침내 중국을 몰락의 길로
내몰게 된 것이다.

트럼프 2기
'반(反) 중국 인사'로 출발

◇ 트럼프가 지명한 2기 행정부 내각 명단

도널드 트럼프 2기 행정부 내각은 충성파와 보수적 성향을 지닌 인물들로 구성되었으며, '미국 우선주의' 정책을 강하게 추진할 것으로 보인다. 주요 인물로는 국무부 장관 마코 루비오, 법무부 장관 팸 본디, 국방부 장관 피트 헤그세스 등이 포함된다. 또한, 일론 머스크가 정부효율부를 맡는 등 억만장자와 젊은 인재들이 다수 포함되었으며, 플로리다 출신이 두드러진다. 일부 지명자들은 논란을 동반하고 있다

트럼프 2기 행정부 인선 현황

● 픽정(상민 인준 불필요)　● 상원 인준 필요

내각 구성원

부통령
J.D. 밴스
상민의민
(오하이오)

국무부 장관
마코 루비오
상민의민
(플로리다)

재무부 장관
스콧 베센트
헤지펀드 '키스웨어
그룹' 창업자

국방부 장관
피트 헤그세스
폭스뉴스 진행자
(육군 소령 출신)

법무부 장관
맷 게이츠
'성 비위 위혹'

내무부 장관
더그 버검
노스다코다
주지사

농무부 장관
브룩 롤린스
미국우선주의
연구소 대표

상무부 장관
캔터 피츠제럴드
하워드 러트닉
투자은행 CEO

노동부 장관
로리 차베스-디레머
하민의민
(오리건)

보건복지부 장관
로버트 케네디
주니어
전 민주당
대선 후보

주택도시개발부 장관

스콧 터너
전백악관
WHORC 위원장

교통부 장관
숀 더피
전 하원미민
(위스콘신)

에너지부 장관
크리스 라이트
리버티에너지
설립자 겸 CEO

교육부 장관
린다 맥마흔
WWE 실밈

보훈부 장관
더그 콜린스
전 하원미민
(조지아)

국토안보부 장관
크리스티 놈
사우스다코다
주지사

국가안보보좌관
마이크 왈츠
하민미민
(플로리다)

환경보호청 청장
리 젤딘
전 하원미민
(뉴욕)

유엔 주재 대사
엘리스 스터파닉
하민미민
(뉴욕)

기타 구성원

백악관 비서실장
수지 와일스
공동선거대책
위원장

정부효율부 수장
일론 머스크
테슬라·
스페이스X CEO

비벡 라마스와미
기업가 출신
정치인

국가정보국 국장
털시 개버드
전 하원미민
(하와이, 민주당)

CIA 국장
존 랫클리프
전 국가정보국
국장

이스라엘 주재 대사
마이크 허커비
전 아칸소
주지사

중동 특사
스티브 위트코프
부동산 사업가

백악관 법률 고문
윌리엄 맥긴리
정치 변호사,
1기 내각 비서

국경 차르
톰 호먼
이민세관단속국
국장 직무대행

댄 스카비노
선대위부
선임 보좌관

백악관 부비서실장
스티븐 밀러
전 백악관
선임 보좌관

제임스 블레어
공화당
전국위원회 정무국장

테일러 부도위치
친트럼프 정치사집
고급단체수장

트럼프 2.0 내각
'반드시 중국 죽이겠다!'

트럼프 대통령은 2024년 11월 5일 대선 이후 채 한 달도 안 돼 12월 초에 내각 진용을 완전히 갖추었다. 트럼프 2기 행정부는 마가(MAGA) 슬로건의 '미국 우선주의' 기조를 거침없이 실행할 '충성파'로서 반드시 중국을 죽이고 부정선거를 뿌리 뽑겠다고 벼른다.

트럼프 2기 내각의 특징은 설사 본인이 다른 생각을 가졌다고 하더라도 트럼프 대통령의 '어젠다(Agenda)'를 충실히 수행하기로 약속하고 지명을 받아들였다. 따라서 정책 방향은 모두 '대(對) 중국 강경 매파'를 주축으로 고율 관세 적극 옹호, 불법 이민 반대, 부정선거 척결에 대한 강경론자로 구성됐다.

이와 함께 '트럼프 싱크탱크'로 불리는 '미국 우선 정책연구소(AFPI)'와 '프로젝트 2025' 관련 인사들도 두각을 드러냈다. 일부 인사들이 전문성과 이해충돌 우려 관련 논란을 빚고 있다. 트럼프 대통령의 자택이자 정권 인수팀이 꾸려진 플로리다주 출신과 보수성향 폭스뉴스 진행자·출연자들도 다수 포함됐다.

트럼프 대통령의 행정부 내각 명단과 그들의 성향을 분석한 몇몇 나라들은 벌써 긴장감에 휩싸인 채 깊은 호흡을 가다듬는 모양새다. 특히 중국과 북한, 그리고 중동지역의 악의 축으로 꼽히는 이란이 숨을 고르며 웅크리고 있다. 이들이 이토록 긴장하는 이유가 뭔지 주요 '외교 안보 정책' 라인만 눈여겨보자.

◇ 국무부 장관 '마르코 루비오'

트럼프 2기 정부의 국무장관에 마르코 루비오(플로리다 상원의원: 1971년생) 임명됐다. 루비오 국무장관은 한 때 트럼프 대통령의 러닝메이트(부통령) 후보로 거론될 만큼 깊은 인연과 신뢰를 갖고 있는 트

마르코 루비오

럼프 진영의 핵심 인물이다.

무엇보다 쿠바계 이민 2세로 쿠바와 가까운 플로리다에서 성장한 마르코 루비오는 상원의원 시절 내내 중국과 북한을 매우 혐오해 온 인물로 알려졌다. 그는 할아버지와 아버지로부터 쿠바 공산주의에 대해 귀에 딱지가 앉을 정도로 공산주의의 악랄함을 들어왔다. 그래서 언제나 반(反)중국 법안 마련에 앞장선 인물이다.

공산주의를 극도로 혐오하고 있는 루비오 국무장관은 "북한의 다른 지도자들이 더 나은 삶과 미래를 원한다면 언제든지 폭군 김정은을 제거해야 한다"라고 주장한다. 마르코 루비오는 공화당 내에서도 몇 안 되는 반중(反中) 및 반(反)북한 강경 매파 정치인이다.

2018년 트럼프 대통령이 싱가포르에서 김정은을 처음 만난 뒤에 기분이 좋아서 하는 말이 "이 사람(김정은)이 아주 똑똑한 놈이야, 나하고 이야기가 돼"라고 말한 적이 있다. 그러자 마르코 루비오는 곧바로 "(트럼프가) 김정은에게 아부해서 좋은 거래를 트려는 심보인 것은 알고 있다"라면서 "하지만 김정은은 절대로 트럼프 대통령이 말한 것처럼 재능있는 인간은 아니다"라고 받아쳤다.

그러면서 "김정은은 할아버지와 아버지로부터 가업을 물려받은 자인데, 만약 김정은이 민주주의 사회라면 선거로서는 길거리에 돌아다니는 개 잡는 사람의 보조직에도 뽑히지 못할 놈"이라며 독재자 아버지 가업을 물려받아 왕 노릇을 하는 저질 양아치"라며 굉장히 경멸적인 발언을 쏟아낸 사람이다.

◇ 국가안보 보좌관 '마이크 왈츠'

마이크 왈츠

트럼프 대통령의 외교 안보 정책을 총괄하는 국가 안보 보좌관에는 마이크 왈츠(1974년생: 플로리다 하원의원)가 지명됐다. 그는 "북한에 대한 선제타격은 필요한 옵션이다"라면서 "동맹국 대한민국을 방어하기 위해 전술핵 배치도 찬성한다"라고 주장한 공화당 내에서도 대표적인 반(反)북한 강경 매파다. 마이클 왈츠는 미 육군 특수부대 '그린베레' 출신이다.

마이크 왈츠의 저서로는 『Warrior diplomat: 중국 이대로 놔주면 안 된다』라는 책을 쓴 사람이다. 특히 마이크 왈츠는 마르코 루비오 국무장관과 호흡이 매우 잘 맞아 두 사람은 중국과 북한에 매우 강경하고 바람직한 인식을 가진 인물로 꼽힌다.

대(對)중국 강경파인 왈츠는 "우리는 중국 공산당과 냉전 중"이라고 말한 적이 있다. 그는 2021년 중국 공산당의 위구르족 박해, 강제 노동, 수용소 운영 등을 이유로 2022년 베이징 동계 올림픽에 대한 미국의 전면적인 보이콧을 촉구한 최초의 의원이었다.

그는 또 대중 정책을 조정하기 위해 14개 관할 위원회를 대표하는 15명의 공화당 의원으로 구성된 하원 중국 특위에도 참여했다. 116대 의회에서는 미국이 중요 광물 해외 공급원에 대한 의존도를 줄이고 중요 광물 연구 및 에너지부 자체 프로그램을 구축해 중국에서 미국으로의 공급망을 다시 가져오기 위해 2020년 미국 중요 광물 탐사 및 혁신법을 지지했다. 이 법안은 2021년도 회기 예산안의 Z부문 7002조에 따른 법률 서명으로 이어졌다.

왈츠는 또한 중국의 간첩 활동으로부터 미국의 대학과 아카데미를 보호하기 위한 입법의 선구자이기도 하다. 2020년 그는 모든 기관이 연구자들에게 연방 자금 지원 신청서에 외국 자금 출처를 모두 공개하도록 하는 보편적 요구 사항을 제공하는 법안을 확보했다.

마이크 왈츠는 미국과 영국·프랑스·독일 등이 이란의 핵물질 농축 가속화와 관련하여 대(對)이란 압박 강화를 시작하자 "대이란 정책에 거대한 변화가 있을 것"이라며 현금과 석유를 옥죄어야 한다고 주장했다. 왈츠는 특히 중러와 우호 관계를 맺고 있는 이란을 굉장히 혐오하는 정치인으로도 유명하다.

◇ 미연방 수사국(FBI) '국장 캐시 파텔'
〈美 46대 부정선거 철저 조사 '한국도 큰 영향'〉

캐시 파텔

트럼프 대통령이 FBI 국장에 캐시 파텔을 전격 지명했다. FBI 국장 임기는 10년으로, 트럼프 1기 초인 2017년 임명된 크리스토퍼 레이 국장의 임기는 2027년 8월 끝난다. 그런데도 트럼프는 자신이 임명했고, 또 잔여 임기가 2년이나 남은 레이를 사퇴시키고 캐시 파텔을 전격 지명한 것이다.

이는 트럼프 대통령이 캐시 파텔을 통해 전 세계적으로 횡행하는 부정선거를 엄격하게 파헤치겠다는 강한 결단력에서 나온 것이다. 따라서 선거 문제 전문가들은 우리나라의 부정선거에도 적지 않은 영향을 미칠 것으로 보고 있다.

트럼프는 특히 퇴임 후 기밀문서를 보관했다는 의혹으로 FBI가 2022년 마러라고 자택을 압수 수색한 사건에 대해 크게 분노하면서 레이에 대한 경질을 시사해 왔다. 또 트럼프는 자신에 대한 여러 수사를 진행했던 FBI를 연방정부 내 '기득권'이라고 인식하고 수사 권한을 대폭 줄이겠다는 의사를 밝힌 적이 있다.

트럼프는 특히 자신에게 반기를 드는 공직자들을 비난하는 용어인 '딥스테이트(deep state: 숨은 권력 집단 또는 그림자 정부)의 핵심이 FBI라고 보고 있다. 트럼프는 재임 기간 연방 공무원들의 비밀 집단인 딥스테이트가 자신의 국정 운영을 방해해 왔다는 음모론을 줄곧 제기했다.

따라서 트럼프 1기 정부 때 자신이 지명한 크리스토퍼 레이 FBI 국장을 해임하고 강경 매파인 캐시 파텔을 지명한 것이다. 캐시 파텔은 자신이 2023년도에 그의 야심작인 『Governments Gangsters!(정부 양아치들!)』를 출간해 화제를 불러일으켰다.

그 책에서 파텔은 "나는 입각하면 첫날 딥스테이트에 속했던 모든 인사들을 포괄적으로 청소할 것"이라며 "이들 양아치는 수천 명이 넘을 것이고 아무도 그럴 용기를 내지 못했지만 나와 트럼프 대통령은 할 것이다"라고 주장했다.

또 그는 "우리는 정부뿐만 아니라 언론에서도 공범들을 잡아낼 것이다. 미국 시민에게 거짓말을 한 자들과 조 바이든이 대선을 (부정선거로) 조작하도록 도운 자들을 모두 찾아낼 것이다. 형사든 민사든 모든 책임을 물을 것이고, 최대한도까지 기소할 것"이라고 밝혔다.

그러면서 "트럼프 대통령은 부정선거로 인한 충격을 지금까지도 씻어내지 못하고 있다"라면서 "미국 안은 물론 미국 밖에서도 부정선거를 조종하며 전 세계를 좌파 전체주의로 물들이려는 세력을 (중국 겨냥) 반드시 찾아내 응징하겠다"라고 강조했다.

◇ 美 국방성 장관 '피트 헤그세스'

피트 헤그세스(1980년생)는 폭스뉴스 평론가 출신으로 트럼프 2기 국방부 장관에 지명됐다. 군 소령 출신인 그는 폭스뉴스 군사 안보 문제 시사평론가로 활동해 왔다. 피트 헤그세스는 프린스턴대 학사와 석사를 한 뒤

피트 헤그세스

하버드대학에서 박사 학위를 딴 인재로 극단적인 미국 우선주의자로 분류된다.

프린스턴대 학사장교 출신인 피트 헤그세스는 미국 군대에서 소령까지 달고 아프가니스탄 전쟁터를 누빈 사람이다. 군사 안보 전문가로 활동하면서 여러 권의 책을 썼다. 대표작인 『The War on Warriors(미국 군인을 향한 전쟁)』는 2024년 6월 출간했다. 그는 극단적 표현으로 책 표지에 미국 깃발을 거꾸로 뒤집어 놓았다.

피트 헤그세스는 저서에서 "바이든 정부는 있는 힘을 다해서 미국 군대를 약화하는 조치만 취하고 있다. 그래서 바꾸지 않으면 안 된다"라고 지적했다. 그러면서 "약한 군대로 중국을 상대할 수 없다"라며 강한 군대를 조직할 것을 강조했다. 그러니까 트럼프 대통령이 그를 적격이라 생각하고 국방부 장관에 지명했다. 그는 특히 군대 내에서 만연하는 '워크(Woke: PC 좌파를 비꼬는 말)'를 완전히 뿌리 뽑아 군대 규율을 바로잡겠다고 주장한다.

대통령이 직접 2024년 11월 12일 성명까지 내면서 피트 헤그세스를 지명했다. 트럼프 대통령은 "헤그세스를 국방부 장관으로 지명한다는 사실을 발표하게 돼 매우 영광입니다. 그는 평생을 군대와 조국을 위해 전사로 살아왔습니다. 헤그세스는 강인하고 똑똑하며 미국 우선주의의 진정한 신봉자입니다. 그가 지휘를 맡으면 미국의 적들은 주의를 기울일 것입니다. 우리 군은 다시 위대해질 것이고, 미국은 절대 물러서지 않을 것입니다"라며 성명서까지 발표한 인물이 바로 피트 헤그세스다.

피트 헤그세스는 자신의 양복을 맞추면 안감으로 미국 성조기를 넣어서 만든다. 그리고 집에는 성조기를 액자로 만들어서 걸어놓고 있다. 그의 아내는 핸드백을 맞출 때 'I love USA'를 넣어 만들어 들고 다닌다. 피트 헤그세스는 "왜 우리 미군이 해외에서 피를 흘려야 하나?"라고 주장하는 인물이기도 하다. 이런 모습을 보고 트럼프 대통령이 헤그세스에게 국방부를 맡기면 되겠다고 생각한 것이다. 피트 헤그세스는 군대 내 좌파 장성을 물갈이하겠다고 밝혔다.

그는 또 "재항군인 중에 홈리스가 너무 많다. 왜 이들 애국자를 지원하지 않고 불법 이민자에게 돈을 지급하느냐"며 "기후변화, 환경변화 등 눈에 보이지 않는 것을 말하지 말고, 중국이나 극단주의 이슬람과 같은 악당들과 맞서 싸워야 한다"라고 말하는 초강경 반중파 인사이며 반 무슬림파다. 특히 해외 미군 철수를 주장하는 인물이어서 우리나라도 영향을 미칠 수 있다.

◇ 美 중앙정보국(CIA) '국장 존 랫클리프'

트럼프 대통령은 존 랫클리프 전 국가 정보국장을 CIA 국장에 지명했다. CIA 국장에 지명된 존 랫클리프도 강경파이자 반중파 인사이면서 대표적인 트럼프 충성파로 분류되는 인물이다.

존 랫클리프

특히 존 랫클리프는 중국과 이슬람에 대해 강한 반감을 보인 인물이다. 그는 "중국이 코로나바이러스의 기원을 대대적으로 은폐하고 있고, 미국은 중국이 코로나에 대한 책임을 물어야 한다"라고 지속해서 주장한 인물이다. 따라서 전례 없는 대(對)중국 정보전을 펼칠 것으로 보인다.

트럼프 대통령은 이날 성명을 내고 "존 랫클리프는 최고 수준의 국가 안보와 힘을 통한 평화를 보장하면서 모든 미국 국민의 헌법적 권리를 위해 두려움 없이 싸우는 투사가 될 것"이라고 추켜세웠다.

그러면서 "(힐러리) 클린턴 선거운동을 위한 가짜 '러시아 공모'를 폭로하는 것부터 해외정보감시법(FISA) 관련 법원에서 시민의 자유에 대한 연방수사국(FBI)의 남용을 적발하는 것까지, 존 랫클리프는 항상 미국 대중과 함께 진실과 정직을 위한 전사였다"고 밝혔다.

이어 조 바이든 대통령의 아들인 헌터 바이든의 노트북 관련 의혹을 거론하면서 "51명의 정보기관 관리가 헌터 바이든의 노트북에 대해 거짓말을 할 때 대중에게 진실을 말한 한 사람이 바로 존 랫클리프였다"고 말했다.

트럼프는 자신이 현직 대통령이었던 2020년 존 랫클리프에게 '국가 안보 메달'을 수여한 사실을 거론한 뒤 "나는 존이 미국 최고의 정보기관 직책 두 곳에서 봉사한 최초의 사람이 되길 기대한다"라고 강조했다.

트럼프 대통령 1기 때인 2019년 미국 연방 하원의원 출신인 존 랫클리프 전 국장을 DNI 국장에 지명했으나 경험 부족 등의 논란으로 5일 만에 철회한 적이 있다. 그러나 트럼프 대통령은 2020년에 존 랫클리프를 DNI 국장으로 다시 지명했다.

존 랫클리프 지명자는 의회 진출 전 변호사로 일하다 연방검사, 텍사스주 히스 시장을 지냈다. 1기 정부 때 대표적인 트럼프 옹호자로 꼽혔다. 그는 하원의원 때 헌터 바이든에 대한 수사가 추진되는 것을 도왔다. 그리고 2016년 대선 때는 트럼프 후보와 러시아 간 관계에 대한 수사를 비난했다고 뉴욕타임스가 보도했다.

존 랫클리프는 현재 친(親)트럼프 싱크탱크인 '미국우선주의정책연구소(AFPI)'에서 미국 안보 센터 공동의장을 맡고 있다. 그는 또 2019년 당시 트럼프 대통령이 탄핵 위기에 처했을 때 하원 정보위에서 적극적으로 트럼프를 변호한 충성파다.

◇ 국가정보(DNI) 국장 '털시 개버드'

털시 개버드

털시 개버드 국가정보국장은 매우 특이한 이력을 가진 인물이다. 미국은 CIA를 비롯해 모두 16개 정보국이 있는데, 이 중에서 DNI(국가 정보국)가 16개 정보국 예산이나 감독 및 관리권을 가지고 있다. 개버드는 일찍 21세 때부터 정치활동을 해오면서 민주당 하원의원(하와이)을 지냈다.

그리고 2020년 민주당 대선 경선에도 출마했다. 하지만 여러 면에서 민주당과 의견이 맞지 않는다면서 2024년 8월 트럼프 후보를 강력하게 지지하며 트럼프 대통령의 신임을 얻게 됐다. 이들 6명 정도를 외교안보 라인으로 꼽을 수 있다.

◇ 백악관 비서실장 '수지 와일즈'

어느 국가든 대통령 비서실장은 큰 힘을 갖는다. 하지만 특히 미국에서 대통령 비서실장이 갖는 힘은 매우 크고 강력하다. 특히 미국에서 그동안 여성이 대통령 비서실장을 맡은 적이 없었다. 수지 와일즈는 백악관 비

수지 와일즈

서실장이라는 막강한 파워를 행사하게 된 첫 번째 여성 비서실장이어서 주목을 받고 있다.

수지 와일즈는 2024년 대통령 선거에서 트럼프 후보 공동 선거본부장을 지냈다. 공화당 진영에서 40년 동안 정치 인생을 보내면서도 본인이 대통령 후보로 나선 적은 없다. 대부분 공화당 대통령 후보의 선거를 돕는 충실한 참모의 역할을 해왔다. 2020년 대통령 선거 때도 트럼프 진영에서 일을 도왔다. 트럼프 대통령의 참모들 가운데 유일하게 싫은 소리를 하면서 트럼프를 핸들링할 수 있는 인물이다.

예를 들면 2020년 대선 당시 미국은 코로나 창궐로 우편투표 제도를 도입했다. 트럼프는 부정선거의 원인이 된다면서 강력하게 반대하다 결국 입장을 바꾼다. 이는 수지 와일즈가 "우리도 공화당 지지자들에게 우편투표를 적극적으로 설득하고 유도하는 게 더 유익하다"라고 트럼프에게 조언했다. 그리고 트럼프가 그녀의 주장을 받아들일 만큼 수지 와일즈에 대한 신뢰가 깊다.

그런 수지 와일즈가 백악관 비서실장 자리를 맡는 조건으로 트럼프에게 부탁한 한 가지가 있다. 이는 "트럼프 대통령의 모든 일정을 와일즈 자신이 컨트롤 할 수 있게 해달라"는 것이다. 즉 트럼프 대통령이 만날 사람과 만나지 말아야 할 인물을 수지 자신이 결정하겠다는 것이다. 트럼프 대통령이 이를 흔쾌히 받아들였다.

실제로 2017년 트럼프 1기 백악관은 매우 혼란스러웠다. 이는 정치 인맥이 빈약한 상황에서 돌풍을 일으키며 대통령에 당선된 트럼프를 제대로 보좌할 인물들이 부족했다. 트럼프 대통령이 1기의 혼란상을 학습했기 때문에 2기는 신임이 두터운 수지 와일즈 비서실장이 백악관을 잘 관리하면서 트럼프 대통령이 안정적으로 국정을 수행할 수 있도록 도울 것이라고 보고 있다.

보수우파 정용진 회장
'트럼프 직접 만났다!'

정용진 회장(1968년생)은 미국 출장과 관련 "아시는 바와 같이 트럼프 주니어 초대로 (마러라고 방문이) 이뤄졌다"라며 "트럼프 주니어가 많은 인사를 소개해 줘서 다양한 분야에서 여러 사람과 교류하며 오랜 시간 대화를 나누는 등 매우 의미 있는 시간을 가졌다"라고 밝혔다. 정 회장은 "트럼프 대통령과도 만났지만, 구체적인 내용은 밝힐 수 없다"라고 말했다.

정 회장은 앞서 미국 조지아주 애틀랜타 공항에서 국내 언론사 특파원들과 만난 자리에서 "트럼프 당선인을 만났다. 대화는 10분에서 15분 정도 나눴다"라며 "트럼프 당선인과 식사를 함께 했고, 별도로 여러 주제에 관해 심도 있는 대화를 했다"라고 밝혔다. 정 회장은 또 "일론 머스크와 만나 깊은 교분을 나누었다"라고 언급했다.

〈신세계 그룹 정용진 회장이 트럼프 대통령을 직접 만나고 왔다. 그의 이념과 그간의 발언으로 미뤄보아 대한민국에 매우 유익한 대화를 나눴으리라고 짐작할 수 있다.〉

정용진 회장은 언론 인터뷰에서 의례적인 답변만 내놨다. 하지만 어떤 대화를 주고받고 어떤 주제를 가지고 심도 있게 담론을 벌였는지는 소상하게 밝히지 않았다. 그러나 정용진 신세계 회장은 자유민주주의 정치색이 매우 짙은 인물이다. 지난 2022년 1월 대선 정국에서 문재인 정부의 대중(對中) 사대 외교를 비판한 기사를 인용하면서 "끝까지 살아남을 테다 **#멸공!!!!**"이라는 살벌한 해시태그('#' 기호를 붙여서 식별을 용이하게 하는 것)를 단 적이 있었다.

정 회장 "끝까지 살아남을 테다. #멸공!!!!"

정용진 신세계 회장의 해시태그 사건의 전말은 이렇다. 2022년 1월 5일 정용진 부회장은 숙취해소제 사진과 함께 "끝까지 살아남을 테다. 멸공!!!"이라는 글을 올렸다. 그런데 이 글이 "신체적 폭력 및 선동에 관한 인스타그램 커뮤니티 가이드라인을 위반했다"라는 이유로 삭제된다.

이에 정 회장은 인스타그램에 "[보도자료] 갑자기 삭제됨, 이게 왜 폭력 선동이냐 끝까지 살아남을 테다 #멸공 !!", "난 공산주의가 싫다"라는 글을 게시했다. 이어 관련 기사 사진을 공유하면서 "#기사뜸 #노빠꾸 #ㅁㅕㄹㄱㅗㅇ"이라는 태그를 달기도 했다. 이어 인터넷을 중심으로 논란이 일었다. 그리고 인스타그램 측에서 시스템 오류라고 해명하면서 해당 게시물은 하루 만에 복구되는 해프닝이 벌어졌다.

다음날인 6일 정 회장은 자신의 인스타그램에 #멸공, #승공통일, #반공방첩, #대한민국이여영원하라, #이것도지워라 등의 여러 태그와 함께 "소국이 감히 대국에…" '안하무인 中에 항의 한 번 못해'라는 제목의 신문 기사 캡처를 올렸다. 해당 기사는 중국 외교부가 한국에 안하무인 격 태도를 보여왔고, 한국 정부는 중국의 노골적 하대에 항의하지 않는다는 내용이 담겨 있었다. 시진핑의 신년 기자회견 사진도 함께 올렸다.

이어 7일은 자신의 인스타그램에, 검찰에 통신 조회를 당한 사실을 알렸다. '통신 자료 제공 내역 확인서'를 올리며 "진행 중인 재판이 없고 형의 집행이 없고 별다른 수사 중인 사건이 없다면 국가안전보장에 대한 위해를 방지하기 위해서 내 통신 내역을 털었다는 이야기인데…"라는 내용의 글을 덧붙였다.

2022년 1월 8일, 전날 조국(현재 구속)이 "거의 윤석열 수준이다"라며 자신을 간접적으로 저격하는 내용의 트위터 글을 올리자, 그걸 캡처해 인스타그램에 올리면서 '#리스펙'이라는 해시태그를 달았다. 이어 1월 9일에는 조국이 이른바 '멸공 챌린지'를 이어가던 국민의힘 윤석열 후보와 정치인들을 비판하자 다시 이를 캡처해 '이분 진짜 #리스펙'이라고 태그를 달았다.

이에 정치전문가들은 "누구보다 자유민주주의를 신봉하는 정용진 회장이 트럼프 대통령 자택이자 인수위원회를 겸하고 있는 곳에서 대통령을 비롯한 친구인 트럼프 주니어, 세계 최고 부자이며 트럼프 대통령의 일등 공신인 일론 머스크 등과 무려 5박 6일간을 함께 지냈다"라며 "이는 '보지 않아도 비디오라'는 말처럼 대한민국의 현 시국에 대해 심도 있는 대화를 나누었을 것"이라고 분석한다.

　정용진 회장은 여러 분야의 실세들과도 만났다. 취임 전에 한국인 인사로는 처음으로 트럼프 대통령을 만난 정용진 회장은 존재감 자체가 남다르다. 그런 정 회장이 트럼프 대통령과 실세인 트럼프 주니어, 일론 머스크와 주요 인사들을 오랜 시간 줄줄이 만났으니, 윤석 대통령 계엄 사태에 대해서도 깊은 대화를 나눴었을 것이다.

트럼프 대통령
'尹 구하기에 적극 동참한다!'

◇ 트럼프 최측근 스콧 상원의원 '윤석열 돕고 싶다!'

트럼프 대통령은 윤석열 대통령과 '로열로더, 정치적 곤경, 부정선거 이슈, 중국 문제' 등에 깊이 공감하고 있다. 트럼프 대통령 입장은 윤석열 대통령과 함께 갈 수 있는 상황인 것으로 보고 있다. 그의 핵심 측근들의 메시지와 공통분모를 살펴보면 트럼프 대통령은 반드시 윤석열 대통령을 구하기 위해 노력할 것이다.

현재 트럼프 대통령의 측근 인사들 사이에서 대한민국의 탄핵 정국과 관련해 윤석열 대통령을 지지하는 발언들이 줄줄이 나오고 있다. 전문가들은 한결같이 "윤석열 대통령이 그동안 주장해 온 공통분모에 대한 반응에 희망이 보이기 시작한 것"이라고 평가하면서 "이는 트럼프 대통령의 분명한 의중이 담긴 것"이라고 평가한다.

최근 중국과 이른바 '마늘 전쟁(garlic war)'을 벌이고 있는 닉 스콧 공화당 연방상원의원(플로리다)이 "윤석열 대통령의 최근 담화와 관련해 한국을 돕기 위해 할 수 있는 모든 걸 하고 싶다"라고 밝혔다. 스콧 의원은 공화당 내 마가 운동의 핵심 인사이자 트럼프 대통령의 최측근 정치인이다.

스콧 상원의원은 미국 대선 경선기간 내내 단 한 번도 빠짐없이 트럼프 후보와 함께 한 인물이다. 초강경 반중 정치인인 스콧 상원의원은 트럼프가 대선 승리 직후 당을 장악하기 위해 상원 원내대표에 추천할 만큼 믿고 의지하는 사이다.

특히 스콧 의원은 2024년 12월 13일 미 국무부 관영 매체인 VOA와의 인터뷰에서 윤 대통령이 대국민담화를 통해 '중국 간첩 사건'을 언급한 것을 거론하며 "나는 공산주의 중국이 가장 비열한 정부라는 걸 잘 알고 있다. 중국은 한국이든 미국이든 세계 어느 곳이든 우리 삶의 방식을 파괴하려 하고 있다"라고 비난했다.

닉 스콧 상원의원은 또 윤석열 대통령의 비상계엄에 대해 "한국에서 정확히 무슨 일이 있었는지 세부적인 것은 모르나 다만 한국은 매우 중요한 동맹국이기 때문에 할 수 있는 모든 지원을 통해 윤석열 대통령을 돕겠다"라는 입장을 분명히 밝혔다.

또 트럼프 후보가 당선된 직후 유력 재무장관 후보로 거론된 빌 해커티 상원의원(테네시)도 "윤석열 대통령이 한국에서 매우 도전적이고 훌륭한 정치적 태도를 보인다는 것을 알고 있다"라고 강조했다. 그러면서 "윤 대통령이 지금 굉장히 힘든 시기를 보내고 있을 것"이라며 안타까워했다.

이에 대해 정치전문가들은 한결같이 "빌 해커티 상원의원의 이런 발언은 트럼프 대통령이 과거 낙선 직후 보낸 힘든 시기와 윤석열 대통령의 현재 어려운 입장을 오버랩해 공감대를 형성하는 좋은 시그널이자 트럼프 의중이 담겼다"라고 평가한다.

美 전문가
'尹 외교정책 탄핵 사유 안 돼!'

관영 매체인 '미국의소리(VOA: Voice Of America)'를 통해 미국 국무부 인사들은 한결같이 "한미일 공조 외교정책 탄핵 사유 안 된다"라며 맹렬히 비판하고 나섰다. 그러면서 "한미일 삼국 체제 강화했다고 탄핵, 충격적이고 심란하다. 이는 윤석열의 위대한 업적이다"라고 윤석열 대통령을 강력하게 지지하고 있다.

이와 함께 윤석열 대통령의 탄핵 사유에 대해 '한미일 공조를 강화하는 외교정책'이 포함된 데 대해 미국의 한반도 전문가들은 굉장히 충격적이라는 반응을 내보였다. 전문가들은 "한미일 삼국 협력과 관련해 오히려 한국 정부의 훌륭한 외교적 성과로 평가받아야 한다"라고 주장했다.

특히 마이클 오해란 브루킹스 연구소 선임연구원은 "한미일 관계가 개선되고 있는 상황에서 (더불어민주당) 야당의 이런 주장은 매우 잘못됐다"라면서 "한미일 삼국 관계는 그 어느 때보다 공고하다"라고 진단했다.

또 조셉 디트라니 전 북핵 6자회담 미국 측 차석 대표도 이날 VOA와의 전화 통화에서 "한미일 삼국 협력을 추진한 윤석열 대통령의 외교정책은 옳았다"라고 평가했다. 그는 "윤 대통령은 동맹을 유지하기 위해 노력한 공로를 높이 평가한다. 한미동맹은 매우 강력하다. 윤 대통령이 미국, 일본 정부와 강력한 동맹을 유지하기 위해 노력한 공로를 적극적으로 지지한다"라고 윤석열 대통령을 지원하고 나섰다.

바이든 정부의 국무부 및 외교 전문가들의 주장에 이어 트럼프 정부의 핵심 인사들의 발언도 윤석열 대통령을 지지하는 발언이 이어졌다. 트럼프 진영 최고의 글로벌 전략 싱크탱크 허드슨연구소(Hudson Institute)의 케네스 와인슈타인 전 허드슨연구소 대표이며 현재 허드슨연구소 일본 석좌이자 고문도 윤 대통령을 지지했다.

와인슈타인은 "누가 대한민국의 후임 대통령이 되든 한국은 윤석열 대통령의 인도태평양전략과 한미동맹과 한일 협력 등의 성과를 계속 이어가야 한다"라고 주장했다. 그러면서 "우리는 가능한 한 긴밀하게 협력할 것이다. 한국은 미국과 일본이 필요하다. 따라서 거리를 둘 수 있다고 생각하는 시대는 지났다. 트럼프 대통령은 이번에는 그런 태도를 절대로 용납하지 않을 것이다"라고 강조했다.

◇ 美 상·하원 '한미동맹은 중국 억제의 핵심축'

게다가 상·하원은 2025년 美 국방수권법(NDAA) 단일 안에도 이를 강력하게 뒷받침하는 미국 정부의 의지가 고스란히 담겨 있다. 미국은 매년 이 법안을 상·하원에서 공동으로 통과시켰다. 핵심 내용은 다음과 같다.

"첫째, 주한미군을 현 수준(28,500명)으로 유지한다. 둘째, 한미 핵·비핵 공동작전역량을 강화한다. 셋째, 한미일 삼국 군사협력을 강화한다." 특히 이 법안에서 미 국방성은 주한미군을 현 수준으로 유지하고 **"한미동맹을 중국 억제의 핵심"**이라고 밝혔다. "올해도 최종에는 한반도와 관련해 주한미군을 현 수준으로 유지해야 한다"라는 문구가 (수권 법안에) 담겼다.

또한 "평화롭고 안정적인 한반도라는 공동의 목표를 지원하기 위해 1953년 10월 1일 워싱턴에서 체결한 한미 상호방위조약에 따라 한국에 배치된 28,500명의 미군 병력을 유지하고 미국의 모든 범위의 방위 능력을 사용해 미국의 확장억제 공약을 확인하는 등 한미동맹을 강화해야 한다"라고 명시했다.

무엇보다 이번 법안은 **"한미동맹을 강화해야 하는 이유 중 하나"**로 **"중국과의 경쟁에서 우위를 점하기 위해서"**라고 명시한 점이 특히 주목된다. 왜냐하면 지금껏 미국 정부가 한미동맹을 이야기하면서 항상 북한을 견제하기 위해서라고만 말했다. 하지만 한미동맹을 '중국 억제의 핵심'이라고는 직접 말하거나 더욱이 문서로 명시한 적이 단 한 번도 없기 때문이다.

이는 구체적으로 한미 간 핵 협의 절차와 양국 간 핵전략 계획, 재래식 전략뿐만 아니라 핵 통합 안보 정보 공유와 관련해 필요한 재원 예산 등을 자세히 기술할 것을 요구했다. 나아가 국방수권법안은 한미일 공조 강화를 위해 첫째, 소통 체계를 정비하고 둘째, 탄도 미사일 방어 관련 실시간 정보 공유를 강화하고 셋째, 한미일 삼국 연합군사훈련 등에 대한 세부적인 계획을 요구했다.

다수 외교 전문가는 "그럴 리야 없겠지만 만에 하나라도 윤석열 대통령이 탄핵 되고 최악의 경우 이재명이 대통령이 돼도 한미일 공조를 깰 수 없다"라고 전망한다. 지금 이 같은 미국의 분위기는 야당이 대통령이 될 수도, 또 돼서도 안 되겠지만 문재인 정부 시절처럼 한미일 공조를 깬다면 미국, 특히 트럼프 행정부는 어떤 방식으로든 개입할 것이 확실시된다고 주장했다.

한 안보전문가는 "더불어민주당 의원들이 평소에도 반미를 직접 제대로 외치지 못하고 있는 것은 나름의 이유가 있다"라면서 "미국 정보당국, 특히 CIA는 대한민국 인사들의 모든 정보 파일을 가지고 있다. 특히 북한 관련 정보는 대한민국 정보기관보다 훨씬 더 상세하고 신빙성 있는 정보를 광범위하게 수집하고 있기 때문"이라고 말했다.

무엇보다 "미국 국무부는 이재명이 유엔 대북 제재 법안을 어기면서 북한 당국자에게 300만 달러를 제공한 것을 심각하게 보고 있다"라면서 "특히 이재명이 또 다른 중대 범죄자로 보기 때문에 절대로 (대한민국 정치인으로) 인정하지 않고 있는 것을 의미한다"라고 언급했다.

따라서 외교 전문가들도 "이재명이 대북 제재를 위반한 데다,

흉악 범죄자"라면서 "무엇보다 한미일 공조를 도외시하고 북·중·러와 친밀한 이재명이 계엄 사태를 이용해 대통령 노릇을 하는 데 대한 미국 정부의 엄중한 경고"라고 주장한다.

美 '이재명 국제재판소
수감 가능성 내비쳐'

◇ 국무부 '이재명, UN 대북 제재법 어긴 범죄자!'

대한민국 헌정질서를 교란하는 진짜 내란 세력인 더불어민주당과 이에 동조하는 좌파 언론이 작당해 이재명 대망론을 띄우고 나섰다. 하지만 미국의 국내 여론과 미국 정부는 이재명 집단과는 생각이 전혀 다른 것으로 드러나고 있다.

특히 최근 고등법원 판결을 근거로 이재명이 국제 법정에서 유죄를 받고 해외 감옥에 갇힐 수 있다는 가능성이 제기돼 이재명과 민주당은 물론 좌파 세력들이 바짝 긴장하고 있는 것으로 밝혀졌다.

〈2018년 11월 15일 북한 리종혁 조선아시아태평양위원회(가운데) 부위원장 겸 조국통일연구원 원장 등 북한 대표단과 이재명 경기도지사, 이화영 평화부지사가 이날 오전 경기도 성남시 판교 스타트업 캠퍼스를 방문해 함께 박수하고 있다. 사안이 이러한데도 이재명이 '대북 송금 보고' 받았나 안 받았나가 쟁점이 될 수 있나?〉

무엇보다 미국에서는 트럼프 대통령의 최측근들과 외교 전문가들이 모두가 한결같이 국민 여론을 등에 업고 이재명과 더불어민주당에 대한 공세 수위를 연일 높이고 있다.

특히 미국 국무부 관영 매체인 VOA는 2024년 12월 22일 "한국 고등법원이 12월 19일 이화영 전 경기도 평화부지사의 대북 송금 사건 재판에서 7년 8월의 실형을 선고한 것과 관련해 미국 국무부가 한국 정부에 유엔 안보리 결의 이행을 준수하라며 촉구하고 나섰다"라고 보도했다.

VOA는 2024년 12월 19일 항소심 재판부에서 징역 7년 8개월과 벌금 2억 5,000만 원에 추징금 3억 2,595만 원을 선고받은 이화영 전 경기도 평화부지사 사건에 대한 국무부의 논평을 요청했다.

이에 대해 미 국무부는 "국제사회는 북한이 무책임한 행동을 중단하고 UN 안보리 결의에 따른 의무를 준수하며 진지하고 지속적인 외교에 나서야 한다는 강력하고 통일된 메시지를 보내는 것이 매우 중요하다"라며 "유엔의 대북 제재는 여전히 유지되고 있고, 유엔은 북한과 주변 국가를 포함한 모든 회원국이 제재를 이행하도록 계속 독려하고 있다"라고 밝혔다.

특히 주목할 만한 것은 최근 민주당과 민주당에 대한 비판 수위를 높여온 VOA가 한국의 국내 판결 내용에 대해 국무부의 논평을 요청했고, 이에 국무부가 순순히 응한 점이다. 이는 국무부가 이재명이 관련한 대북 송금 문제를 엄중하게 보고 있다는 것이다.

VOA는 "이재명 대표가 경기도지사로 재직하던 시절 이화영은 경기도 스마트팜 사업비 500만 달러와 이재명의 방북 비용 300만 달러를 쌍방울그룹이 대납하도록 한 혐의를 받고 있다"라고 언급했다.

그러면서 "대한민국 재판부는 이화영이 대납을 지시한 800만 달러가 중국에서 송명철, 리호남 등 북한 조선아시아태평양위원회(아태위) 관계자에게 전달된 것으로 판단한다"라고 밝혔다.

VOA는 특히 "이재명도 불법 대북 송금 사건으로 기소된 상태"라며 "한국 언론은 이화영에 대한 중형을 선고한 것이 이재명에게도 확실히 영향을 끼칠 것으로 관측된다"라고 소식을 전한 뒤, 곧바로 이재명이 어떤 범죄를 저질렀는지에 대해 조목조목 지적했다.

이에 VOA는 "북한 측 인사에게 현금을 전달한 것은 유엔 안보리 대북 결의에 대한 명백한 위반이다. 이는 북한 정권 또는 북한 정권의 대리인 등과의 거래를 금지하고 있는 미국 정부의 독자 대북 제재 규정도 어긴 것"이라며 "미국은 대통령 행정명령과 재무부 해외 재산 통제실 규정과 미국 의회가 제정한 법 등을 통해 북한과의 거래를 엄격하게 규제하고 있다"라고 지적했다.

이와 관련해 아시아투데이는 "미국 내 일부 단체에서 이재명을 유엔 대북 제재 위반 혐의로 고발했다"라며 "이재명을 국제 형사 재판소로 넘기려고 한다. 따라서 이재명이 국내가 아닌 해외 감옥에 먼저 갇힐 수 있게 되었다"라고 경고했다.

국제정치 전문가들은 "점점 공격 수위를 높이면서 본격화하는 미국의 압박과 함께 트럼프 행정부가 공식 출범하게 되면 이런 심각한 문제점을 안고 있는 이재명과 더불어민주당이 어떤 운명에 처하게 될지 기대와 관심이 커지고 있다"라고 말했다.

◇ 대북 송금 공동정범 '이재명이 주범, 이화영은 종범'

2024년 12월 22일 "한국 고등법원이 12월 19일 이화영 전 경기도 평화부지사의 대북 송금 사건 재판에서 7년 8월의 실형을 선고한 것과 관련해 대북 전문가들은 "이번 사건에서 이재명과 이화영은 공동정범"이라면서 "이재명이 주범이고 이화영은 종범"이라고 지적한다.

무엇보다 이재명이 북한 방문을 허락해 달라는 조건으로 미화 300만 달러를 북한 당국자들에게 몰래 건넨 것이 인정돼 공동정범인 이화영이 고등법원에서 징역 7년 8월이 확정됐다. 그러니까 주범 이재명이 빠져나갈 틈이 전혀 없는 것이다.

〈2024년 12월 19일 수원고법 형사1부(문주형 김민상 강영재 고법판사)는
이화영 전 부지사에 대한 원심판결을 파기하고 징역 7년 8월(정치자금법 위반
징역 8개월·특가법상 뇌물 및 외국환거래법 위반 등 징역 7년)에 벌금 2억
5,000만 원 및 추징금 3억 2,595만 원을 선고했다.〉

　지금까지 이재명은 10여 건의 중대 범죄자로 수사를 받았고,
대부분 기소가 된 상태이므로 법원이 판결만 늑장 부리지 않으면
늦어도 2025년 상반기에는 반드시 구속될 게 분명하다. 조희대
대법원장이 모든 재판을 원칙에 따라 판결하라는 지시를 내렸다.
이제는 법원도 더 이상 재판을 뭉갤 수는 없게 됐다.

VOA '이재명은 대한민국 헌정질서 교란 세력'

◇ 더불어민주당·이재명 '미군을 점령군으로 인식'

미국 국무부는 2024년 12월 21일(현지 시각) '미국의소리(VOA)' 방송에서 이재명과 더불어민주당을 향해 "헌정질서를 교란한 세력"이라고 밝혔다. 그러면서 "이들은 한미일 관계를 불안정하게 만드는 자들"이라고 비난했다. 국무부는 또 "더불어민주당은 본질적으로 '반미반일(反美反日)' 세력"이라고 주장했다.

이날 미국 국무부가 운영하는 VOA 방송의 조은정 아나운서와의 '워싱턴·톡'에서는 "윤석열 대통령이 미국과 밀접하게 보조를 맞추면서 일본과 협력해서 북한 및 중국을 경계해 온 인물이라는 점을 고려할 때, 지금 한국 상황의 속내를 들여다본 미국으로서는 여러 가지로 예사롭지 않은 생각이 들지 않을까요? 지금 대한민국 상황에 대해 엄청나게 우려하고 있지 않을까요?"라는 질문을 던졌다.

그러자 조은정 씨의 질문에 대해 미 정보전문가 리처드 홀리스(전 국방부 아태안보 부차관 6자회담 차석대표)는 "이재명과 민주당에는 혼란이 질서이다. 그들은 조기 탄핵으로 이끌기 위해 한국 헌정 프로세스를 교란(disturb)하고 한미관계를 불안정하게 만들려고 발악하고 있다. 특히 한덕수 권한대행을 탄핵한 것은 한국 자체에 대해 파괴적인 행위"라고 지적했다.

조은정 진행자는 또 "이재명이 2021년 대한민국은 친일 부역자들이 미 점령군과 손잡고 만든 나라라며 미군을 '점령군'이라 규정하고 있다. 또한 대만을 중국이 먹든 말든 무슨 상관이냐며 우리는 그냥 '씨에씨에(좋아좋아)하면 된다'라고 발언한 인물이다. 한국에서 정권교체가 일어난다면 미국 정부는 어떤 우려가 있나요?"라고 질문했다.

리처드 홀리스는 "더불어민주당이 집권하면 북한에 대해 소위 진보적 정책을 펴기 위해 한미동맹 구조의 대부분을 없애버릴 것"이라고 대답했다. 그러면서 "이재명 팀은 트럼프 행정부에 '우리는 입장을 바꿨어요'라고 둘러대기 위해 얼굴화장을 잔뜩 고치고 있다. 지난 5~6개월 동안 미군은 점령군이란 소리를 안 했다. 극도로 말을 조심하고 있다"라고 지적했다.

홀리스는 또 "이재명 진영의 근본 멘탈은 미국을 점령자로 보는 것이다. 게다가 한국인들에게 뿌리 깊게 존재하는 반일 감정을 잘 활용할 줄 안다. 이번 탄핵사태의 전개라는 단기적 과정 혹은 다음 정부 출현이라는 장기적 과정 모두 미국은 주의 깊게 들여다 봐야 한다. 한국을 다루어 내는 것은 트럼프 행정부에 매우 어려운 과제가 될 것이지만 이를 긍정적으로 해결할 것"이라고 덧붙였다.

머스크
'한국인들 불순분자 선동 조심해!'

　트럼프 당선에 일등 공신인 일론 머스크가 한국에서 윤석열 대통령에 대한 탄핵 집회가 시작된 직후 자신의 SNS에 게재한 '일러스트(illust)'가 주목을 받고 있다. 머스크는 트럼프 2기에 이미 국가 주요 정책을 담당하는 정부효율부(DOGE)의 공동 수장으로서, 이번 윤석열 대통령의 탄핵에 대해 일론 머스크는 대한민국의 위기 상황을 트위터에 올려 양과 늑대로 표현하고 있다.

A wolf behind you! 너 뒤에 늑대가 있어요!

No to wolf haters! 늑대를 혐오하지 말아요!

No to wolf phobia! 늑대 공포증은 안 돼요!

사진에는 풍자적인 만화가 그려져 있다. 첫 번째 그림에서는 늑대가 양 떼 뒤에 다가오는 장면을 묘사하며, 한 사람이 "뒤에 늑대가 있어요!"라고 경고하고 있다. 두 번째 그림에서는 양들이 그 경고를 무시하며 "늑대를 혐오하지 말라! 늑대 공포증은 안 된다!"라고 외치는 장면이 나타난다.

이 그림은 위험한 상황(늑대)을 경고하는 사람의 말을 무시하거나, 그 경고를 부정적으로 보는 태도를 풍자하는 것으로 해석된다. 이를 대한민국의 정치적 상황, 특히 윤석열 대통령과 관련된 탄핵 논란이나 위기 상황을 매우 간결하면서도 심도 있게 묘사한 것으로 풀이된다.

일론 머스크의 이번 삽화는 대한민국 국민을 '양(sheep)'으로, 반국가세력을 '늑대(wolf)'로, 상징화하면서 현재의 정치적 상황과 관련한 긴장감을 우회적으로 표현한 것임을 알 수 있다. 이는 일론 머스크가 X(옛 트위터)에서 종종 정치적 또는 사회적 메시지를 풍자적으로 전하는 맥락과도 일치하고 있다.

이는 '양이 늑대에게 속아서 먹힌다면 당신과 당신의 가족도 먹일 것'이라며 이는 불순분자들(종북 및 친중 세력)의 선동에 넘어간 국민에게 경고한 지도자를 내쫓고 결국 불순 분자에게 모두 희생당하는 대한민국의 이념적 상황을 적나라하게 보여주는 것으로 분석된다.

윤석열 대통령은 트럼프 당선 직후 중국 정치 로열로드 부정선거와 같은 키워드로 트럼프 측에 메시지를 보낸 바 있다. 윤 대통령이 다시 용산으로 돌아와 트럼프와 함께 자유민주주의 적들을 소탕하는 대역전 드라마를 펼칠 수 있도록 깨어 있는 자유 시민들이 더 큰 목소리로 윤석열 대통령을 지지하면서 대한민국을 지켜야 한다.

한편 일론 머스크가 이번에 2,000억 원이 넘는 거액을 쏟아부으면서 트럼프 대통령을 지지한 것도 미국의 좌파 정당인 민주당 카멀라 해리스 후보가 당선되면 미국의 민주주의가 사라질 것이라는 절박함 때문이라고 밝힌 것과도 같은 맥락이다.

◇ "늦대에 속으면 너도 네 가족도 잡아먹혀요!"

〈세계 최고 갑부인 일론 머스크가 자유민주주의 대한민국에서 일어나고 있는 현상을 풍자해 대한민국의 선량한 국민을 '양(sheep)'으로, 반국가세력을 '늦대(wolf)'로 상징화하면서 현재의 정치적 상황과 관련한 긴장감을 우회적으로 표현했다.〉

머스크, 한반도 사진 게재 '김정은 이게 나라냐'

〈12월 19일 일론 머스크는 자신이 운영하는 위성을 통해 한반도 야간 장면을 자신의 X(옛 트위터)에 개재했다. 그러면서 어느 곳이 살만한 곳인지 보라며 북한 김정은 독재체제를 향해 "김정은이 이게 나라냐?"라고 조롱했다.〉

일론 머스크가 2024년 12월 19일 또다시 X(옛 트위터)를 통해 한반도 문제를 언급했다. 머스크는 "어느 체제가 살기 좋은지 알아보는 간단한 방법은 한반도의 야간 모습을 촬영한 위성사진을 보면 너무도 분명하게 식별할 수 있다"라고 언급했다.

이 위성사진은 극심한 경제난으로 야간에 평양 등 일부 지역을 제외하면 북한 전역이 불빛이라곤 찾아볼 수 없는 암흑천지임을 알 수 있다. 반면에 자유민주주의 대한민국은 일부 산악지역을 제외한 모든 곳이 대낮처럼 환하게 빛나고 있다.

일론 머스크는 자신이 운영하는 인공위성을 이용해 찍은 한반도 야간 모습을 담은 사진을 자신이 SNS인 X(옛 트위터)에 올렸다. 북한지역은 오직 평양시만 좁쌀만 한 크기의 불빛이 보이고 나머지는 그야말로 암흑천지임을 알 수 있다.

주한 美 대사실 '김준형 의원 가짜뉴스에 분노'

조국 혁신당 (대표 조국 구속)의 비례대표 6번으로 국회에 입성한 김준형 의원이 "주한 미국대사가 윤석열 정부와 상종을 못 하겠다고 본국(미국)에 전달했다"라는 가짜뉴스를 퍼뜨렸다. 따라서 골든 버그 주한 미 대사는 물론 미국 정부도 이를 심각하게 받아들이고 있는 것으로 알려졌다.

외교 전문가들은 이번에 김준형이 퍼뜨린 가짜뉴스는 외교가에서는 있을 수 없는 심각한 일이어서 향후 적지 않은 외교 문제로 비화할 것으로 보고 있다. 이날 미국 대사실은 즉각 "완전한 거짓

말이다"라고 분노했다.

　이러한 흉측한 현상과 더불어 바이든 정부는 물론 트럼프 측근들 모두 이재명의 탄핵소추안에 대해서도 굉장히 불쾌하게 생각하고 있는 것으로 알려졌다. 더불어민주당이 스스로 탄핵소추안에서 밝힌 내용이다. 민주당이 만든 윤석열 대통령 탄핵소추안 문건의 핵심 내용을 그대로 인용하면 다음과 같다.

　"소위 가치 외교라는 핑계로 지정학적 균형을 도외시한 채 북한과 중국, 러시아를 적대시하고 일본 중심의 기이한 외교정책을 고집하며 일본에 경도된 인사들을 정부 주요 직위에 임명하는 등의 정책을 펼침으로써 동북아에서 고립을 자초하고 전쟁의 위기를 촉발시켜 국가 안보와 국민 보호 의무를 내팽개쳐 왔다."

　이에 대해 미국 정치전문가들은 한결같이 "한미일 삼국 공조 체제를 강화했다고 탄핵을 해, 웃기지 마라. 한국 정치인이 중국을 섬기면 몸 성히 빠져나가지 못한다. 문재인처럼 중국을 섬기고도 멀쩡할 수 없다"라는 강경한 경고가 나오는 상황이다. 앞으로 한국 정부는 누가 들어서든 (문재인처럼) 미국과 일본을 멀리하고도 견딜 수 있는 그런 시대는 끝났다고 전하는 것이다.

2024년 12월 3일 윤석열 대통령의 6시간 계엄에는 글로벌 군사 지정학 위기 속에서 한국이 어떠한 입장을 취할 것인가에 대한 이슈가 깔려 있다. 이는 대한민국이 서방 선진국의 일원으로서 미국 유럽 일본과 함께 갈 것인가? 아니면 중국 북한 러시아를 섬길 것인가에 대한 숨은 코드가 바로 '계엄'이라고 주장하는 것이다.

한편 민주당이 제출한 탄핵소추안 내용은 2023년 6월 8일 이재명 더불어민주당 대표가 주한 중국대사 관저에서 싱하이밍 중국대사와 회동하면서 벌어진 사건으로서 신냉전시대에 중국이 외교적으로 대한민국을 대하는 태도가 얼마나 오만한지를 대한민국 국민에게 적나라하게 보여준 의미를 되새기게 하는 사건이 일어났다.

그 당시 싱하이밍 주한중국대사가 이재명과의 회동에서 미리 준비한 대본 내용을 한마디로 요약하면 '윤석열의 서방 중심 외교정책은 나중에 후회한다'라는 협박성 내정간섭이었다. 하지만 이재명은 이에 아무런 대응을 하지 못해 논란의 파장이 컸다.

美 '윤 탄핵 집회 참가자
비자 안 준다!'

　2024년 12월 18일 미국 정부가 더불어민주당과 급진 좌파 세력들이 주도한 윤석열 대통령 탄핵 촉구 집회에 참여해 '깨어 있는 시민' 놀이를 한 사람들을 제재하고 나서 귀추가 주목된다. 이는 미국 정부가 과거에 반미활동 전력이 확인되면 미국 입국을 거부하도록 하는 美 국내법에 따라 최근 좌파 집회에 참석해 SNS에 인증 게시물을 올린 사람이 미국 정부로부터 입국을 거부당하는 사례가 증가하고 있다.

　조선일보 등 국내 언론에 따르면 좌파 집회 참가자들에 대한 신고 운동이 일어나면서 좌파 성향을 드러낸 연예인들에게 비상이 걸린 것으로 드러났다. 언론은 특히 우파 네티즌들이 가수 아이유를 필두로 이번 윤석열 대통령 탄핵 지지 집회에 참석했거나 지지 의사를 밝힌 연예인에 대한 무차별 신고 릴레이가 이어지고 있다면서 일부 온라인 커뮤니티를 중심으로 'CIA 신고 인증'이 확산한다고 보도했다.

언론에 따르면 CIA에 신고당한 한국 좌파 연예인들은 가수 윤종신과 이승환을 비롯해 영화감독 봉준호, 개그맨 박명수 등 헤아릴 수도 없을 만큼 많은 것으로 드러났다. 커뮤니티 이용자들은 "이들 좌파 연예인이 윤석열 대통령 탄핵 촉구 집회에 직접 참석했거나 적극적인 지원을 했다"라며 "관련 증거물을 수집해 CIA에 신고하고 인증을 공유하고 있다"라고 밝혔다.

미국 정부는 지난 2018년 반미 성향 인물의 미국 입국을 차단하기 위해 입국 희망자의 신상 정보는 물론 SNS 활동 기록까지 검사를 단행하고 있다. 최근 5년 이내 SNS에 반미 성향의 게시물을 올렸거나 반미 관련 활동을 한 의심 정황이 발견되면 미국 여행 이스타비자(ESTA) 승인을 거부하고 있다.

실제로 이번 윤석열 대통령 탄핵 집회에 참석한 인천시 거주 배일환 씨(33세)는 "지난 주말 한 이메일을 받고 이스타 공식 홈

페이지에 들어가 확인해 보니 그동안 문제가 없었던 미국 비자 발급을 갑자기 거부당했다"라며 "배 씨와 함께한 주변 지인 가운데서도 여러 명이 이스타 인정을 거부당했다"라고 밝혔다.

미국 국무부와 국토안보부는 미국에 입국을 원하는 사람들에 대한 개인 신상 정보는 물론 SNS 계정과 이메일, 이전 해외 기록 등을 자세히 조사해 반미 성향 여부를 판단하고 있다. 특히 이번 'CIA 신고하기' 릴레이 때문에 윤 대통령 탄핵 집회에 직접 참석하거나 간접적으로 지지 또는 지원한 연예인들과 일반인들은 서둘러 SNS 계정을 폐쇄하거나 게시물을 삭제하는 볼썽사나운 일들이 벌어지고 있다.

한편 이러한 반미 친중주의자 'CIA 신고하기' 릴레이는 미국은 물론 이제 일본 정보기관을 상대로도 확대되고 있다. 따라서 반미와 반일하는 좌파 정치인을 지지하면서 마치 자신들이 깨어 있는 시민인 양 착각하는 자들이 미국과 일본 여행의 제재를 받게 된 것이다.

또 미국 여행 비자 발급을 거부당한 한 30대 여성도 최근 윤석열 대통령 탄핵 집회에 참석했을 뿐만 아니라, 평소에도 박근혜 전 대통령과 윤석열 대통령에 대한 비방, 트럼프 대통령에 대한

저주성 글을 SNS에 자주 올려 CIA에 신고당한 것으로 알려졌다.

〈미국 정부는 최근 5년 내 반미 관련 활동을 한 의심 정황이 발견되면 비자
발급이나 전자 여행 허가, 즉 미국 여행 이스타비자(ESTA) 승인을 거부하고
있다.〉

　현재 미국 국무부는 미국 입국을 원하는 사람들에 대한 개인
신상 정보는 물론 SNS 계정과 이메일, 그리고 이전 해외 기록
등을 자세히 조사해 반미 성향 여부를 판단하고 있다. 그리고 반
미 성향이 드러나면 입국을 차단하고 있다.

특히 이번 'CIA 신고하기' 릴레이 때문에 윤석열 대통령 탄핵 집회에 직접 참석하거나 간접적으로 지지한 연예인과 일반인들이 서둘러 SNS 계정을 폐쇄하거나 게시물을 삭제하는 볼썽사나운 일들이 벌어지고 있다.

한편 이러한 'CIA 신고하기' 릴레이는 미국은 물론 이제는 일본 정보기관까지도 이러한 좌파 성향의 인물을 제재하고 나서 특히 좌파 연예인들이 국제무대에서 활동하는 데 적지 않은 피해를 볼 것으로 보인다.

3장
미美 정권 실세는
'페이팔 마피아!'

〈페이팔 마피아를 구성하는 주요 인물을 중심으로 그린 것이다.〉

트럼프 2기 '정치·경제' 거머쥔 '페이팔 마피아!'

　이들 그룹을 가리켜 2007년 《포춘》지가 '페이팔 마피아'라고 처음 기술하였고, 이후로 창업 및 벤처 투자 업계에서 이 용어가 보편화되었다. 이들은 페이팔을 창업해 성공한 공동 창업자들이며, 부와 인맥을 기반으로 실리콘밸리 기술 창업 활성화에 막대한 영향을 끼치고 있다.

　이들은 마치 마피아처럼 *끈끈한* 유대 관계를 유지하며 서로 창업한 기업에 투자하거나, 경영 조언을 하는 임원으로 재직하는 등 상호 성장과 발전에 크게 이바지하고 있다. 실제로 이들은 내부의 소통과 교류를 넘어 실리콘밸리 전반의 스타트업 생태계에 이르기까지 지대한 영향력을 행사하고 있다.

트럼프 뒤에서 '페이팔 마피아'가
조종한다!

페이팔 마피아 적자(嫡子) '미래 권력 JD 밴스'

무엇보다 부통령 JD 밴스는 예일대 법대를 졸업하고 2년간 변호사로 일하다가 2016년 '페이팔 마피아(PayPal Mafia)'의 정신적 지도자 격인 피터 틸의 벤처투자회사에 법률 고문으로 합류한 인물이다.

그 당시 JD 밴스가 출간한 『힐빌리 엘러지(Hillbilly Elegy)』가 뉴욕타임스 등 미국 동부와 중서부 전역에서 베스트셀러가 된다. 밴스는 뉴욕타임스와 폭스뉴스, CNN 등 좌우 파 언론을 넘나들면서 기고와 대담프로 등에 출연하면서 보수주의 성향의 정치사회 활동을 펼친다.

JD 밴스는 원래 트럼프 반대자였다. 그러나 피터 틸이 밴스로 하여금 트럼프에게 사과하고 노선을 바꾸도록 조언한다. 그러면서 피터 틸은 또 트럼프를 설득해 밴스를 2022년 오하이오 연방 상원의원으로 진출시키는 데 성공한다.

이번 47대 대선에서 페이팔 마피아의 대부인 피터 틸과 일론 머스크가 트럼프에게 상원의원이 된 지 불과 2년짜리 정치 애송이 밴스를 부통령 후보로 지명하도록 강력하게 추천한다. 마침내 미국 역사에서 정치 경력이 가장 짧은 정치신인을 부통령으로 만들어 내는 기가 막힌 사건이 연출된다.

하지만 사건은 여기서 그치지 않는다. 트럼프 정치 인생은 이번이 마지막이다. 나이도 이미 79세의 고령이다. 다음 공화당 대통령 후보가 될 사람은 당연히 JD 밴스다. 피터 틸과 일론 머스크와 같은 페이팔 마피아의 대주주가 막후에서 밴스를 적극적으로 지원하고 있기 때문이다.

이제 48대 대통령은 밴스가 될 공산이 농후하다. 트럼프 정부가 정책적으로 큰 잘못을 범하지 않는 한 48대 대통령은 실리콘밸리의 큰손 페이팔 마피아가 배후에서 지원하고 조종하는 밴스가 될 수밖에 없다. 그러면 향후 권력과 영향력은 어디를 향하게 될까? 불문가지다. 이미 미국의 미래 권력은 트럼프가 아니라 JD 밴스다.

부통령 JD 밴스는 한때 트럼프를 향해 비난을 퍼부었고, 나이도 트럼프 첫째 딸인 이방카보다 3살 어리고, 큰아들 에릭 트럼프와는 동갑내기다. 무엇보다 빅 테크(big tech) 기업의 산실인 실리콘밸리를 선도하고 있는 페이팔 마피아라는 엄청난 집단이 공공연히 뒷배를 봐주고 있는 매우 껄끄러운 인물이다.

무엇보다 트럼프 대통령 주변에도 내로라하는 부통령 후보감이 즐비하다. 그런데도 트럼프는 왜 하필이면 JD 밴스를 부통령으로 선택했을까? 그 이유가 무척 궁금해진다.

◇ 트럼프, JD 밴스 부통령 지명은 '신의 한 수'

밴스를 부통령 후보로 지명한 기적 같은 일이 벌어진 배경에는 몇 가지 이유가 있다. 2024년 7월 초에 트럼프에게는 엄청난 위기가 몰아닥친다. 첫째는 패색이 짙은 바이든이 물러나고 강력하고 참신한 후보가 등장할 것이 예상되면서 긴장감에 휩싸인다. 둘째는 7월 13일 미수에 그친 암살 사건이 발생하면서 트럼프는 생명에 위협을 느끼게 된다. 셋째는 성 매수 혐의로 감옥 문이 활짝 열리게 된다. 당시 뉴욕 형사법원은 여차하면 트럼프를 감옥에 보낼 기세로 압박하고 있었다.

이 같은 3중 위기에 내몰린 트럼프는 급기야 페이팔 마피아와 한 몸이 되기로 용단을 내리게 된다. 마침내 2024년 7월 16일 트럼프는 페이팔 마피아가 지원하는 JD 밴스를 부통령 후보로 지명한다. 비록 궁지에 내몰려 내린 결단이긴 하지만 트럼프가 페이팔 마피아가 뒤에서 조종하는 밴스와 한배를 타게 된 것은 트럼프 정치 인생에서 가장 빛나는 '신의 한 수'라고 말하는 정치 인들이 많다.

도널드 트럼프는 밴스를 끌어안은 다음, 내 목숨을 노리는 자들에게 '너희가 나를 암살하면 나보다 훨씬 더 상대하기 어려운 JD 밴스가 대통령이 될 것'이라는 무언의 메시지를 보낸다. 그리고 마침내 밴스에게 '러스트 벨트를 점령하라'라는 특명을 내린다. 그리고 밴스는 이 명령을 100% 완수한다. 러스트 벨트의 중심인 오하이오주에서 성장한 밴스가 금의환향(錦衣還鄕)하니, 주민은 밴스를 열렬히 환영한다. 오하이오를 비롯한 4개 주가 들썩이면서 마침내 압승의 물꼬를 튼다.

JD 밴스의 뛰어난 언변 술과 거침없는 활약으로 러스트 벨트 4개 주 '오하이오, 위스콘신, 미시간, 펜실베이니아' 지역에서 모두 압도적으로 승리하면서 트럼프는 싱겁게 당선된다. 그 결과 선거인단 312대 226이라는 미국 정치사에서 보기 드문 대승리를 거머쥔다. 그 당시 미국 신문과 방송은 "JD 밴스가 러스트 벨트를 완전히 지워버렸다"라고 대서특필했다.

그런데도 대한민국의 좌파 언론은 투표 당일 아침까지도 러스트 벨트에서 민주당이 2개 주를 앞서면서 약진하고 있다며 해리스 당선을 예상하는 오보를 잇달아 보도했다. 특히 좌파 '기레기'들은 펜실베이니아에서 트럼프가 무려 13%나 앞서고 있는데도 해리스에게 3% 뒤지고 있다고 가짜뉴스를 쏟아낸다. 대한민국의 언론이 무지하고도 무책임한 탓일까, 아니면 무조건 '트럼프는 싫어'라는 좌경화된 미국 언론의 앵무새가 된 탓일까? 너무나 부끄럽고 안타깝다.

미국을 흔드는 '페이팔 마피아 정체(identify)'

향후 미국의 정치권력과 경제를 쥐락펴락할 '페이팔 마피아

(Paypal Mafia)'란 무엇일까? 이들 마피아는 모두 다 각자 수십조 또는 수백조 원의 돈을 가지고 미국 IT(Information Technology: 정보의 생성, 저장, 관리, 전송에 관련된 기술과 시스템을 모두 포함하는 기술) 업계를 주도하는 실리콘밸리를 호령하는 자들이다. 이들은 빅 테크기업의 보수주의자로서 매우 젊고 활기차며, 디지털 시대정신을 정확히 읽어내는 명석한 두뇌를 가진 집단이다.

이들은 마치 마피아처럼 서로 창업한 기업에서 재직하거나 투자를 지원하는 등 퇴사 이후에도 *끈끈한* '커넥션(connection)'을 유지하면서 실리콘밸리 스타트업 생태계에 지대한 영향력을 미치고 있다. 따라서 2007년 미국의 경제 잡지 《포춘(Fortune)》을 시작으로 미 IT업계에서는 이들을 가리켜 '페이팔 마피아'라고 부르면서 이제는 이 집단을 지칭하는 대명사가 되었다.

초창기 페이팔의 구성원 상당수는 스탠퍼드 대학교와 UIUC (University of Illinois at Urbana-Champaign) 출신이라는 점에서 학연에 기반한 이들의 *끈끈한* 네트워킹 방식을 엿볼 수 있다. 두 학교 특유의 공통된 문화와 가치관이 이들 초기 구성원에 의해 공유 및 검증되었기 때문이다. 그리고 인재 채용에서도 매우 유리하게 작용했던 것으로 보인다.

페이팔 마피아는 불나방처럼 단순히 돈이나 이윤을 쫓아다니는 무모하고 영악한 기업인이 아니다. 이들 중 연장자인 피터 틸(Peter Thiel: 1967년생)은 디지털 시대 미국이 나아가야 할 방향과 목표에 대해 뚜렷한 철학을 가진 정신적 지도자다. 페이팔 마피아그룹의 구성원은 피터 틸을 비롯해 스탠퍼드대에서 철학을 전공한 사람이 대부분이다.

피터 틸이 1998년 친구 맥스 레브친(Mas Levchin)과 함께 '페이팔(Paypal)'을 창립한 뒤, 온라인 결제 시스템을 혁신하면서 빠르게 성장했다. 그리고 가장 유명한 인물 가운데 한 사람인 일론 머스크(Elon Musk)가 창립한 온라인 결제회사 '엑스닷컴(X.com)'과 합병한다.

그리고 2002년 페이팔은 미국의 오픈마켓 플랫폼 기업인 '이베이(eBay)'에 15억 달러(약 2조 원)에 매각된다. 이를 통해 페이팔 마피아는 20, 30대의 나이에 각자 수천억 원이라는 거액을 거머쥐게 된다. 그러나 페이팔 마피아들은 여기서 만족하지 않는다. 실리콘밸리를 중심 거점으로 다양한 스타트업(start-up)을 창립하거나 새로운 먹잇감을 찾아 나선다.

이들은 각자 독립적으로 새로운 디지털 세계의 아이디어를 구상하거나 성공 가능성이 큰 벤처회사에 과감히 투자한다. 페이팔 마피아는 피터 틸에서 비롯되었고, 그가 이 그룹을 선도하고 있다. 마침내 이들이 IT기업의 창업 아이디어를 주도하면서 실리콘밸리의 빅 테크기업을 사실상 장악하게 된다.

그러면서 실리콘밸리의 창업문화와 경제 생태계에 막강한 영향력을 미친다. 실리콘밸리의 주요 기업에서 엄청난 역할을 담당하게 되었고, 급기야 이번 47대 대선에서 트럼프와 직접 딜(deal)을 통해 JD 밴스를 부통령으로 만들면서 미국의 기술기업과 정치지형에 이르기까지 '돈과 권력'을 거머쥐며 막강한 파워를 행사하고 있다.

피터 틸과 일론 머스크
'미국의 미래 권력'

페이팔 마피아의 정신적 지도자 '피터 틸'

앞으로 피터 틸과 함께 하는 동료들, 즉 페이팔 마피아를 알지 못하면 미국의 정치와 경제를 가늠하기가 쉽지 않다. 특히 페이팔 마피아의 수장인 피터 틸은 1967년생으로 서독의 헤센 프랑크푸르트 출생으로 현재는 미국과 뉴질랜드 복수 국적을 가지고 있다. 화학 공학자인 아버지를 따라 출생 직후 미국 클리블랜드로 건너갔다. 10대 때 가족이 캘리포니아로 건너와 실리콘밸리 중심인 포스터 시티에서 지낸다.

피터 틸이 학교에서는 항상 치열한 경쟁 가운데 10대를 보냈다.

이러한 탓에 틸은 자유를 갈망하게 되면서 60~70년대 서부를 휩쓸고 지나간 '자유·박애·평등'을 열망하는 히피 정신의 간접세례를 받는다. 그는 숨 막히는 경쟁 속에서 10대를 보내며 자유주의와 반공주의에 빠진 것과 또 『반지의 제왕』을 비롯한 판타지 및 공상과학 소설로 고단한 중·고등 및 대학 생활을 견디어 냈다고 실토한다.

피터 틸에게는 철학적 알레고리(풍자)를 가진 『반지의 제왕』에 나타나는 '전통주의, 과거로의 회귀'의 모티프는 훗날 많은 영감과 함께 IT 기업을 창업하는 상상의 나래를 펼치는데, 적지 않은 영향을 미친다. 특히 그가 이끄는 기업 '팔란티어'가 美 국방산업과 깊이 연관돼 있는데, 이 회사 이름마저도 『반지의 제왕』에서 비롯된다. 피터 틸은 1989년 스탠퍼드 대학에서 철학 학위를 수여 받은 뒤, 1992년 동 대학의 로스쿨을 졸업한다.

특히 개신교 신자인 피터 틸은 대학에서 철학을 공부하며 자유민주주의를 신봉하고 공산주의를 배격하는 철저한 반공주의 사상을 내면화한다. 그 당시 미국은 물론 전 세계를 휩쓸던 (프랑스) 해체주의 사상에 반대하며 이에 정면으로 맞선다. 틸은 스탠퍼드 대학 재학 중 1987년에 동료 데이비드 삭스(David Sacks)와 키스라보이스(Keith Rabois) 등과 자유주의 및 보수주의 대학신문인 《스탠퍼드 리뷰》를 창간한다. 이때 틸과 뜻을 같이한 창간 멤버들은 끈끈한 인연을 이어가며 오늘날 페이팔 마피아의 주축이 된다. 데이비드 삭스는 틸에 이어 2대 편집장이 된다.

그리고 피터 틸은 데이비드 삭스와 함께 미국 보수주의 관점에서 특히 미국 내 대학가에서 기승을 부리고 있던 좌파 해체주의를 맹렬히 공격한다. 그러면서 『The Diversity Myth(다양성이라는 거짓)』의 책을 데이비드 삭스와 공동 집필한다. 책에서 틸은 "학계가 PC 좌파(Political Correctness : 정치적 올바름)와 다문화주의(Multiculturalism) 등에 매몰되어 가고 있다"라고 신랄한 비판을 가한다. 그는 보수주의 정치사상으로 무장된 신념이 굳고 용기 있는 총명한 젊은이였다.

하물며 1995년 당시는 미국은 물론 전 세계가 프랑스 해체주의 사상으로 점철된 다양성과 다문화주의에 따라 대학가가 깊이 세뇌돼 있을 때였다. 그런데 피터 틸은 이런 풍조에 정면 대응하는 한편 무모할 정도로 용감했다. 아들 조지 W. 부시가 대통령이었던 시절 국무부 장관을 지낸 흑인 여성 콘돌리자 라이스가 이 책이 나왔을 때 스탠퍼드대학의 정치학 교수였다.

흔히 미국 보수 매파의 아이콘으로 불리던 콘돌리자 라이사마 저도 당시 피터 틸이 쓴 책 『다양성이라는 거짓』에 대해 "이 책이 묘사하고 있는 캠퍼스 풍조(다문화주의)는 사실이 아니다"라며 "만화와 같은 스토리일 뿐이다"라고 비난했으니 말이다. 그 당시 대학 문화 풍조로는 감당하기 어려운 이런 엄청난 책을 집필한 사람이 바로 피터 틸이고, 그런 그가 JD 밴스를 부통령으로 만든 인물이다.

피터 틸과 함께 하는 페이팔 마피아는 여느 기업인들과 달리 이미 대학 시절부터 정치 철학적 보수주의적 관점을 가진 부류들이다. 이들은 한결같이 47대 대선 당시 조 바이든 정부가 이끄는 미국 민주당의 좌파 성향으로는 미국이 오래 버티기 어렵다는 것을 알아차린 철학적 사고가 매우 깊은 지식인들이었다. 마침내 이들이 4차산업혁명의 핵심인 디지털 물결을 선도하면서 실리콘밸리를 장악하고 오늘날 미국의 경제와 정치판을 송두리째 뒤흔들고 있다.

특히 피터 틸이 2014년 출간한 『제로 투 원(Zero to One)』은 전 세계에서 수백만 부가 팔려나간 초대형 베스트셀러였다. 전 세계 CEO와 창업가들은 "세상을 새롭게 바라보게 하는 위대한

통찰을 담았다"라고 극찬을 쏟아냈다. 대한민국에서도 경영학 서적의 베스트셀러의 반열에 올랐다. 페이팔 마피아는 단순히 이윤을 추구하는 여느 기업인과는 차원이 다르다. 그리고 이들이 지원하는 부통령 밴스도 탁월한 지식인이다.

피터 틸은 미국 기업가답게 비즈니스 시장을 바라보는 관점이 뛰어났다. 그의 저서 『zero to one』은 0에서 1을 창조하는(즉 무에서 유를 찾아내는) 방법을 알려주는 책이다. 이는 피터 틸이 강의한 내용을 노트해서 블로그에 올린 한 학생의 글이 유명세를 타면서 피터 틸이 직접 집필한 것이다. 비즈니스 시장이 곧 인간이 사는 삶의 현장이다. 따라서 이 책이 우리 곁에도 베스트셀러로 성큼 다가온 것이다.

◇ 피터 틸의 새로운 도전 '팔란티어(Palantir)'

페이팔 마피아의 우두머리답게 피터 틸은 지금 미국 국방성과 깊이 연관된 빅데이터 프로세싱 AI 기업 '팔란티어(2003년 창업)'를 이끄는 공동 창업자이자 회장이다. 팔란티어는 미 정부 기관과 특히 군대가 사용하는 거대 인공지능(AI)을 제공하는 무서운 기업이다.

그리고 페이팔 마피아의 막내 격인 파머 러키(Palmer Luckey)가 동료들과 창립한 '안두릴(Anduril)'은 AI를 이용한 국방개혁에 핵심 솔루션을 제공하는 기업이다. 안두릴은 전투기와 초(超)고 지능의 드론으로 잘 알려져 있다. 페이팔 마피아가 이끄는 두 기업은 미국 국방 AI를 책임진 무시무시한 '미션(mission)'을 수행하고 있다.

무엇보다 미 국방 AI를 이끄는 페이팔 마피아가 창립한 팔란티어와 안두릴은 둘 다 조 바이든 정부 때 채택된 기업으로 이 분야를 오랫동안 준비한 최고의 기업으로 알려져 있다. 따라서 이들 두 기업이 미국 정부의 인공지능(AI) 국방부개혁을 이끌어 가고 있다. 특이한 것은 미국의 국방 AI를 책임진 팔란티어와 안두릴 두 회사가 모두 회사명을 『반지의 제왕』에 등장하는 '보검'의 이름을 딴 유니콘 스타트업이다.

외신에 따르면 러시아·우크라이나 전쟁에서 우크라이나군이 팔란티어의 AI 솔루션을 적용했더니 사용하는 살상용 드론의 적중률이 50%에서 80%까지 올라갔다. 그리고 이 회사 팔란티어는 미국에서 가장 비밀스러운 기업으로 알려져 있다. 특히 빈 라덴 사살 작전에 빅데이터 분석 서비스 '고담(Gotham: 뉴욕시 옛날 지명) 프로그램'을 제공한 회사로도 유명하다.

팔란티어는 주로 공공 정보 분석 서비스를 제공하는 인공지능 (AI) 플랫폼 기업이다. 따라서 미국 중앙정보국(CIA), 연방수사국(FBI), 국가 정보국(DNI), 국방부(DM) 등으로부터 투자를 받아 미국방산업과 연계된 사업을 수주하고 있다. 특히 CIA 산하 '인큐텔(In-QTel)'로부터 거액의 투자를 받아 대용량 데이터를 통합 처리하고 입력값을 조정할 수 있는 아키텍처(설계도)를 제공하며, 이를 기반으로 데이터 추론과 의사결정의 효율화를 돕는다.

피터 틸은 팔란티어를 자체적으로 '디지털 체스판'이라고 홍보한다. 특히 군사작전에 특화돼 있다. '고담 프로그램'을 차량, 항공기, 선박 등에 모듈형으로 배치하고 이들의 센서를 통해 얻은 데이터를 정제하고 통합한 후 자사 기계학습모델로 실시간 추론을 진행한 후 시각화하고 입력값을 바꿔 갈 수 있는 기능을 제공한다. 이는 곧 넵튠 스피어 작전, 우크라이나 전쟁, 버나드 메이도프 폰지 사기 적발 등에 활용되면서 업그레이드를 지속하고 있다. 이는 향후 미국 AI 국방사업과 연계해 엄청나게 발전할 것으로 전망되고 있다.

피터 틸의 인공지능(AI) 기업에 대한 투자는 멈추지 않는다. 그는 지난 6월 엔비디아의 아성에 도전하겠다고 나선 미국 AI 반도체 스타트업 '에치드(Etched)'에 투자하기도 했다. 에치드는 트럼프 행정부의 반도체 정책이 어디로 튈지 모르는 가운데, 피터 틸의 역할이 주목받고 있다. 하버드대학교 중퇴자들이 설립한 AI 스타트업 에치드가 '트랜스포머 아키텍처 전용 칩' 개발로 단숨에 1억 2,000만 달러(약 1,670억 원)를 모금해 세상을 놀라게 했다. 트랜스포머 아키텍처는 엔비디아의 차세대 '블랙웰' GPU보다 빠르고 저렴한 것으로 알려지면서 실리콘밸리를 중심으로 IT업계의 주목을 받고 있다.

따라서 IT업계와 정치인들까지 "향후 미국 정부가 지향하는 목표와 방향을 가늠하기 위해 피터 틸이 주도하는 페이팔 마피아를 주목해야 한다"라며 "현재 페이팔 마피아가 미국 정치는 물론 실리콘밸리의 디지털 기술까지 주도하고 있다"라고 주장한다. 무엇보다 47대 미국 대통령 트럼프의 러닝메이트로 젊디젊은 40세의 JD 밴스를 내세운 것도 다름 아닌 페이팔 마피아의 두목 격인 피터 틸의 작품이다.

페이팔 마피아의 최고 성공자 '일론 머스크'

1971년생인 일론 머스크는 남아프리카 공화국에서 태어나 캐나다를 거쳐 미국에 정착했다. 그는 '미국·캐나다·남아공' 등 삼중 국적을 보유하고 있다. 현재 텍사스주 오스틴에서 거주하고 있다. 일론 머스크 하면 전기자동차 테슬라를 먼저 떠올리게 된다. 하지만 그건 이제 옛말이다.

그는 지금 스페이스X, 스타링크, X(옛 트위터), 뉴럴링크, xAI 등 굴지의 국방 우주 관련 기업을 다수 보유하고 자신이 직접 운영하고 있다. 2020년 들어 세계에서 최고 부자 기업인 반열에 등극했다. 뛰어난 기술적 식견과 디자인 감각, 중독에 가까울 정도로 열심히 일하는 타고난 성실성과 현장 중심적 경영, 그리고 미래 지향적 비전 등으로 '최고의 혁신가'라는 호평을 받고 있다.

◇ 대통령은 일론 머스크, 트럼프는 비서실장?

미국 정가와 IT업계에서 떠도는 말이다. "대통령은 사실상 머스크, 트럼프는 비서실장이야!" 현재 머스크는 세계에서 가장 큰 영향력과 인지도를 지난 기업인이자 세계 최고 부자다. 2024년 말 현재 일론 머스크 재산은 3,022억 달러(약 430조 원)로 세계 최고 갑부다. 특히 47대 미국 대선에서 트럼프를 적극 지원해 트럼프 당선에 핵심적인 역할을 해 일등 공신의 반열에 올랐다. 트럼프 2기 정부효율부(DOGE: Department of Government Efficiency)를 이끄는 공동 수장으로 비벡 라마스와미와 함께 공식 지명됐다.

〈2024년 10월 미국 펜실베이니아에서 트럼프 공화당 대통령 후보가 유세를 펼치는 가운데 일론 머스크 테슬라 최고경영자가 뒤에서 기쁨의 춤을 추고 있다. [AFP=연합뉴스]〉

일론 머스크가 정부효율부 수장으로 비벡과 함께 지명된 뒤 폭스뉴스와 인터뷰에서 트럼프를 적극적으로 지지하게 된 동기를 묻는 말에 "나는 47대 대선에서 민주당이 승리하게 되면 미국에서 민주주의가 완전히 사라지게 될 것이라는 위기감을 느끼게 되었다"라면서 "지금 민주당이 하는 짓을 보면, 그들이 미국의 자유 민주주의를 파괴하기 위해 얼마나 조직적으로 흉측한 짓을 저지르고 있는지를 알 수 있다"라고 강조했다.

일론 머스크는 또 "민주당이 불법 이민정책으로 러스트 벨트를 완전히 장악하게 되면 양당제는 있으나 마나가 된다. 결국 민주당 프라이머리(전당대회)가 곧 대통령 선거가 되어 버리고 만다"라면서 "이렇게 되면 미국의 민주주의는 완전히 자취를 감추게 될 것이 분명하므로 내가 나서게 된 것이다"라고 덧붙였다. 그래서 머스크가 이번 대선에서 트럼프 당선을 위해 무려 2억 5,900만 달러(약 3,700억 원)를 쾌척한 것이다.

실제로 20세기 이후 미국 대선은 4개 주 '러스트 벨트(오하이오-위스콘신-미시간-펜실베이니아)'에서 거의 결정이 난다. 이 중에서도 펜실베이니아주가 가장 중요한 곳으로 꼽힌다. 따라서 이들 지역에 조 바이든의 민주당이 수백만 명의 불법 이민자를 의도적으로 뿌리고 있다. 이들 지역은 불과 1~2만 표 차로 당락이 결정되는데, 민주당이 전략적으로 4개 주에 수백만 명의 불법 이민자들을 불러 모아 영주권을 주고 이어서 시민권을 갖게 한다면 이후 공화당은 어떻게 힘써볼 겨를도 없이 파산하게 된다.

특히 이를 두고 미국의 유명 시사평론가인 고든 창은 "지금 미국 민주당이 벌이고 있는 선거전략 공작은 대한민국에서 민주당이 벌이는 것과 거의 흡사하다"라면서 "이는 미국의 민주당이 러스트 벨트에 불법 이민자를 쏟아부어 미국 정치를 장악하려는 음모와 대한민국의 더불어민주당과 친중파 세력이 중국인(조선족) 수백만 명을 불러들여 영주권과 투표권을 쥐여 주면서 한국 정치에 개입하도록 하려는 것과 조금도 다를 바가 없다"라고 지적한다.

고든 창은 중국인 아버지와 스코틀랜드계 미국인 어머니 사이에서 (1951년) 태어나 1973년 코넬 대학교와 1976년 코넬대 법학 대학원 졸업했다. 2001년에 출간한 저서 《중국의 몰락》으로 유명하다. 미국 주류 신문과 방송에서 시사평론가로 활동하고 있다. 고든 창은 문재인에게 매우 비판적이다. 그는 "문재인은 북한의 간첩일지도 모른다. 실제로 그렇든 그렇지 않든 우리는 문재인을 간첩으로 간주해야 할 것이다. 문재인은 자유민주주의 대한민국을 전복시키는 위험한 인물"이라고 평가했다.

◇ 일론 머스크 '트럼프는 美 보수주의 아이콘!'

다시 말해 일론 머스크가 트럼프이니까 충성하는 것이 아니다.

지금은 트럼프가 마가와 미국 보수주의의 아이콘이니까 충성한다는 것이다. 페이팔 마피아가 트럼프에게도 충성하지만 이보다는 다음 대선을 위해 JD 밴스를 대통령으로 만드는데 관심이 더 크다. 페이팔 마피아가 추구하는 정치적 본질은 바로 부통령 밴스를 중심으로 마가(MAGA: 미국을 다시 위대하게)와 한 궤를 이루고 있다.

페이팔 마피아는 끊임없이 마가 운동을 지원하고 후원하면서 트럼프에게 올바른 정치적 메시지를 던지게 될 것이고, 결국 트럼프도 이를 수용하지 않을 수 없게 된다. 왜냐하면 고령의 트럼프도 더는 정치권력의 욕심보다는 나머지 인생을 잘 정리하는 것이 트럼프 자신에게도 유익하고 바람직하기 때문이다. 이제 우리는 기존 트럼프의 캐릭터에 얽매여 그를 터부시할 필요가 전혀 없다.

우리가 향후 미국을 올바르게 읽고 대응하기 위해서는 무엇보다 미국 보수주의 정치철학에 충성을 다하는 페이팔 마피아가 어떤 국정 운영 철학을 가지고 있느냐에 관심을 기울여야 한다. 이것이 곧 페이팔 마피아의 삶과 세계에 대한 관점이고 원칙이기 때문이다. 따라서 한반도의 미래를 위해서도 우리는 페이팔 마피아가 어떤 국정 운영 철학을 가지고 있는가를 잘 파악해야 한다.

美 정치와 국방을 지배하는
페이팔 마피아!

〈핀테크 기업 페이팔의 초기 구성원들이 미국 정·재계 전면에 다시 등장하고 있다. 일론 머스크(왼쪽부터) 테슬라 최고경영자(CEO), 피터 틸 팔란티어 회장, 리드 호프먼 링크드인 창업자, 맥스 레브친 슬라이드 창업자이자 핀테크회사 '어펌' 대표 [AP·로이터·AFP·어펌 홈페이지]〉

미국 핀테크(fintech) 기업 페이팔의 초기 구성원인 '페이팔 마피아'가 다시 정·재계의 전면에 등장했다. 일론 머스크 테슬라 최고

경영자(CEO)가 트럼프 2기 행정부의 정부 효율부(DOGE) 수장으로 발탁되고, 피터 틸 팔란티어 회장은 J.D. 밴스 상원의원을 부통령으로 만들었다. 실리콘밸리에 지대한 영향을 미쳐 온 페이팔 마피아는 트럼프와 밴스를 중심으로 정계까지 큰 영향력을 행사하고 있다.

《포춘》지는 '페이팔 마피아는 여전히 실리콘밸리를 지배하고 있다'라는 제목의 2024년 10월 9일 기사에서 AI 시대에 이들의 영향력이 줄기는커녕 더 커졌다고 평가한다. 페이팔 마피아는 1990년대 후반 결제 업체 페이팔을 탄생시킨 주역들을 일컫는 말로 피터 틸 회장, 머스크 CEO, 맥스 레브친 슬라이드 창업자, 리드 호프먼 링크드인 창업자, 채드 헐리 유튜브 설립자 등이 포함된다.

실리콘밸리를 주름잡고 있는 페이팔 마피아를 탄생시킨 페이팔이라는 회사는 사내 문화 자체가 특이하다. 협력을 추구하는 게 일반 회사라면 페이팔은 '갈등'을 독려했다. 상대방의 문제점을 지적하면서 생산성을 올린 것이다. 페이팔의 공동 창업자인 레브친은 "페이팔의 경영진 회의는 순조롭게 진행되지 못했지만 생산적이었다"라며 "뒤에서 험담하는 방식이 아니라 상대의 능력에 신뢰를 가진 채 정답을 찾아내기 위한 갈등이 주를 이뤘다"라고 설명한다.

페이팔 창업 후 30년이 지난 현재의 AI 시대에도 페이팔 마피아가 투자하거나 창업한 기업들은 한결같이 큰 성과를 내고 있다. CNBC에 따르면 머스크 CEO의 xAI는 최근 500억 달러(약 69조 7,000억 원)의 기업가치를 인정받았다. 특히 xAI는 머스크가 2023년 7월 설립한 AI 기업으로 '그록'이라는 AI 챗봇을 출시했다. 그록은 머스크의 사회관계망서비스(SNS)인 엑스(X·옛 트위터)에서 구동된다. 한 달 뒤인 8월에는 이미지를 생성하는 기능도 추가했다.

오픈AI의 투자자 명부에 이름을 올린 코슬라벤처스와 세쿼이아캐피털의 경영진도 페이팔 출신이다. 《포춘》은 "실리콘밸리에는 페이스북 마피아, 오픈AI 마피아 등이 있다"라며 "최초의 기술 마피아는 페이팔 마피아"라고 소개했다. 페이팔 창시자인 피터 틸은 페이스북, 링크드인, 스페이스X의 초기 투자자로 명성을 떨친 인물이다.

최근에는 트럼프 대통령 당선인에게 부통령 후보로 JD 밴스 상원의원(오하이오주)을 추천하는 등 정계에도 막강한 영향력을 행사하고 있다. 실리콘밸리에서 공화당 지지자로 우뚝 선 피터 틸은 2016년부터 트럼프 당선인을 후원하면서 영향력을 확대해 왔다.

특히 피터 틸과 함께 페이팔을 만든 일론 머스크를 트럼프 대통령이 2기 정부효율부 수장으로 임명해 "정부효율부가 기존 연방정부의 관료주의를 해체하고, 과도한 규제와 낭비성 지출을 줄이며, 연방 기관 구조조정의 기틀을 닦는 역할을 할 것"이라고 했다. 머스크는 기존 미 연방정부 예산(6조 7,500억 달러)의 약 3분의 1에 해당하는 2조 달러 이상을 삭감할 수 있다고 주장할 정도로 엄청난 권력이 됐다.

◇ 美 국방개혁 초연결 '나이프(NAIF)'로

페이팔 마피아가 주도하는 '나이프(NAIF)'를 기반으로 미국 국방성은 우주에서부터 바닷속까지 전 영역 지배(All-domain Dominance)를 구상하고 있다. 국방부는 2017년부터 초연결 AI를 기반으로 군대를 모두 혁신하는 프로젝트를 추진하고 있다. 이제 워밍업은 끝났다. 이미 세 번이나 실제 상황에서 나이프를 활용하며 업그레이드를 지속했다. 첫째는 2021년 아프가니스탄 철군 때 현장 지휘를 하면서 나이프의 도움을 받아 AI를 통해 이를 원활하게 수행할 수 있었다.

두 번째가 우크라이나 전쟁에서 나이프가 활용되면서 수십 차례 알고리즘 업그레이드를 진화 발전시켰다. 세 번째가 이스라엘과 하마스 충돌 전쟁에서 나이프가 실전에서 활용을 통해 여러 차례 업그레이드된 것으로 알려졌다. 앞으로 나이프는 엄청난 진화를 통해 중국을 제압하는 데 활용될 것이다.

이는 곧 지구 전체에 깔린 수백 수천만 개의 센서와 타격무기(effects)가 초연결되기 때문이다. 이러한 네트워크 위에 모든 상황을 실시간으로 모니터링하면서 전장을 감시하고 타깃을 인지하고 식별하면서 끊임없이 돌아간다. 이게 바로 미 국방성의 초연결 '나이프(NAIF)'의 목표이다.

그리고 이러한 시스템을 국방부와 손잡고 진행하는 기업이 바로 피터 틸의 팔란티어, 팔머 럭키의 안두릴이다. 그래서 미 국방성의 이 엄청난 프로젝트까지도 페이팔 마피아가 깊숙이 관계하고 있다. 일론 머스크는 우주 발사체, 우주 왕복선, 우주 통신을 지배하고 있다. 피터 틸과 팔머 럭키는 초연결에 연결되는 중앙 AI를 구축하는 데에 깊이 관련돼 있다.

군사 전문가들은 "이런 방향으로 미국 국방성이 진화 발전하면 늦어도 2030년경에는 전 세계 군사 전력을 미국 정부가 완전히 독점하는 시대가 열리게 된다"라며 "그때는 진짜 전쟁 없는 시대를 경험하게 될 것"이라고 말한다.

부통령 JD 밴스
'페이팔 마피아 적자(嫡子)'

트럼프 2기, 부통령 밴스는 어떤 사람인가?

JD 밴스는 1984년 미국 오하이오주 미들타운의 가난한 가정에서 태어났다. 배다른 형제가 많아 아버지는 누구인지도 모른다. 어머니는 마약중독자로 할머니의 손에서 가난하고 불우한 어린 시절을 보내면서 성장했다. 밴스 할머니는 동네에서 소문난 욕쟁이로 성격이 드세어 누구에게도 지지 않는 성깔이 아주 고약한 분으로 알려졌다. 그래도 손자 밴스에게는 힘과 용기를 준 위대한(?) 분이었다.

어린 시절을 회고하면서 밴스는 "할머니는 나에게 공부하라는 용기를 주신 분"이라며 "너(밴스)는 자기가 운이 없다고 툴툴대는 저 망할 머저리들처럼 되지 마라. 너는 원하는 그 무엇이라도 할 수 있어"라고 할머니가 말해주었다고 한다. 또 할아버지는 '성실함이 가장 중요하다고 믿었다'라고 회고한다.

JD 밴스가 출간한 베스트셀러 『힐빌리의 노래(Hillbilly Elegy)』의 '힐빌리(hillbilly: 시골뜨기)'란 오하이오와 펜실베이니아주를 가로지르는 애팔래치아산맥 일대의 저소득 및 저학력층 백인을 비하하는 호칭이다. 밴스는 고등학교를 졸업하고 오하이오 주립대에 합격한다. 그러나 학비가 없어 19세 때인 2003년 미 해병대에 지원한다. 이라크 파병 등 5년간의 군 생활을 마치고 돌아와 오하이오 주립대학에서 정치학과 철학을 학사 전공하고 최우등으로 졸업한 뒤에 예일대 로스쿨에 진학해 2013년 졸업하면서 변호사가 된다.

2016년 베스트셀러를 출간하면서 일약 스타덤에 오른다. 뉴욕타임스를 비롯한 폭스뉴스와 CNN 등 이념적 좌우 파를 가리지 않고 2년간 신문 기고와 방송 출연 등으로 유명세를 타게 된다. 그리고 실리콘밸리의 큰손 피터 틸이 운영하는 투자회사의 법률 고문으로 합류한다. 밴스는 대학 시절에 성공한 기업인으로 예일

대학 초청 특강 강사로 온 피터 틸의 강의를 듣고 피터 틸을 존경했다고 한다. 이후 밴스는 명실공히 피터 틸의 제자처럼 새로운 인생을 경험하게 된다.

공화당 소속이었던 밴스는 성 추문과 독단적인 성격의 소유자인 트럼프 대통령을 싫어하여 '미국의 히틀러', '문화적 마약' 등의 표현을 쓰면서 트럼프를 비판했고, 스스로 '네버(never) 트럼프'라고 규정하기도 했다. 하지만 스승 격인 피터 틸의 간곡한 권유로 노선을 바꾸어 2020년 대선에서 트럼프 지지자로 변신하게 된다.

그 당시 정치노선을 변경하면서 JD 밴스는 "도널드 트럼프는 내가 경험한 '러스트 벨트(lust belt: 5대호 주변의 쇠락한 공업지대)'에 사는 미국인의 좌절감을 인식하는 유일한 대통령"이라며 트럼프 지지를 표명했다. 그러면서 "러스트 벨트에서 사는 저소득 저학력 백인이 겪는 빈곤과 상실감에 대한 나(밴스)의 고민이 곧 미국을 다시 위대하게 만들자는 트럼프의 '마가'에 깊은 공감을 갖게 됐다"라고 덧붙였다.

이로써 JD 밴스의 인생은 사뭇 달라진다. 멘토 격인 피터 틸이 밴스의 인생을 송두리째 바꾸는 역할을 하게 된 것이다. 반(反)트럼프에서 친(親)트럼프로 돌아선 밴스는 자신이 성장한 애팔래치아산맥 기슭에서의 어두운 기억을 되새기며 다시는 이런 참담한 삶의 일상을 후손들에게 물려주지 않겠노라고 다짐한다.

2022년 JD 밴스는 오하이오주 상원의원에 출사표를 던진다. 공화당 트레이드 마크인 마가 운동 세력과 페이팔 마피아의 적극적인 지지와 후원을 얻는다. 그리고 그는 타고난 인문학적 재능, 압도적인 순발력과 지능으로 초인적인 논변을 수행하며 청중을 매료시켜 마침내 38세라는 젊은 나이에 미연방 상원의원에 등극한다.

정치 경력이 짧은 밴스를 유력 정치인으로 급부상시키는 데는 그의 막후에서 멘토 역할을 해온 피터 틸의 역할이 지대했다. 물론 그도 정치적 판단력이 뛰어났다. 밴스는 2022년 중간선거를 앞두고 틸의 권유로 직접 트럼프 자택 마러라고를 찾아가 기존의 반트럼프 행보를 정중히 사과하고 트럼프 지지를 받아낸다. 이후 공화당의 유력 주자들을 모두 밀어내고 후보로 공천받고 오하이오주 상원의원이 된다.

트럼프의 후원자였던 피터 틸을 비롯한 일론 머스크와 데이비드 삭스 등 실리콘밸리를 주름잡는 페이팔 마피아의 영향이 컸다. 그리고 마침내 JD 밴스는 2024년 공화당 전당대회에서 부통령 후보로 지명되었고, 트럼프 당선과 함께 부통령 자리까지 꿰차면서 그의 정치적 입지가 가파르게 상승하고 있다.

2기 트럼프 시대는 상하 양원을 모두 거머쥔 트럼프가 마음대로 좌충우돌하는 정책을 펼치는 게 아니다. 아니 펼칠 수 없는 구도로 짜여 있다. 무엇보다 지금 밴스가 미국 공화당 지지그룹의 핵심인 '마가(MAGA: 미국을 다시 위대하게-트럼프 선거 구호) 운동'의 계승자라는 입지도 굳히게 되면서 차기 대권 경쟁에서도 매우 유리한 고지에 우뚝 서게 되었다.

◇ 트럼프 머리는 손오공의 '긴고아'가 채워졌다!

향후 미국 내 정치권력과 영향력은 JD 밴스와 페이팔 마피아로 흐르게 된다. 이들이야말로 숨은 주역이자 실세들이다. 비록 트럼프가 46대 한 틈을 쉬고 다시 47대 대통령의 권좌에 올랐지만 2기 트럼프 대통령은 확연히 달라질 수밖에 없다. 무엇보다 삼장법사가 잘 튀는 손오공을 제어하기 위해 머리에 '긴고아(緊箍兒)'를 채운 것처럼 페이팔 마피아가 트럼프를 배후에서 조종하기 때문이다.

긴고아란 삼장법사의 제자가 되었음에도 요괴 대왕 시절에 고약한 성격을 가졌던 손오공이 여전히 말썽을 부린다. 결국 손오공이 삼장법사랑 의견이 안 맞는다고 그냥 훌쩍 떠나가 버린다. 이 상황에 삼장법사가 한탄하고 있을 때 관세음보살이 나타나, 손오공은 다시 돌아올 것이다. 그리고 말을 안 들으면 머리에 씌우라고 준 테가 바로 손오공을 주문으로 조종하는 '긴고아'이다.

이처럼 트럼프 대통령 혼자서 권력을 좌지우지할 수도 없는 노릇이다. 배후에는 피터 틸과 일론 머스크와 같은 실리콘 거물들이 버티고 있다. 그리고 페이팔 마피아로부터 적극적인 후원과 지지를 받는 젊고 참신하고 야망 가득한 JD 밴스가 미래 권력으로서 있다. 페이팔 인사들이 트럼프 2기에 대거 참여하게 될 것이다.

페이팔 마피아 인물 중에서는 JD 벤스의 부통령에 이어, 실제로 미국 증권거래위(SEC) 위원장에 폴 앳킨스(Paul Atkins)가 임명됐다. 폴 앳킨스는 '크립토 머니(Crypto Currency)'를 키워야 한다는 입장을 고수하는 인물이다. 이에 대해 일론 머스크는 자신이 운영하는 X(옛 트위터)에 "크립토 머니를 옹호하는 인물을 증권거래위장에 임명했다"라면서 반기고 있다.

트럼프 정부는 미국을 크립토 머니의 허브(메카)로 만들려는 몇 가지 목표를 가지고 있다. 첫째는 미국의 금융패권 및 제재권을 강화하는 것이다. 이는 오프라인 달러뿐만 아니라 온라인에서도 이를 제재하려는 의도를 가지고 있기 때문이다. 둘째는 달러화 가치를 낮추려는 것이다. 달러 가치가 높아지면 높아질수록 미국에서 제조업이 성공하기가 어렵다. 어쨌든 트럼프 2기 정부는 미국에서 제조업을 활성화해야 할 의무를 지고 이번에 출범한 것이다.

이뿐만이 아니다. 트럼프는 페이팔 마피아의 두 명의 사상적 기둥의 한 명인 데이비드 삭스(David Sacks)를 백악관 인공지능 (AI) 및 크립토 머니 차르(황제)로 임명했다. 이는 미국이 크립토 머니의 메카가 되도록 제도와 환경을 확립하고, 나아가 AI 기술 발전을 촉진하면서 빅 테크기업에 의한 '세뇌-통제-감시-검열'을 막기 위한 것으로 알려졌다.

이들 중에서도 특히 피터 틸과 데이비드 삭스는 뛰어난 사상가들이다. 이들은 철학을 전공한 인물로서 학식이 매우 깊다. 그리고 뚜렷한 자기 사상을 가진 사람들이다. 무엇보다 이들은 벤처사업을 시작하기 전 대학에서부터 철저한 자기 관점과 가치관을 가지고 보수주의 정치철학을 공부한 지식인이다. 따라서 이들이 정치인 트럼프 대통령을 요리한다는 것은 그리 어려운 일이 아니다.

실리콘밸리의
테크놀러지 구현한 '히피 정신'

◇ 개인의 존엄과 자유를 염원한 '히피 문화'

미국은 17세기 초(1620년)에 영국 청교도들이 건너와 세운 기독교 국가이다. 젖과 꿀이 흐르는 축복의 땅, 신대륙을 찾아 나선 유럽의 청교도들이 개척해 일군 나라, 하나님의 은혜와 축복 아래 '자유와 평등, 개인 존엄 국가사회'를 일구었다.

그 당시 종교적 박해를 피해 신앙의 자유를 찾아 대서양을 건너온 '영국, 프랑스, 이탈리아, 네덜란드' 등 대다수 서유럽인이 뭉쳐 만민이 평등한 국가를 세운 것이다. 18세기 중반 산업혁명을 통해 패권국으로 부상하던 영국으로부터 대서양을 건너온 지 불과 150여 년 만에 당당히 독립(1776)을 쟁취한다.

마침내 100년 뒤엔 '에디슨(1847~1931년)'이 전구를 발명해 전기를 실용적으로 사용할 수 있게 하면서 산업혁명을 2차산업혁명으로 이끌며 새로운 문명을 주도한다. 1945년 2차대전이 끝나자 미국은 영국으로부터 패권을 이어받는다.

청교도 정신의 바탕 위에 세워진 미국이 21세기 초입부터 '테크놀로지(technology: 과학기술)'를 구축한 세계 최고의 과학기술 문명국가로 발전하는 데는 국내적으로 두 개의 정신문화의 축이 작동하고 있었다. 하나는 '자유로운 영혼'을 구현하는 **'히피 문화'**와 다른 하나는 영국에서 건너온 '산업혁명을 2차산업혁명으로 이끈 아이비리그'를 중심으로 한 **'대학 문화'**이다.

이들 두 문화 축이 상반되는 듯하면서도 내면 깊숙한 곳에는 '자유와 개인 존엄에 대한 진실성'이 깊이 뿌리를 내리고 있었다. 과학기술 문명은 자유와 개인 존엄에 대한 깊은 사고가 작동하지 않으면 꽃피우기 어렵다는 것을 지금 이 시대의 '테크놀로지'가 보여주고 있다.

◇ 구미 산업혁명의 조류와 시대상

18세기 중반부터 서유럽 산업계는 이상한 조짐이 나타나기 시작한다. 이런 현상은 마침내 '제임스 와트(1736~1819)'가 '증기기관의 동력을 발명(1769년)'하면서 과학기술이 뒷받침된 산업혁명으로 발전한다. 영국은 남부 햄프셔주의 주도인 맨체스터를 중심으로 곳곳에 섬유공장이 들어서고, '제 1차 산업혁명'이 본궤도에 오른다.

그 당시 영국 사회에서는 젊은 여성들이 천을 짜 생계를 꾸리고 있었다. 하지만 산업혁명으로 섬유 기술이 발전하면서 수많은 가내수공업이 몰락하게 된다. 이로써 영국 사회에서는 일대 변혁이 일어난다. 제1차 산업혁명으로 영국은 세계를 지배하는 패권국가로 발전한다.

그리고 청교도와 함께 미국으로 온 '산업혁명은 1879년' 토머스 에디슨이 전기를 발명하면서 '2차산업혁명'으로 폭발한다. 전기로 생산되는 엄청난 동력으로 20세기 초에 '자동차왕 헨리 포드(1863~1947년)'가 등장하고 미국은 2차산업혁명을 주도한다.

자동차를 조립하는 컨베이어 벨트가 빠르게 지나가고 노동자들이 각자 자리에서 주어진 부품만 조립하는 대형 자동차 제조공장들이 중서부와 북동부지역 등 '러스트 벨트(lust belt: 위스콘신-미시간-오하이오-펜실베이니아주)'에 들어선다. 이때부터 미국에서는 제조업과 유통업 혁명이 일어나고 모든 생활환경이 기계 고동에 맞춰지는 과학기술 문명시대가 열린다.

거대한 기계문명 앞에서 모든 사람은 같은 시간에 직장을 출퇴근하면서 교통혼잡은 피할 수 없었다. 식사 시간도 정해져 있었으며, 어린아이들은 시간 엄수에 대한 철저한 교육을 받으면서 자랐다. 흔히 직장생활을 오전 9시에 출근하고 오후 5시에 퇴근하는 걸 빗대어 '나인 투 파이브(9 to 5)'라고 이를 만큼 인간은 기계와 직장에 예속된 고단한 삶을 살아야 했다.

이 시대의 생활상을 재미있게 그려 낸 것이 《모던 타임스》다. 이는 영화배우자 감독인 찰리 채플린(1894~1977년)이 1936년에 제작한 영화이다. 전설적인 코미디 배우 찰리 채플린의 대표적인 영화로 당시 산업혁명의 모습을 날카롭게 풍자하면서 비판한 내용을 담고 있다.

영화는 인간을 심지어 기본욕구인 성욕마저 거세된 채 거대한 기계에 붙어사는 한 개 부속품으로 비유한다. 채플린은 이것이

발단이 되어 공산주의자로 몰려 미국에서 쫓겨난다. 당시 미국 사회는 냉전 이데올로기로 공산주의 사상에 극도의 혐오감을 드러내고 있었다. 이를 단적으로 대변하는 것이 매카시즘(1950년대 초반 미국 전역을 휩쓴 공산주의자 색출 열풍: 미국판 문화혁명)이다. 이는 당시 현대판 마녀사냥, 즉 '빨갱이 소동(Red Scare)'으로 이어졌다.

무성으로 제작된 이 영화는 흥행에 크게 성공한다. 영화는 지하철에서 몰려나오는 노동자들로 시작된다. 주인공 '떠돌이'는 공장에서 일하는데 사장은 계속 빠르게 생산하라고 닦달한다. 기계에 예속돼 사는 떠돌이는 나사처럼 생긴 것만 보면 뭐든지 조이려는 정신병에 걸려 병원으로 이송된다. 떠돌이는 병이 회복된다. 하지만 공장에서 해고되고 거리를 떠돈다.

우연히 트럭에서 떨어진 빨간 깃발을 운전사에게 가져다주려고 달리다 공산주의자로 몰려 경찰서에 끌려간 떠돌이는 탈옥수를 잡은 공로로 사면된다. 보안관의 추천으로 일자리를 구하려고 하지만 다시 경찰서로 가고 싶어 하는 줄거리로 시대상을 보여준다. 마르크스는 이를 '**소외현상**(phenomenon of alienation)'이라 불렀다. 자기가 만든 기계에 예속돼 사는 세상을 풍자한 것이다.

서구 자본주의 흐름에 '저항한 히피 문화'

그 당시 세계는 거대한 자본주의 기계문명의 흐름에 저항하는 세력들이 있었다. 러시아를 중심으로 한 공산 사회주의가 서유럽과 미국을 중심으로 한 자본주의에 반기를 들었다. 또 다른 한편에서는 미국과 유럽을 중심으로 '히피 문화'가 자기 문화의 중심에서 자본주의를 거부하고 있었다.

히피 문화는 청바지와 헐렁한 옷을 걸치고, 마리화나 같은 마약을 하고, 락 페스티벌을 즐기거나 반전시위 운동을 하는 것이 그들의 상징적인 모습이다. 그런 히피 정신의 핵심은 모든 사람이 평등한 관계를 맺는 사회를 꿈꾸었다. 그들은 다른 사람과 함께하면서 자발적으로 서로 돕고 의지하며 이 우주와의 일체감이라는 거대한 이상을 가지고 사는 것이 삶의 진정한 의미라고 생각한다.

이때 로큰롤의 제왕 **'엘비스 프레슬리'**가 미국과 영국에서 선풍적 인기를 끌었다. 그는 비주류 장르인 로큰롤을 대중음악계 주류로 끌어올린 최초의 '록 아이콘'이었다. 흑인 음악과 백인 음악을 주 장르로 불렀다.

또한 가스펠, 록 음악, 펑크, 발라드, 팝 등의 장르에서 모두 최정상급에 올랐다. 대중음악 역사상 가장 영향력 있는 음악가, 1950년대 시대정신의 상징, 20세기의 가장 중요한 인물 중 한 명이라는 수식어를 가진 전설적인 스타였다.

엘비스가 위대하다고 평가받는 것은 그의 음악이 흑인음악이라는 점이다. 이는 백인이 흑인음악으로 세계적인 사랑을 받은 것이다. 지금은 상상도 못 할 정도로 흑백 인종차별이 심하던 시대에 인종의 '크로스오버(crossover: 교차 또는 융합: 재즈-록-팝 등이 합해져서 만들어진 음악[퓨전 재즈/ 전자 클래식])'를 성공적으로 이뤄내며 히피가 꿈꾼 평등사회에 한발 다가간 것이다.

그러나 기성세대는 이들 히피를 매우 불온한 세력으로 생각했다. 산업화를 이룩하고 1, 2차 세계대전을 통해 나라를 지키면서 피땀을 흘리며 국가 발전을 이룩한 그들은 히피가 하는 짓들이 정신병자나 마약쟁이의 행동이라며 강하게 공박했다.

미국은 세계대전이 끝나자마자 1950년대는 한국을 지키기 위해 피를 흘렸고, 60~70년대는 인도차이나반도에서 전쟁을 벌였다. 베트남 공산화를 막기 위해 10여 년간 수많은 젊은이가 희생됐다. 기성세대는 자유를 지키기 위해 목숨을 건 전쟁을 수행하는

데, 반전시위를 벌이는 것은 전쟁에 참여한 군인들의 사기를 저하하는 행위로 국가 반역이나 다름없다고 핏대를 세워 히피들을 공격했다.

◇ 히피 혁명가들이 꿈꾼 '새로운 평등사회'

그런데 부모 세대로부터 기독교 문화의 세례를 받은 히피 중에서는 마약이나 시위를 통해 저항하기보다 테크놀로지로 진정한 자유와 평화를 구현할 수 있다는 새로운 혁명을 꿈꾸는 사람들이 있었다. 그 대표적인 사람인 '**스튜어트 브랜드**(1938~)'가 그들의 중심에 서 있었다.

스튜어트 브랜드는 1938년 일리노이 록퍼드에서 기독교 가정에서 아버지가 광고회사 임원의 아들로 태어났다. 1960년대 초반 그는 교외의 지루한 부르주아적 삶에 환멸을 느낀다. 그리고 진실한 삶을 미국의 원주민 인디언에게서 배울 수 있으리라 생각한다.

그는 1965년 캘리포니아의 'LSD(보리 맥각균으로 제조한 마약)'를 즐기는 초기 히피 모임에서 "미국은 인디언을 필요로 한다"라는 멀티미디어 작품을 발표한다. 브랜드는 이때 두 가지 영감을 얻는다. 하나는 지구 전체를 한 장에 담은 사진이다. 둘째는 만약 사람들이 자기처럼 자연과 함께 살고자 한다면 도구가 필요하리라 생각한다.

유시 버클리에서 생물학을 전공하고 환경운동가로 활동한 스튜어트 브랜드는 나사(NASA)에 지구 전체를 찍은 사진을 공개해달라고 요청한다. 공개된 사진은 환경운동의 상징이 된다. 그 사진을 자신이 출판한 잡지 "**전 지구 카탈로그**(Whole Earth Catalog: 1968~1974년)"의 표지에 실었다. 진짜 카탈로그와도 같은 이 잡지에는 '바느질 도구, 녹로, 야외생활 도구 등 공동체 생활에 필요한 히피 정신이 담긴 상품'들이 소개된다. 이는 수평적인 삶을 사는 데 도움이 되는 상품들이었다.

하지만 이들 중에는 아직 세상에 나오지 않은 상상력이 가미된 '공상과학(SF)적인 미지의 제품'들이 다수 들어 있었다. 오지 않거나 만들어지지 않은 제품 가운데는 이때 이미 '지금의 휴대폰'을 소개하고 있다. 미국인이 영어로 말하면 중국인이 알아듣고 대화하는 테크놀로지 상품이 만연하는 세상을 히피들은 반세기 전에 꿈꾼 것이다.

이에 열광한 젊은이들이 바로 60~70년대를 10대로 보낸 미국 캘리포니아의 젊은이들이었다. 이들은 테크놀로지에 광분했고,

히피 정신을 테크놀로지로 구현하면 정말 이상사회가 될 것이라고 들떴다. 잡지는 250만 권 이상 팔렸다. 미 도서상을 받았고 한 시대를 풍미한다.

이렇게 한 사회의 변화는 종종 사회 변두리의 몇몇 사람들이 더 나은 삶의 방식을 찾고, 주류가 이를 따라 하게 되면서 이루어지는 경향이 있다. 브랜드는 서부 베이지역을 반문화의 메카로 만든다. 그는 반문화를 칭송하고 홍보하면서 수백만 명이 함께 활동하게 했다.

미국의 1960년대는 컴퓨터가 권위의 상징이었다. 브랜드와 동료들은 컴퓨터를 통해 시민의식의 혁명을 꿈꾼다. 그들은 컴퓨터로 미국인의 정서에 일격을 날릴 수 있는 정신의 공동체를 만들 수 있다고 믿었다. 동료 프레드 터너는 '반문화에서 사이버 문화로' "공동체를 통해 실패한 것을 컴퓨터를 통해 완성할 것"이라고 말했다.

특히 스튜어트 브랜드는 이번에는 저명한 언론인의 위치에서 사회 변화에 앞장섰다. 1972년 그는 잡지 '롤링스톤(Rolling Stone)'에 새로운 컴퓨터 무법자의 해커 문화가 피어나고 있다고 선언했다.

이는 무상으로 공개된 정보의 자유로운 접근과 이용을 옹호하는 컴퓨터 전문가들의 정신을 담은 해커 문화는 또 다른 미래의 공동체였고, 브랜드는 많은 사람이 이 새로운 공동체에 참가해 주기를 독려한다. 브랜드는 그 시대의 세대가 가진 정신적인 갈망이 기술을 통해 어떻게 채워질 수 있을지를 설명하는 능력의 소유자였다.

브랜드는 언제나 그랬듯이 혁신은 과학의 발전만으로 이루어지지 않는다는 것이다. 그는 "문화가 혁신을 만든다"라는 것을 주창했다. 브랜드는 언제나 친밀감과 진정성이라는 '전체성(wholeness)'을 갈망했다. 그는 공동체에서 이를 발견했고, 자신이 사랑한 그것을 다른 수백만 명이 사랑하도록 만들었다. 그는 하나의 문화적 정신을 창조해 냈다. 이를 구체화했으며 축제와 학회, 조직을 통해 전파하기 시작했다.

그 당시 애플 창업자인 스티브 잡스와 홈브루 컴퓨터 클럽을 공동 창업한 프레드 무어와 같은 사람들이 히피 문화에 깊이 빠져 있었다. 기술로 세상을 더 낫게 바꿀 수 있다는 믿음으로 새로운 세상을 꿈꾸었다.

마침내 그 세대의 정신적 세례를 받아 나온 것들이 지금 우리가 즐기고 있는 '빅테크 기업(big tech)'이다. 애플의 스티브 잡스 (1955~2011년)는 히피였다. 그리고 페이스북의 마크 저커버그 (1984~), 트위터의 공동 창업자 잭 도시(1976~), 비즈 스톤 (1974~) 등이 바로 히피 정신의 세례를 받아 그들 히피가 꾼 꿈을 이뤄낸 장본인들이다.

지난 2005년 스탠퍼드 대학 졸업식에서 잡스가 말한 유명한 구절이다. "Stay hungry stay foolish(끊임없이 갈망하라 계속 무모하라!)" 이는 스튜어트 브랜드가 잡지 "더 홀 얼스 카탈로그 (WEC)"의 1974년 8월 폐간호의 뒤 페이지 표지에 실린 경구를 인용한 것이다. 이는 히피 정신을 노래한 스티브 잡스가 젊은 시절에 열광했던 것을 마침내 그 꿈을 실현하면서 무려 반세기 만에 명문 스탠퍼드 교정에서 메아리로 울려 퍼지게 한 것이다.

◇ 히피가 꿈꾼 테크놀로지로 세상을 구현할까?

그 히피들이 염원해 온 꿈이 지금 실현되고 있다. 애플의 스마트폰에 이어서 출현한 페이스북이나 트위터 등이다. 이는 많은 규칙이 없으면서도 수많은 삶의 일상들을 공유하고 있다. 몇 안되는 느슨한 룰만으로도 전 세계의 공동체가 만들어지도록 하고 있다.

이미 반세기도 전에 히피 정신을 꿈꾸며 스튜어트 브랜드가 상상하던 테크놀로지가 출현 되었다. 내가 영어로 말하면 중국어로 들리는 서로 소통하는 구글의 '픽셀 버즈(Pixel Buds: 무선 이어버드 제품)'가 이미 나왔다. 10여 명이 서로 다른 언어로 대화가 가능한 소통 기구가 등장하면서 히피들이 애타게 열망해 온 꿈들이 지금 현실로 이뤄지고 있다.

히피 문화의 세례를 받은 '위키피디아(ko.m.wikipedia.org/)'는 이제 어마어마한 공룡 같은 사이트가 됐다. 한때 지식과 부를 동시에 뽐내던 '브리태니커 백과사전(Encyclopaedia Britannica: 1768~)'을 무력화했다. 위키피디아는 '사이트를 보는 모든 사람이 참여해 함께 업그레이드하며 무료로 공유한다'라는 단순한 상상력 하나가 만들어 낸 기적이다. 그 위키피디아가 지금 가장 많은 정보를 담고 있다.

또 가장 많은 사람이 신뢰하고 사랑하는 사이트가 되었다. 2003년도에 나와 겨우 22년이 된 사이트를 수백 년 전통을 자랑하는 브리태니커보다 무려 140배나 더 많은 사람이 공유하고 있다. 결국 브리태니커는 2012년 3월 15일 종이책 출판을 244년 만에 중단한다. 브리태니커 제작사 측은 "앞으로 온라인으로만 사전을 제공할 것"이라고 밝히면서 스스로 새로운 디지털 문명의 패배자임을 인정했다.

이 같은 상식적으로 가당치 않은 일들이 지금 인터넷에서는 너무나 빈번하게 벌어지는 일상이 되고 있다. 여기에도 바닥에는 '히피 정신'이 자리 잡고 있다. '수평-공유-개방-놀이-의식의 확장-동지애'와 같은 언어가 마구 쏟아져 나온다. 여기서 스티브 잡스는 "나는 우주를 깜짝 놀라게 하고 싶다"라고 말한다.

스티브 잡스의 생을 돌아보면 단순히 돈을 좇는 기존 사업가들과는 콘셉트가 달라도 너무 다른 놀라운 발상으로 사업을 일구었다. 사업가가 돈 버는 것이 아니라 세상을 넘어 우주를 놀라게 하며 화합하고, 자신의 존재를 드러내고, 더 나은 세상을 사는데, 기여하고 싶다고 꿈을 꾸는 게 제정신인가? 하지만 히피 문화의 세례를 받은 이들의 생각이 기존 패러다임을 바꾸고 있다.

◇ 히피가 꿈꾼 평등사회 '테크놀로지가 역행한다!'

오늘날 기계지능으로 인간 최고 지능, 바둑을 무너뜨린 컴퓨터가 진정한 공동체의 도구가 되는 데는 성공하지 못하고 있다. 적어도 히피가 꿈꾼 평등사회를 건설하는 데는 여전히 미흡하다. '지금의 소셜미디어는 대다수 굉장히 좌 편향적이면서 대중을 구속한다.' 페이스북이나 트위터, 애플의 앱스토어는 오히려 히피가 꿈꾸어 온 그 누구나 평등한 세상을 만든다는 기존 정신에 역행하고 있다.

지금 미국의 빅 테크는 모든 사람이 아니라 선택된 자기들만의 세상을 만들겠다는 엉뚱한 몽상을 하고 있다고 말하는 사람들이 많다. 실제로 미국 민주당과 합세한 정부 안에 깊숙이 뿌리박힌 실체를 드러내지 않은 세력들이 존재한다.

이들이 바로 '딥스테이트(deep state: 나라 안의 나라), 세계화를 꿈꾸는 '글로벌 리스트(Globalist)'들과 함께 보조를 맞추고 있는 유튜브나 트위터는 보수우파 사이트를 이유 없이 계정 정지하거나 계정을 폭파하는 일들이 빈번하고도 살벌하게 일어나고 있다. 그런 경향성은 한국은 물론 전 세계적 현상으로 나타난다.

히피의 산물인 '빅 테크(big tech: 구글-애플-아마존-페이스북-마이크로포스트-테슬라 등 플랫폼을 주도하는 대형 정보기술 기업)'는 자신들의 마음에 들지 않으면 언제라도 규제를 가하는 미디어 또는 과학기술 권력으로 군림하고 있다. 한 예로 2020년 1월 트럼프 대통령이 부정선거에 항거하자 트위터(창업주: 비즈 스톤, 잭 도시)는 트럼프와 핵심지지 세력의 계정을 즉각 모두 취소하는 비겁하고 저열한 행태를 보였다.

문제는 이들이 다른 나라 정부의 국가권력과 결탁해 자신들의 입맛대로 세상을 만들어 가고 있다. 자기들과 성향에 맞지 않은 유튜브(창업주: 채드 헐리, 스티브 첸, 자베드 카림 유튜브)나 단체를 규제하고 압박하는 현상들이 지구 곳곳에서 일어나고 있다. 이제 히피 정신은 자신의 작업을 통해 새로운 문화의 정신을 만들어 내야 한다. 이를 통해 공동체와 전체성에 대한 인간의 열망을 채워줄, 그런 미래를 만들어야 한다는 목소리가 터져 나온다.

이에 대해 스튜어트 브랜드는 "나의 이런 의견에 단호하게 반대하겠지만, 나는 오늘날 컴퓨터가 진정한 공동체의 도구가 되는 데 실패했다고 느낀다"라면서 "현재 소셜미디어(SNS)는 특히 유튜브와 트위터가 인간을 구속하고, 그만큼 비참하게 만든다"라고 지적한다.

브랜드는 이제 자신의 작업을 통해 새로운 문화의 정신을 만들어 내고 이를 통해 공동체와 전체성에 대한 인간의 영원한 열망을 채워줄, 그런 새로운 미래를 만들어 낼 또 다른 브랜드들이 나타나야 한다고 주장한다.

과학이론을 실제로 적용해 자연의 사물을 인간 생활에 유용하도록 가공하는 수단인 '테크놀로지'로 진정한 평화를 구현한다는 새로운 혁명을 꿈꾸어 온 사람들이 평등을 실천하고 개인 존엄과 진실을 존중하고 자유를 사랑하는 히피의 세례를 받고 태어난 빅 테크 기업은 지금 전혀 다른 길을 걷고 있다.

◇ 의식의 악마성을 가지고 태어난 '빅 테크'

이들은 히피 정신과는 정반대로 돈과 권력이면 무엇이든 다 된다는 생각으로 기업을 운영한다. 한마디로 이는 '**의식의 악마**(demons of consciousness)'라고 규정할 수 있다. 빅 테크 같은 대형 네트워크 기업들이 지금 악마성을 가장 잘 드러내고 있다.

자유주의 서방 세계가 신장 위구르족과 티베트 민족을 탄압하고 박해하는 중국 공산당 정부를 반인륜 범죄집단으로 규정하고 있다. 그런데 히피의 세례를 받은 빅 테크 기업은 오직 돈을 위해 중국 시진핑의 독재 권력에는 침묵하거나 중국 공산당 정부와 연계하고 있다는 사실이 안타깝고 부끄럽다.

따라서 오늘날 인간을 넘어 최고 지능을 자랑하는 컴퓨터가 진정한 공동체의 도구가 되는 데는 아직은 매우 미흡하다. 적어도 히피들이 꿈꾼 자유롭고 아름다운 평등사회를 건설하는 데는 오히려 독이 되고 있다는 지적이 일고 있다.

◇ 자유·평등·박애 꿈꾼 히피 정신 침해한 '트위터'

1960년대에 컴퓨터를 통해 시민의식의 혁명을 꿈꾼 히피 정신의 선구자 스튜어트 브랜드와 동료들이 컴퓨터로 미국인의 정서에 일격을 날릴 수 있는 정신의 공동체를 만들 수 있다고 믿었다. 그런 히피 정신의 세례를 받고 태어난 실리콘밸리의 창업자 중에서도 특히 트위터(잭 도시, 비즈 스톤, 에번 윌리엄스, 노아 글래스)와 페이스북(마크 저커버그) 등이 히피 정신을 왜곡하고 있다는 비난을 받아왔다.

마침내 남아프리카 공화국 출생의 일론 머스크가 (히피 정신을 옹호하면서) 소셜미디어 트위터를 향해 비판하고 나서 귀추가 주목됐다. 머스크도 미국으로 건너와서 자신도 모르게 히피 문화를 직간접적으로 체득하며 영향을 받게 된다. 무엇보다 히피의 정신적 세례를 받은 빅 테크 기업인들과 함께 실리콘밸리를 주도해 온 일론 머스크의 태도가 최근 들어 확연히 달라졌다.

스탠퍼드 대학원을 중퇴한 머스크는 트위터의 사악한 행위에 "표현의 자유는 민주주의의 핵심 가치다. 트위터가 정말로 이 원칙을 준수하고 있다고 믿느냐"라고 날카롭게 반문한다. 그는 또 "트위터는 세계 전체를 위한 표현의 자유를 옹호하는 플랫폼이 돼야 한다"라면서 "지금 트위터의 상장사 형태로는 이 같은 사회적 '**지상명제**(정언명령: societal imperative)'를 수행할 수 없다"라고 강도 높게 비난했다.

하지만 머스크 자신도 한때 내부고발을 한 직원에게 천문학적인 소송을 걸거나 테슬라에 불리한 보도를 한 언론사에 협박 메일을 보내는 등 표현의 자유와는 거리가 먼 행동을 해온 적이 있다. 또 그는 최근까지 돈벌이가 되는 중국 공산당 정부와 긴밀한 관계를 유지하면서 중국에서 전기차 생산에 큰 성공을 거두었다. 그리고 미국 내에서도 주로 좌파 성향의 민주당 측과 행보를 함께 하면서 한때 트럼프 행정부와도 척지는 좌파 성향이 강했다.

그러나 코로나 팬데믹 이후 머스크가 중국 공산당 정부를 보는 견해가 크게 달라진다. 그는 전기차 테슬라에서 거의 손을 떼면서 중국 공산당 정부와의 관계도 거리를 두기 시작한다. 그는 자신이 관심을 가지는 '스페이스X CEO', 'CTO', '수석 디자이너', 'Open AI 고문', '보링 컴퍼니 CEO', '뉴럴링크 CEO' 등 새로운 빅 테크 사업에 집중하고 있다.

하지만 머스크가 지향하는 관점이 달라지고 있는 것에 대해서는 아직 누구도 그 이유를 자세히 모른다. 다만 머스크가 좌 편향에서 보수 우 편향으로 견해가 바뀌고 있는 것은 분명하게 드러나고 있다. 이를 두고 혹자는 "머스크가 전 세계의 정치 기류가 보수 지향적으로 흐르고 있는 점을 간파한 예민한 장사꾼의 속셈을 드러낸 것이 아닐까"라고 말한다.

머스크 행동에 발작한 '좌파 성향 트위터'

마침내 "새는 풀려났다(bird is freed)." 세계 최고 부자인 일론 머스크 테슬라 최고경영자(CEO)가 2022년 10월 28일 트위터 인수를 완료했다. 머스크는 기존에 예고했던 대로 트위터를 인수하자마자 비상장 회사로 전환하는 절차에 돌입했다. 비상장 회사로 바뀌면 트위터는 분기 실적을 공개할 필요가 없다. 미국 증권거래위원회(SEC) 규제에서도 벗어나게 된다.

소유주인 머스크가 트위터를 자기가 원하는 방향으로 손쉽게 개조할 수 있는 환경이 마련한 셈이다. 실제로 머스크는 트위터를 인수한 직후 강력한 좌파 성향을 지닌 파라그 아그라왈 CEO, 네드 시걸 최고재무책임자(CFO), 바자야 가데 최고 법률책임자(CLO)를 전격 해고하며 마이웨이 경영을 하고 있다.

머스크는 과거 트위터의 콘텐츠 통제를 비판하며 계정 영구 금지, 트윗 삭제 등의 조치에 신중해야 하고 계정 일시 중단이 낫다는 견해를 밝힌 바 있다. 이는 곧 미국을 비롯한 전 세계적으로 좌파 성향의 정치인 및 기업인들이 트위터와 손잡고 날뛰던 시대를 완전히 종식하겠다는 의미를 담고 있다.

무엇보다 당장 트럼프 대통령이 2021년 1월 연방의회 의사당 난입 사태 당시 폭력 및 선동 거짓 뉴스 유포 등의 사유로 트위터에서 퇴출당했으나 머스크는 2023년 5월 자신이 트위터를 인수하면 트럼프 계정을 원상 복구하겠다고 선언했다. 이러한 발언 때문에 시장에선 일론 머스크가 트위터의 콘텐츠 통제를 완화하고 계정을 되살릴 것이라는 전망이 나오고 있다.

그러자 그동안 트위터와 손발을 맞춰온 바이든 행정부를 비롯해 민주당과 좌파 '**PC(정치적 올바름**(political correctness): 말의 표현이나 용어의 사용에서 인종·민족·종족·종교·성차별 등의 편견이 포함되지 않도록 하자고 주장할 때 쓰는 말)' 세력들이 강한 반발과 함께 우려를 나타내고 있다.

실제로 그동안 트위터가 민주당과 같은 좌파 세력의 우군 역할을 톡톡히 해왔다. 그러나 일론 머스크가 '표현의 자유'를 부르짖으면서 이들에게 일격을 가했기 때문에 이러한 현상이 나타난 것이다. 무엇보다 그동안 톡톡히 재미를 봐온 민주당 측은 "(소셜미디어상에서) 누군가에게 표현의 자유는 누군가에게 혐오의 표현이 된다. 누군가에게는 표현의 자유지만 그게 불법인 경우도 있다"라고 지적하고 나섰다.

특히 젠 사키 백악관 대변인은 "누가 트위터를 경영하게 되든, 바이든 대통령은 오래전부터 거대 소셜미디어의 영향력에 대해 우려해 왔다. 소셜미디어 플랫폼이 사회에 끼칠 수 있는 해악에 대해 반드시 책임을 져야 한다"라면서 우려의 뜻을 고스란히 드러냈다. 그러자 미국 내 보수우파들은 "똥 묻은 개, 겨 묻은 개 나무란다"라고 맞받아치고 있다. 실제로 기존 트위터는 그동안 혐오 및 폭력을 선동한다는 이유로 콘텐츠나 가짜뉴스를 강력하게 규제해 왔다.

그러나 트위터의 규제는 지극히 좌 편향적이어서 미국 내에서도 공화당을 비롯한 우파 성향의 국민에게 엄청난 비난을 받아왔다. 트위터의 이러한 경향성은 전 세계적으로 한결같이 좌파 정부를 편향적으로 지원해 왔다. 한국 내에서도 트위터는 보수우파의 콘텐츠나 뉴스를 상대로 가짜뉴스 또는 혐오물로 규정해 계정을 폭파하는 등 편향적 규제가 심각하게 일어나고 있다.

특히 국내 총선 및 대선 등 각종 선거에서 우파 성향의 트위터 게시물을 왜곡된 선거 정보를 담고 있다면서 수백 개의 라벨에 '오해의 소지가 있다'라는 내용의 주석을 달아 공유나 댓글을 달 수 없도록 규제하거나 막아 비난을 받고 있다.

◇ 히피 정신의 구원자 일론 머스크

평화와 표현의 자유를 주장해 온 머스크가 우크라이나를 침공한 러시아를 비난하며 우크라이나에 무료 전기차 충전소 및 스타링크 인터넷 서비스를 제공하고 있다. 이는 러시아가 우크라이나의 인터넷을 차단해 우크라이나 국민과 군인들의 통신을 마비시키는 고립 작전을 방어한 것이다. 따라서 머스크는 스타링크를 통해 수천 대의 인공위성을 지구궤도에 띄워 우크라이나인들이 인터넷 서비스를 마음대로 활용할 수 있도록 돕고 있다.

남아공의 천재, 히피 정신의 서자 격인 테슬라의 일론 머스크가 미국으로 건너와 테크놀로지로 진정한 평화를 꿈꾸어 온 히피 정신을 왜곡하는 트위터를 상대로 전쟁을 선포한 뒤, 불과 7개월 만인 2023년 5월에 트위터를 자신의 손아귀에 완전히 집어넣었다. 그런 트위터는 X.com으로 새롭게 태어났다.

그러자 지금 미국에서는 실리콘밸리의 빅 테크 기업들과 월가를 중심으로 빅 머니 기업들, 그리고 그동안 트위터의 조력을 받아온 미국의 민주당 정부를 비롯한 전 세계 좌파 성향 정부들이 향후 히피 정신이 어떻게 구현될는지 마른침을 삼키면서 예의주시하고 있다.

4장
트럼프
'전 세계 부정선거 밝힌다!'

트럼프 대통령은 2020년 미국 대선에서
'부정선거'로 참패했다고 믿는다.

그는 아직도 당시 충격과
분노를 삭이지 못하고 있다.

트럼프 대통령은 출범과 함께 즉시
전 세계 부정선거를 밝히겠다고 벼르고 있다.

미리 준비한 카드로 강경 매파
'캐시 파텔'을 미연방수사국
FBI 국장으로 내정했다.

문제는 '대한민국의 부정선거'가
가장 심각하다는 것이다.

트럼프 2기
'전 세계 부정선거 다 밝힌다!'

◇ 트럼프, 강경 매파 FBI 국장 '캐시 파텔' 지명

도널드 트럼프 대통령은 특히 조 바이든 정부 때 자신을 가장 날카롭게 공격한 공직자 집단인 '딥스테이트(deep state: 숨은 권력 집단 또는 그림자 정부)의 핵심을 美 연방수사국(FBI)이라고 믿고 있다. 그는 1기 재임 기간에도 연방 공무원의 비밀 집단 딥스테이트가 자신의 국정 운영을 방해했다는 음모론을 줄곧 제기했다.

그러나 이번에는 아이러니하게도 트럼프 대통령 재임 시절에 직접 임명한 FBI 국장 크리스토퍼 레이 국장을 전격 해임하고 캐시 파텔(1980년생)을 지명했다. 캐시 파텔은 공화당 내 강경 매파로 전 국가안전보장회의(NSC: National Security Adviser) 및 국방부 장관 비서실장 출신이다. 캐시 파텔은 그간 트럼프를 수사 및 기소한 자들에게는 정치보복이 필요하다고 주장한 인물이다.

실제로 캐시 파텔은 자신이 2023년도에 출간한 저서 『정부 갱단(Governments Gangsters)』에서 "나는 입각하면 첫날 딥스테이트에 속했던 모든 인사들을 포괄적으로 청소할 것이다. 수천 명이 넘을 것이고, 그 누구도 그럴 용기를 내지 못했다. 하지만 나와 트럼프 대통령은 할 것이다"라고 강조했다.

◇ 캐시 파텔 '美 안팎의 부정선거 뿌리 뽑는다!'

FBI 국장 캐시 파텔은 "우리는 정부뿐만 아니라 각국 언론에서도 공범을 잡아낼 것이다. 미국 시민에게 거짓말을 한 자들과 바이든이 대선 부정선거를 조작하도록 도운 자들을 모두 찾아낼 것이다. 민형사상 책임을 물을 것이고, 법이 허용하는 최대 범위까지 기소할 것이다"라고 이미 그가 1년 전에 출간한 책에 밝혀 놓았다.

트럼프 대통령이 지명한 캐시 파텔이 미국 전역은 물론 전 세계에서 벌어지고 있는 부정선거를 모두 잡아내겠다고 공개적으로 선언했다. 이렇게 FBI가 미국 안팎에서 일어나고 있는 모든 부정 선거를 뿌리 뽑겠다고 나서자 지금 부정선거로 사태가 되고 있는 수많은 국가가 바짝 긴장하고 있다.

특히 캐시 파텔 FBI 국장 지명자는 전 세계에서 벌어지고 있는 부정선거의 배후를 가려내기 위해 오랫동안 직간접적 조사를 진행해 왔다. 먼저 미국 내 부정선거는 배후 딥스테이트의 묵인하에 '도미니언(Dominion)' 투개표기의 문제점을 겨냥하고 있다. 캐시 파텔 FBI 국장은 이미 트럼프 대통령이 당선될 것으로 예상하고 부정선거를 뿌리 뽑기 위한 사전 준비를 철저하게 준비해 온 것으로 밝혀졌다.

실제로 지난 2020년 11월 3일 미국 46대 대통령 선거에서 전자 개표기를 통한 부정선거 논란이 크게 확산했다. 지금도 미국 공화당 지지자 사이에서는 무려 80% 이상이 그 당시 대선을 부정선거로 보고 있다. 특히 미국에서 일어나고 있는 부정선거는 '도미니언 보팅 시스템'이라는 회사에서 납품받은 전자개표기를 통해 선거 조작이 조직적으로 진행됐다는 것이다.

트럼프 대통령은 2020년 46대 미국 대선은 압승하고도 남을 선거를 도미니언 전자개표기의 부정 사용으로 패배했다고 강조한다. 미시간주, 펜실베이니아주를 포함, 모두 30개 주에서 악용됐으며, 미시간주의 89개 카운티 중 47개 카운티에서 사용됐다.

특히 트럼프 대통령은 도미니언 투개표기가 전국적으로 270만 표 이상 자신의 표를 삭제했다고 강조한다. 또한 펜실베이니아주에서만 22만 표가 트럼프에서 바이든 표로 둔갑했으며, 여타 주에서도 43만 표가 트럼프에서 바이든으로 바뀌었다고 말하고 있다.

〈트럼프 후보의 표 19,000장이 순식간에 바이든 표로 그대로 넘어가는 장면이
CNN의 생방송 중에 그대로 노출되기도 했다.〉

전 뉴욕시장 '2020 美 대선 부정선거 분명하다!'

트럼프를 도와 부정선거를 주장해 온 줄리아니 전 뉴욕시장은 "도미니언 투개표기 사용자들이 펜실베이니아주 개표에서 공화당 참관인을 개표장 밖으로 내쫓고 내부적으로 10만 표 이상을 부정 계산한 증거를 갖고 있다"라고 밝혔다. 그러면서 "도미니언 내부에서부터 연속적으로 내부고발자가 나오고 있다고 강조했다.

이들 증언자에 따르면 미국 부정선거에서 첫 번째는 도미니언, 두 번째는 우편투표 방식으로 계획적인 부정을 저질렀다는 충격적인 증언이 나왔다. 특히 이들 증언자는 "도미니언으로 투표 결괏값을 조작해도 트럼프를 따라잡지 못하면, 새벽 4시에 부정한 우편 투표지를 투입해 막판에 역전시킨다는 전략이었다"라고 자백했다.

〈뉴욕 남부 연방검사 출신인 줄리아니 전 뉴욕시장이 2020년 11월 미국 대선에서 부정선거를 조작한 내부고발자가 있다면서, 미국 대선의 부정선거에 중국 세력이 개입했다는 다양한 정황이 나오고 있다고 밝혔다.〉

미시간주의 웨인 카운티에서만 도미니언의 부정행위를 폭로한 234페이지의 진술서도 확보한 것으로 알려졌다. 트럼프 대통령의 둘째 아들 에릭 트럼프는 트위터를 통해 위스콘신주에서도 개표 시스템을 이용한 부정행위가 발견되었으며, 재검표 중에 트럼프 표 19,500표가 바이든에게 집계된 것도 잡아냈다는 글을 올렸다.

◇ 도미니언 매뉴얼 '부정선거 기능 탑재' 충격

줄리아니 전 뉴욕시장 등 미국 대선 부정선거를 주장하는 트럼프 측 인사들은 도미니언 전자개표기 투표 시스템의 매뉴얼에서 충격적인 부분이 발견되었다고 주장했다. 이는 아무것도 표시되지 않은 빈 투표용지에 대해 접근권한이 있는 운영자가 필요에 따라서 기표를 할 수 있도록 하고, 이것을 다시 카운팅할 수 있도록 만든 것이다.

무수히 많은 영상에서 미시간과 펜실베이니아주의 개표소 현장에서 바이든 후보에 기표하는 참관인의 영상이 찍힌 것도, 결국 매뉴얼에 따라 일사불란하게 행해진 것이라는 주장이 설득력을 얻는 대목이다. 펜실베이니아주 정부가 의도적으로 허술한 장치를 만들도록 유도한 다음, 개표소에서 특정 후보가 표를 많이 받을 수 있도록 조작이 가능한 환경을 만들어 줬다는 것이다.

그렇지 않아도 펜실베이니아주는 공화당 쪽 참관인이 개표장에 들어오지 못하게 막아 위헌의 소지가 분명한 지역이다. 게다가 이는 부정선거를 획책하기 위한 것이란 의혹을 받고 있다.

트럼프
'美 46대 부정선거 분노 못 참아!'

◇ 미국 46대 부정선거 '1800년생 죽은 자도 선거'

트럼프 대통령은 마지막 선거 유세에서 "2020년 11월 3일(미국 대통령 선거일)에 일어났던 부정선거에 대한 분노를 지금도 참지 못하고 있다"라고 밝혔다. 이번 47대 대선에서 선거 부정을 막기 위해 사전에 치밀한 계획을 세웠으며, 자신이 지난 정부 때 임명한 크리스토퍼 레이를 해임하고 강경 매파인 캐시 파텔을 전격 지명해 그동안 미국 안팎에서 일어난 부정선거를 완전히 뿌리 뽑겠다고 벼르고 있다.

실제로 46대 미국 대통령 선거 당시 버지니아주에서만 약 50만

장의 가짜 부재자 투표지가 신청되었다던 것으로 밝혀졌다. 이에 대해 버지니아주 선거 당국은 인쇄 오류라고 변명했다. 또 오하이오주에서도 약 5만 장의 투표지가 잘못 배달되었다. 이에 이사회는 심각한 실수라며 사과했다. 이밖에 뉴욕에서 투표지 10만 장이 잘못 배달된 사건 등이 정리되어 있다.

그러나 이와 같은 사건들에 대해 주 선관위는 계획적으로 사기를 치기 위해 행해졌다는 근거는 없었다고 둘러대고 있다. BBC도 이런 사건들은 개별적이며 우편투표는 안전히 시행된 것으로 보인다고 보도했다. 하지만 트럼프 대통령은 "이와 같은 행위를 절대로 간과하지 않겠다"라고 반격했다.

무엇보다 펜실베이니아주 공개데이터 포털에서는 이미 사망한 1800년생, 1850년생, 1854년생 사람들의 투표가 다수 발견되었다. 그 외 지역들에서도 약 1,200명 정도의 사망자 투표가 발견되었다. 이렇게 2020년 당시 미국 대선은 부정선거로 얼룩져 있다. 트럼프 대통령은 결국 대선에 불복한 연방의회 난동범의 주동자로 몰려 거의 죽을 고비를 넘기며 47대 대통령에 당선됐다.

트럼프가 주동자로 몰린 대선 불복 연방의회 난동 사건은 지금도 재판에 계류 중이다. 2024년 대선 유세 기간에 조 바이든이 이를 문제 삼아 트럼프를 구속하려고 여러 번 시도했다. 하지만 연방 대법원이 받아들이지 않았다. 하지만 그 당시 의사당 난입 사건을 일으킨 트럼프 지지자들 가운데는 지금도 그 문제로 많은 사람이 구속돼 있다. 트럼프는 "이제 그 한을 풀 시간이 됐다"라고 강조한다.

◇ 트럼프, 대선 불복 의회 난동범 '취임 즉시 사면'

트럼프 대통령은 패배한 2020년 대선 결과에 불복하며 연방의회 의사당에 난입한 이른바 '1·6 사태' 관계자 대부분 취임 즉시 사면하겠다고 밝혔다. 트럼프는 2024년 11월 12일(현지 시각) 시사주간지 타임과의 인터뷰에서 "1·6 사태 피고인 모두 사면하기로 했느냐"는 질문에 "그렇다"라고만 짧고 분명하게 대답했다.

트럼프 대통령은 "피고인 전부를 사면할 것이냐?"라는 재확인 질문에 "케이스 바이 케이스(case-by-case: 사안별)로 할 것"이라면서 이어 '1·6 사태 관여자 중 폭력행위를 자행한 사람도 사면 대상에 포함할 것이냐?'라는 질문에 "우리는 개별 사례를 살펴볼 것이고, 매우 신속히 진행할 것이라며 취임 후 한 시간 안에 (사면을) 시작할 것"이라고 답변했다.

〈트럼프 대통령이 뉴저지 유세 중에 저격을 당했다. 총알이 귀를 스쳐 지나가 생명에는 지장이 없었으나 얼굴이 피로 물들었다. 사람들 이를 두고 신이 개입한 사건이라고도 말한다.〉

그러면서 "그들 중 대다수는 감옥에 있어서는 안 된다"라며 "그들은 중대한 고통을 겪었다"라고 말해 1·6 사태 관계자 대부분을 사면할 것임을 시사했다. 1·6 사태는 2020년 대선을 부정선거로 규정하며 결과에 불복한 트럼프 진영의 일부 극렬 지지자들이 2021년 1월 6일 조 바이든 대통령에 대한 당선 인증 절차를 저지하려고 워싱턴 DC 연방의회 의사당에 불법적으로 난입한 사건이다.

◇ 트럼프 최측근 부정선거 자문하러 '한국 방문'

한편 47대 미국 대선 유세 기간인 2024년 7월에 트럼프 대통령의 최측근 인사들이 대한민국을 직접 방문했다. 그리고 이들은 서울 웨스틴 조선호텔에서 머물면서 한국인 부정선거 전문가들을 비밀리에 면담했다. 그 당시 트럼프 후보 측근들은 미국 대통령 선거에서 부정을 막기 위해 부정선거로 주목받은 한국 전문가의 자문을 구하고 돌아갔다.

실제로 트럼프 대통령의 최측근인 스티브 에이츠와 프레드 플라이츠 등이 그 당시 대한민국을 찾아와 한국의 부정선거 전문가인 박주현 변호사와 윤용진 변호사를 만나서 자문을 구한 것이다. 에이츠는 마가 운동의 싱크탱크인 미국 우선주의 정책연구소의 중국 정책구상 의장이다. 플라이츠는 미국 우선주의 정책연구소 부소장이다.

또 트럼프 대통령 측근들과 면담한 한국 측 인사인 박주현 변호사는 한국 보수 운동 연합(KCPAC) 대표이자 전 청와대 특별감찰담당관을 지냈다. 그리고 윤용진 변호사이다. 이들 두 사람은 우리에게 너무나도 잘 알려진 그 유명한 부정선거 무효 소송변호인들이다. 트럼프 대통령 측 인사들은 대한민국에서 일어났다고 주장하는 부정선거와 관련한 다양한 사례를 모두 청취하고 돌아갔다.

그리고 트럼프 후보는 이들이 보고한 사례를 바탕으로 47대 대선에서 바이든이 부정선거를 획책하지 못하도록 이들이 제안한 내용을 토대로 무려 6,500명의 선거 전문 변호사단을 꾸려서 美 전역 개표소에 배치해 부정선거는 엄두도 내지 못하게 만들어 버린 것이다.

따라서 트럼프 대통령이 이번 대선에서 부정선거를 사전에 차단하고 압승을 거둔 것이다. 이렇게 트럼프 대통령은 부정선거로 패배한 46대 대선을 와신상담하면서 성공을 이뤄낸 것이다. 그리고 마침내 전 세계 부정선거를 뿌리 뽑겠다고 예비해 온 강경 매파 캐시 파텔을 美 연방수사국(FBI) 국장으로 지명한 것이다.

FBI '미국 밖
부정선거도 모두 뿌리 뽑겠다!'

◇ 전 세계 부정선거 숙주가 된 '대한민국'

세계는 특히 코로나가 창궐했던 시기에 전 세계적으로 부정선거가 횡행하면서 몸살을 앓았다. 그런데 세계적으로 한가지 공통점은 부정선거의 피해를 부르짖고 있는 측은 우파정당이다. 반면 부정선거를 저질렀다고 범인으로 지목을 받고 있는 정당은 한결같이 전 세계적으로 좌파 성향의 정당인 것으로 나타나고 있다. 따라서 전 세계의 부정선거를 획책하는 모종의 거대세력이 있는 것으로 추정된다.

하지만 국가마다 부정선거 의혹을 받고 있는 좌파 세력은 부정선거를 전면 부인하고 있다. 그러면서도 부정선거 의혹 주장을 완전히 불식시킬 투표함 재검을 전면 부정하고 있어 선거 부정 의혹을 더욱 부추기고 있다. 이들 중에서도 특히 민주주의 선진국임을 자타가 공인하는 대한민국에서 매우 희한한 일들이 벌어지고 있다.

부정선거 의혹이 전 세계적으로 강하게 제기되고 있는 가운데, 이에는 전 세계 선거 '관리체제(Regime)'가 있는 것으로 드러났다. 그런 관리체제에 대한민국이 숙주로 활동하고 있다는 것이 밝혀져 충격을 안겨주고 있다. 참으로 이런 현상이 진실로 드러난다면 이는 참으로 부끄럽고 치욕스러운 일이 아닐 수 없다.

◇ 美 연방수사국(FBI) '세계가 부정선거로 얼룩'

트럼프 2기 FBI 국장으로 지명된 강경 매파인 캐시 파텔은 "자유민주주의를 훼손하는 부정선거가 비단 미국뿐만 아니라 전 세계적으로 횡행하고 있다"라며 "부정선거는 인류를 부패와 독재로 몰아가는 지름길이기 때문에 반드시 없애야 한다"라고 주장했다.

그러면서 "현재 미국 밖에서는 심지어 부정선거로 내전까지 치르며 자유민주주의를 지키기 위해 무수한 사람들이 피를 흘리고 있다"라면서 FBI는 이번에 미국 밖에서 벌어지고 있는 부정선거도 완전히 뿌리 뽑겠다"라고 강조했다. 그렇다면 미국 밖에서도 부정선거를 뿌리 뽑겠다고 공표했는데, 이는 어느 나라를 겨냥할까?

〈트럼프는 자신에게 반기를 드는 '딥스테이트(deep state)의 핵심을 전(前) FBI라고 보고 있다. 그는 자신이 임명했던 크리스토퍼 레이 국장을 전격 해임하고 강경 매파 캐시 파텔을 지명했다.〉

특히 지난 46대 대통령 선거에서 트럼프 후보가 압도적으로 앞서 나가다 새벽 두 시가 지나면서 갑자기 역전당해 분노를 참지 못하고 결국 트럼프 지지자들이 부정선거를 외치면서 의회를 점거하고 난동을 부리는 사태가 벌어졌다.

◇ 트럼프 대통령 '좌파 언론과 전쟁 선포했다!'

실제로 트럼프 대통령이 가짜뉴스(fake news)를 퍼뜨리는 좌파 언론과 전쟁을 선포했다. 극단적 편향성을 보이면서 특정 정치세력과 결탁해 거짓 뉴스를 마구 퍼뜨리는 좌파 언론들이 대상이다. 첫 번째 타깃으로 지난 대선 기간 중 여론조사를 조작해 발표한 신문사가 지목됐다. 트럼프 2기 행정부 내내 진행될 좌파 언론과의 전쟁은 특히 대한민국에서 절실히 필요하다.

2024년 12월 16일 트럼프 대통령의 한 측근은 "이번 대선 기간에 가장 악랄하게 여론을 조작한 미국 내 여론조사기관과 이를 뉴스로 보도한 신문사를 고소했다"라고 밝혔다. 그러면서 "트럼프 대통령은 이날 해당 여론조사기관의 관할지인 아이오와주 폴크 카운티 법원에 디모인 레지스터와 소유주인 개닛, 여론조사기관인 셀츠인 컴퍼니 대표 제이엔 셀츠를 불법 선거 개입과 사기 혐의로 고소했다"라고 말했다.

이날 트럼프 대통령 측에 따르면 피고들은 패배한 민주당 후보 카멀라 해리스를 위해 뻔뻔한 선거 개입을 저질렀다면서 이들은 선거 기간 내내 대선 여론조사에서 (실제로 해리스가 지고 있는) 해리스가 이기고 있다는 가짜 여론조사를 보도했다. 그리고 선거

직전까지도 해리스가 아이오와주에서 3%포인트 앞서고 있다는 가짜뉴스를 내보면서 선거에 개입하려고 했다고 지적했다.

〈트럼프 대통령이 2024년 12월 16일 지난 대선 기간 내내 가짜뉴스를 통해 자신을 괴롭힌 언론 매체를 고소했다. 특히 아이오와주 지역 신문인 디모인 레지스터가 심각한 가짜뉴스로 선거에 개입했다면서 아이오와주 폴크 카운티 법원에 소송을 제기했다.〉

트럼프 대통령은 이 신문이 대선 사흘 전 내놓은 여론조사 결과를 문제 삼았다. 당시 디모인 레지스터는 '공화당 텃밭'인 아이오와에서 민주당 카멜라 해리스 후보가 47%의 지지율로 트럼프(44%)에 오차범위 안에서 역전했다고 보도했다. 하지만, 실제 아이오와의 선거 결과는 트럼프가 13%포인트 이상 압승이었다. 이 때문에 이 여론조사 결과는 2024년 미 대선에서 최악의 분석 사례로 꼽혔다.

트럼프 대통령은 이를 두고 "내 생각에 이건 사기이자 선거 개입"이라고 주장하며 "오늘이나 내일 이 언론사를 상대로 대규모 소송을 제기할 것"이라고 했다. 그 당시 여론조사는 유명 전문가 J. 앤 셀저가 대표인 셀저 앤드 컴퍼니가 공동 진행했다. 지난 2016년과 2020년 대선에서도 트럼프가 승리한 아이오와에서 해리스가 역전할 수 있다는 예측 결과는 커다란 파장을 일으켰다. 실제 결과는 딴판이었고 셀저는 업계를 은퇴한다고 선언했다.

트럼프 대통령의 고소에 대해 디모인 레지스터는 "분석상의 실수가 있었다"라고 인정하면서도 "보도 자체엔 문제가 없고, 소송을 할 만한 사안도 아니다"라고 뻔뻔스럽게 반박했다. 그러나 트럼프 대통령은 "언론을 바로잡아야 한다"라며 "편향적인 태도를 보여온 매체를 상대로 소송을 계속 제기하겠다"라고 강조했다. 트럼프 대통령은 자신에게 비판적인 보도를 한 CNN·뉴욕타임스·워싱턴포스트·CBS 등 여러 언론사에 소송을 낸 전례가 있다. 당시 CNN 등 해당 언론사들은 오랜 시간이 걸리는 재판 동안 법적 비용을 감당하면서 곤욕을 치렀다.

앞서 2024년 12월 14일엔 트럼프로부터 소송을 당한 미방송 ABC가 법적 다툼을 종결하는 대가로 트럼프 측에 1,500만 달러(약 215억 원) 합의금을 지불하기로 했다. 또한 2024년 3월 ABC 앵커인 조지 스테파노 폴로스는 방송에서 "트럼프가 강간으로 유죄 판결을 받았다"라고 말했는데, 트럼프 측은 "법원에서 강간이 아닌, 성추행 혐의만 인정됐다"라며 방송사와 앵커에게 명예훼손 소송을 제기한 상태다.

한편 우리나라 대한민국에서도 이와 같은 사례는 수도 없이 나타나고 있다. 최근 윤석열 대통령이 비상계엄을 선포했다는 이유로 야당이 발의한 국회 탄핵소추안이 가결되기 전인 2024년 12월 12일 대국민담화를 하는 동안에 "마지막 순간까지 국민 여러분과 함께 싸울 것이다"라고 강조했다.

그런데 우리나라 대표적인 좌파 쓰레기 언론 MBC는 이를 "마지막 순간까지 국민 여러분과 싸울 것이다"라면서 '함께'라는 말을 빼버리고 마치 윤석열 대통령이 국민과 싸우겠다는 뜻으로 왜곡한 것이다. 이게 진짜 대한민국의 언론인지 묻고 싶다.

한 언론 전문가는 "이제 대한민국에서도 심각한 가짜뉴스를 보도하는 언론 매체나 여론조사를 왜곡하는 기관은 시민단체 등이 나서서 고발해야 한다"라면서 "우리나라만큼 언론이 특정 정당에 편향적인 사례는 찾아보기 어렵다"라고 지적했다.

◇ 화들짝 놀란 대한민국 선관위 보도자료 냈다!

한편 2024년 12월 14일 윤석열 대통령이 대국민담화를 통해 선거 부정 가능성에 대해 전산시스템의 허술함을 지적했는데, 화들짝 놀란 중앙선거관리위원회는 보도자료를 통해 "윤석열 대통령을 강력히 규탄한다"라고 발 빠르게 진화에 나섰다.

그러자 네티즌들은 "중앙선관위(노태악 위원장)가 부정선거 투표함 개표는 헌법을 어기면서까지 뭉갰는데, 어찌 이번에는 그렇게도 빠르게 보도자료를 낸 것인지 도무지 이해가 안 된다"라며 "아무래도 도둑이 제 발 저린 모양인가? 'ㅋㅋ'"라며 냉소를 쏟아냈다.

중앙선관위는 또 "부정선거에 대한 강한 의혹 제기는 자신이 대통령으로 당선된 선거관리 시스템에 대한 자기부정과 다름없다"라고 거의 발작이나 하듯이 격한 반응까지 보였다. 그러면서

"하지만 선거 시스템에 대한 해킹 가능성이 있다고 하더라도 현실의 선거에 있어서 부정선거로 이어지는 건 아니다"라고 변명을 늘어놨다.

선관위에 따르면 기술적 취약함이 실제 부정선거로 이어지려면 다수의 외부 조력자가 조직적으로 가담해 시스템 관련 정보를 해커에게 제공하고, 위원회 보안관제 시스템을 불능상태로 만들어야 한다. 수많은 사람의 눈을 피해 조작한 값에 맞추어 실물 투표지를 바꾸어 치기 해야 하므로 사실상 부정선거는 불가능한 시나리오라는 것이다.

그렇다면 선관위는 무엇이 구려서 여당 국민의힘 의원을 빼버리고 나머지 더불어민주당과 야권 정당 의원들만 불러서 비공개 간담회를 개최했단 말인가. 도대체 무엇 때문에 이런 식의 간담회를 했는가? 여당을 빼고 야당만 불러, 그것도 비공개로 간담회를 개최한 저의가 무엇인지 해명하라. 무엇보다 부정선거에 대한 정황은 물론 물증까지 차고 넘치는데, 선관위가 이를 뭉개버린 것이 아닌가.

한국산(産) 투개표기로
'전 세계가 부정선거!'

◇ 대한민국이 만든 세계 선거기관 'A·WEB'

미국 FBI가 말하는 글로벌 부정선거는 세계 선거기관 연합 'A·WEB(Association of World Election Bodies)'을 지칭한다. 그런데 이 기구를 대한민국이 만들었다는 것을 아는 사람은 관련자들 외에는 거의 없다. 이는 대한민국 중앙선거관리위원회가 2010년 제안해 2013년 출범한 '범세계 선거연합 기구'이다.

'모든 사람을 위한 민주주의 성장'을 슬로건(slogan)으로 하여 회원국에 선거 기술과 장비를 지원하고 회원국 선거관리자들에 대한 교육사업을 담당하고 있으며, 인천시 송도에 본부를 두고 있다.

이는 한국 정부 공적 개발 원조사업 예산으로 외국 선거를 지원하는 셈이다. 현재 118개 국가가 회원으로 가입되어 있다. 최근 선거 부정이 터진 나라가 모두 이 기관 'A·WEB'이 관련돼 있다. 따라서 우리 대한민국 국민에게는 여간 수치스러운 일이 아닐 수 없다.

〈지난 2023년 인천 송도에서 개최된 A·WEB 창립 10주년 콘퍼런스에서 회원국 인사들이 모여서 올바른 선거관리를 위한 대책을 논의하고 있다.〉

전 세계 부정선거 온상이 되고 있는 'A·WEB'은 2000년 초반 김대중 정부 때 이해찬이 출발시켰다. 이후 우리도 전자투개표를 시작했다. 선거 기계를 만드는 회사로부터 납품을 받으며 점점 확대해 나갔다. 그리고 납품을 받은 전자투개표기를 대한민국이 전 세계에 봉사 차원에서 저개발 국가들에 지원해 온 것으로 알려졌다.

그런데 납품은 주로 저개발 국가에서 받았다. 이렇게 해서 대한민국이 지원해 준 국가가 20개가 넘는다. 이들 국가가 최근 5년간 'A·WEB'에서 지원하고 한국산 투개표기를 구매한 뒤 부정선거 시비가 터져 혼란이 일고 있는 나라들이다. 다음은 일부 및 전액 한국 투개표기를 지원해 준 국가들이다.

◇ 대한민국이 전자투개표기 지원한 국가

모잠비크 대선(2024)/ 가봉 대선(2019)/ 우간다 대선(2021)/ 이라크 총선(2018)/ 도미니카공화국 부정선거(2012)/ 벨라루스 대선(2020)/ 베네수엘라 대선(2018/ 2024)/ 이집트 대선(2012/ 2019/ 2024)/ 파키스탄 총선(2024)/ 모잠비크 대선(2024)/ 에티오피아 총선(2019)/ 미얀마 총선(2020)/ 르완다 대선(2024)/ 탄자니아 대선(2020) 등은 일부 지원 국가들이다.

하지만 콩고민주공화국 대선(2024)/ 루마니아 대선(2024)/ 엘살바도르 대선(2024)/ 키르기스스탄 대선(2020)/ 볼리비아 대선

(2020)/ 에콰도르 대선(2017) 등은 전액 지원 국가로 분류된다.

이들 국가 중에서 콩고민주공화국은 2018년부터 부정선거 시비로 골머리를 앓아오다 마침내 2024년 대선에서 부정선거 시비가 불거져 지금까지도 내전을 치르고 있다. 한국이 지원해 준 A·WEB에 분노한 콩고민주공화국은 부정선거를 주장하는 조직들이 부패한 이따위 기계를 사용하느냐면서 8,000기를 부숴버렸다.

또 루마니아 대통령 선거는 루마니아 헌재에서 무효를 선언했다. 그리고 재투표를 지시했다. 엘살바도르 대선은 지금도 부정선거로 폭동이 진행되고 있다. 키르기스스탄 대선은 부정선거로 뒤집혔다. 키르기스스탄 대통령이 윤석열 대통령과 정상회담을 하러 왔다 간 뒤, 바로 그날 계엄령을 선포한 것이다.

볼리비아 2020년 대선도 부정선거 시비로 현재 암살과 폭동, 폭행 등이 일어나고 있다. 에콰도르 대선도 부정선거로 집권한 정당이 지금 철권 통치를 하고 있으며 시위는 계속되고 있다. 이처럼 자랑스러운(?) 대한민국이 만든 A·WEB이 지원하는 전 세계 국가들이 현재 부정선거로 내전과 폭동으로 몸살을 앓고 있다.

그런데 한국이 지원해 준 한국산 투개표기로 선거를 치른 뒤 수많은 국가가 부정선거로 아비규환인데, 미국의 FBI가 'A·WEB' 기구를 손보지 않을 수 있을까? 전 세계가 이 지경인데도 중앙선거관리위원회(위원장 노태악)는 우리가 만든 A·WEB에서 사용한 전자투개표기에 대해 절대로 손 못 되게 하는 이유가 무엇인지 말하라.

전 세계 웃음거리가 되지 않기 위해 미국 FBI가 이 기구(A·WEB)에 대해 문제를 제기하기 전에 우리가 먼저 나서 무엇이 문제인지 확인해야 한다. 이번 윤석열 대통령의 계엄령에 대해 민주주의 운운하면서도 이보다 몇 배나 엄중한 사실인 부정선거에 대해서는 국민의 권리를 막는다면 이는 결코 민주주의가 아니다.

미국이 먼저 부정선거가 밝혀진 나라의 투개표기를 확인하고 한국도 확인하자고 할 것이다. 그때도 선관위가 버틸 수가 있을까? 만약 한국 선관위가 응하지 않으면 미국은 대한민국을 상대로 금융제재를 해올 것이 분명하다. 그러면 대한민국의 경제는 나락으로 떨어지게 된다. 그때는 우리 국민이 이를 두고 볼 수 있을까? 그런데도 선관위가 버틴다면 전 국민이 들고일어나 물리력을 행사할 수밖에 없다.

한편 선거관리 분야 최대 국제기구인 세계선거기관협의회
(A·WEB)가 10년 만에 한국에서 집행이사회를 열었다. A·WEB
은 지난 2024년 3월 20일 송도국제도시 내 쉐라톤 그랜드 인천
호텔에서 제12차 집행이사회를 개최했다.

집행이사회는 모든 대륙의 선거관리 기관을 포함하고 있으며
A·WEB 정책과 운영 전반에 관한 의사결정을 담당한다. A·WEB
집행이사회가 국내에서 열리는 것은 2013년과 2014년에 이어 세
번째다. 이번 회의에는 A·WEB 의장단과 16개국 집행 이사 기관
이 참석해 선거관리 우수기관 선정과 헌장 개정 등의 안건을 다루
었다니 코웃음이 절로 나온다.

한국産 투개표기로
부정 선거한 나라들!

◇ 이라크 2018년 총선

-한국 미루시스템즈의 전자개표기 사용

-전자개표기 결과와 수작업 개표 결과 간 최대 12배 차이 발생

-재검표 실시 후 많은 당선자 변경

◇ 콩고민주공화국(DR 콩고) 2018년 대선

-한국산 전자투표기 사용

-부정선거 의혹으로 유혈 폭동 발생

〈2018년 콩고민주공화국이 한국산(産) 투개표기로
부정선거를 저질러 폭동 사건이 발생했다.〉

◇ 키르기스스탄 2020년 총선

-한국산 선거 장비 사용

-부정선거 논란으로 대규모 시위 발생

-선거 결과 무효화 및 대통령 사임

◇ 엘살바도르, 볼리비아, 남아공, 벨라루스 선거

-한국산 전자개표기 사용

-각국에서 부정선거 논란 발생

이러한 사례들은 한국산 전자개표기 및 투표시스템이 해외 선거에서 부정선거 의혹을 불러일으키는 중심에 있었음을 보여주고 있는 대표적인 사례다.

선관위
'부정선거 개표 조사 왜 막고 있나?'

◇ 선관위, 감사원 요청에 "소쿠리투표 자료 못 줘"

〈중앙선거관리위원회가 감사원의 직무감찰 자료요청을 거부했다. 사진은 2022년 7월 4일 선거 자문 위원회 회의에서 노태악 중앙선관위원장(가운데)과 위원들이 국기에 경례하고 있다.〉

◇ 부정선거 정황 및 물증 수없이 많이 나왔다!

첫째 선관위의 주장대로 부정선거를 저지르기 위해서는 내부 조력자가 필요하다고 했는데, 선관위의 말대로 내부 조력자가 결단코 없다고 할 수 있느냐? 그렇다면 국민이 믿을 수 있는 위원회를 구성해 전자 시스템을 전수 조사하면 된다. 그런데 조사는 거부하면서 왜 내부 조력자는 없다고 주장하는지, 이는 설득력이 전혀 없다.

둘째 보안 시스템을 불능상태로 만들어야 한다고 주장하는데, 이미 국정원에서 직접 시도해 본 결과 누구든지 쉽게 불능상태로 만들 수 있다고 밝혀내지 않았느냐? 그것도 객관성이 있는 전문가를 동원해 선관위가 직접 입회한 상황에서 실험한 것이 아닌가.

셋째 조작한 값에 맞추어 실물 투표지를 바꾸어 치기 해야 하므로 사실상 불가능한 시나리오라고 주장한다. 그런데 4·15총선 부정선거를 주장한 인천 미추홀구 민경욱 전 의원이 제기한 부정선거 개표함에서 실물 투표지와 다른 투표지가 수없이 나오지 않았는가?

이밖에 투표용지의 색깔이 서로 다른 것이 다수 발견됐다. 또 참관인의 도장이 한 투표소에서 다른 도장이 찍혀있는 것도 나왔다. 무엇보다 투표 개표함에 봉인지가 뜯어져 있는 데도 문제가 없다는 게 선관위의 작태다. 이러한 부정선거 의혹이 엄청나게 쏟아져 나왔다. 그러나 선관위는 문제가 없다면서 모두 덮어버렸다.

◇ 투표용지가 선관위 규정 지와 완전히 다른 '배춧잎?'

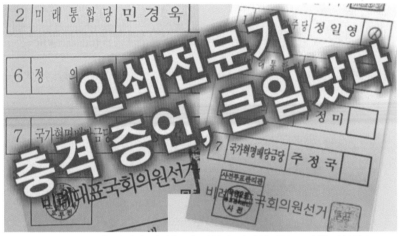

〈2020년 415 총선에서 민경욱 전 의원이 부정선거를 주장한 미추홀구 재개표함에서 나온 속칭 '배춧잎 투표지'이다. 이는 투표지 하단이 배춧잎처럼 파랗게 물들어 있어 나온 말이다.〉

하지만 중앙선관위(위원장 노태악)는 이것마저도 부정선거 법적 개표기일인 6개월을 훨씬 넘긴 1년 6개월이 지나서야 (그동안 어떤 조작을 했는지 모르지만) 민경욱 전 의원이 제기한 인천 미추홀구 투표소를 재개표했다. 선거법에는 재개표를 요구하면 6개월 이내에 재개표를 하기로 돼 있다. 하지만 선관위는 무슨 짓을 하려고 했는지 이토록 오랜 시간을 끌다가 개표를 한 것이다.

그런데 그 당시 민경욱 전 의원의 지역구 재개표함에서는 심지어 '배춧잎 투표지(배춧잎처럼 하단이 푸른 용지)', '형상기억 종이(접어서 넣었는데 마치 새 돈처럼 빳빳한 용지)', '참관인 도장이 다른 용지', '규격이 다른 투표용지' 등 의심스러운 사진과 자료들이 마구 쏟아져 나왔다.

그러나 대한민국 제지업계에서는 투표용지가 하단이 푸르거나, 접어서 넣은 용지가 새것처럼 빳빳해지는 형상기억 종이는 존재하지 않는다고 주장한다. 누구의 말이 옳으며, 누가 거짓말을 하고 있는지 이것도 조사하면 명확한 답이 나온다. 그런데 선관위는 왜 조작하거나 바꾸어 치기 한 것이 없다고 주장하는지 국민은 그것이 알고 싶다.

이처럼 선관위가 불가능하다고 주장하는 일들이 전부 현장에서 사실로 나타나고 있다. 그래서 부정선거를 주장하는 우파 국민은 재개표를 통해 이를 점검하자고 외치고 있다. 그런데도 선관위가 우파 국민의 알권리를 외면하는 이유가 무엇인지 궁금하다. 부정선거를 선관위가 직접 획책하지는 않았다는 말로만 이 중차대한 일들을 덮어두고 갈 수 있느냐? 무엇보다 수많은 국민이 여전히 부정선거를 의심하면서 그 진실을 알고 싶어 외친다. "투표함 까보자! 서버도 까보자!" "전자투개표기도 까보자!"

하지만 국민의 알권리를 애써 묵살하고 넘어가려는 선관위의 태도에는 뭔가 석연치 않은 점이 있다. 선관위의 주장처럼 부정선거가 있을 수 없고, 게다가 떳떳하다면 무엇이 구려서 이 간단한 조사를 하지 못하도록 막는단 말인가? 얼마나 다급했으면 윤석열 대통령이 부정선거 의혹을 조사해서 밝히지 않으면 자유민주주의 대한민국이 바르게 설 수 없다면서 대국민담화를 통해 피를 토하는 심정으로 호소를 한 것인가?

윤석열 대통령이 주장하는 것처럼 대한민국에 부정선거가 이렇게 만연해 있는데도 이를 밝혀내지 못한단 말인가? 선거관리위원회 위원장(노태악)이 현직 대법관이다. 따라서 여기에다 검찰이 압수수색 영장을 청구할 수 있을까? 낼 수도 없지만 낸다고 한들 이들이 모두 한통속인데 수색영장을 발부해 줄까? 발부해 줄 리 만무하다는 것은 모두가 알고 있다.

한편 무엇보다 미국 FBI가 미국 안팎에서 일어나고 있는 전 세계 부정선거를 철저히 조사해서 모두 발본색원하겠다고 나섰다. 이런 가운데 선거관리위원회에 다녀온 민주당 의원들이 "선관위가 하도 부정선거라고 해서 일을 못 하겠다"라고 하더라면서 "향후 부정선거라고 말하는 사람을 처벌하는 법을 만들어야 할 필요가 있다"라고 주장했다. 이제는 표현의 자유까지 막겠다니야! 너희가 공산주의자냐?

그래서 정치전문가들과 법률가들은 "지금 대한민국의 부정선거 의혹은 매우 심각한 상황"이라면서 "마치 고양이(더불어민주당과 선거관리위원회: 위원장 노태악)에게 생선가게(자유민주주의)를 맡겨 논 형국"이라고 주장한다.

그러면서 "현재 대한민국에서 만연하고 있는 부정선거를 온 국민이 뿌리 뽑자고 주장하는데도 선관위가 조속히 이에 대해 어떤 이해할만한 조처하지 않는다면 이제는 대한민국의 자유민주주의를 지키기 위해 국민이 들고일어나는 수밖에 달리 방법이 없다"라고 강조한다.

중앙선관위
4·15 부정선거 의혹 '뭉갰다!'

◇ **2020년 4·15 총선 '부정선거 의혹과 실태'**

지난 2020년 4월 15일 대한민국에서는 국회의원 총선거가 치러졌다. 그날 밤부터 새벽까지 개표된 선거 결과는 당시 '국민의힘 당이 박빙으로 조금 앞설 것'이라는 각종 여론조사의 예상을 완전히 뒤집었다. 더불어민주당이 170석 넘는 의석을 확보함으로써 거대 야당으로 탄생하는 믿기지 않은 일이 벌어졌다. 특히 수도권에서는 거의 싹쓸이하다시피 더불어민주당이 절대다수 의석을 차지했다.

무엇보다 서울지역에서는 이튿날 새벽까지 국민의힘이 근소하게 앞서던 40여 석이 모두 더불어민주당으로 넘어가는 전례 없는 이변이 발생했다. 당시 거의 국민의힘이 소폭으로 앞서가던 개표가 모두 더불어민주당 후보의 당선으로 끝났기 때문이다. 적어도 '50 대 50' 정도의 결과가 나오는 것이 일반적이었다. 여기저기서는 부정선거라는 말들이 쏟아져 나왔다.

실제로 당일 개표에서 부정선거 개연성이 가장 높은 사건은 충남 부여에서 터졌다. 부여지역 개표에 사용된 투표지 분류기에 오류가 있다는 진술이 나왔다. 2020년 4월 15일 충남 부여경찰서에 따르면 4·15 총선 당일 투표용지를 찢은 혐의(공용서류무효, 공직선거법 위반)로 부여군 선거관리위원회 관계자 2명이 고발됐다. 그들은 최근 경찰에서 "오류 출력된 개표 상황표를 기술협력요원(민간인 지원 인력)이 찢고 새로 출력해 오류를 정정한 사실이 있었다"라고 진술했다.

이들은 또 "분류기로 개표 작업을 하던 중 부여군 옥산면 지역 투표용지 집계에 오류가 있었다"라고도 밝혔다. 따라서 당일 개표 과정에서 서류를 찢은 정황이 확인되자 8개월 뒤인 2020년 12월 24일 김소연 변호사 등이 이를 경찰에 고발했다. 과연 4·15 총선 당일 부여지역 개표소에서는 무슨 일이 일어났던 것일까.

당시 보도 및 고발된 내용과 선관위 주장 등을 종합하여 그때 상황을 재구성해 본다.

4·15 총선 '투표지 분류기 오류' 확인됐다!

◇ "재분류 뒤 처음 개표 상황표 찢어버린 건 확실"

이 사건은 지난 2020년 21대 4·15 총선 당일 충남 부여군 부여 유스호스텔에서 진행된 개표 과정에서 발생했다. 옥산면 지역 개표 과정에서 사전선거 투표용지 415장을 투표지 분류기로 분류한 결과 기호 1번 더불어민주당 후보로 분류된 득표함에 기호 2번 국민의힘 정진석 후보의 표가 섞이는 현상이 실제로 발생했다. 이에 기호 2번인 국민의힘 개표 참관인이 이의를 제기했다.

국민의힘 참관인이 문제를 제기할 당시에 출력된 개표 상황표가 존재했다. 재분류하고 난 뒤에 부여군 선관위 직원이 한 사람에게 손짓하면서 해당 서류를 찢으라고 했다. 이에 선거사무원으로 추정되는 한 사람은 그 자리에서 해당 서류를 찢었다. 이를 놓고 "투표지 분류기 등에 문제가 있었던 것 아니냐?"라는 강한 의혹이 제기되었다. 이에 김소연 변호사 등은 개표 당시 CCTV

동영상을 확인한 후 사실로 밝혀지자 부여군 선관위 관계자 3명을 경찰에 고발했다.

부여군 선관위 관계자는 "투표지 분류기를 작동했을 때 1번 후보 득표함에 2번 후보 투표용지가 섞이는 일은 절대 일어날 수 없다"라며 "기표가 불분명한 용지는 재확인용으로 분류된다"라고 해명했다. 그러나 김소연 변호사는 "개표 당시 폐쇄회로 TV 영상을 확인해 보니 서류 같은 것을 찢는 장면이 나왔다"라며 "분류기를 다시 돌렸더니 표수가 처음과 서로 달랐다는 게 경찰조사에서 나온 것으로 안다. 이는 부정선거 개연성이 사실로 드러난 것"이라고 강조한다.

김소연 변호사는 직접 부여선관위를 찾아가 다시 분류기를 돌려봤다고 한다. 그는 "수백 개의 표가 한 테이블에서 일제히 뒤집혔다. 예컨대 처음 700대 300이 나왔던 게 다시 돌리니 500대 500, 또다시 했더니 300대 700이 나오는 식"이라면서 "해당 분류기는 신뢰도가 '0'이라는 의미"라고 주장했다. 그러면서 "지난 6월 〈PD수첩〉은 개표 조작설을 다루면서 이 내용을 쏙 빼고 방송했다"라고 지적했다.

이에 대해 선관위는 "만일 조작 세력이 있다고 한다면 이처럼 쉽게 걸릴 것을 감수하고 왜 구태여 그런 방법을 썼겠느냐"면서 "이는 단순한 오류에 불과하다"라고 해명했다. 그러나 김소연 변호사는 즉각 반박했다. 그는 "이것이 단순한 오류라고요? 한 참관인은 2번으로 가야 할 게 1번으로 가서 쭈뼛했더니, 옆에서 '빨간 점 하나 잘못 찍히면 그럴 수도 있다'라고 달랬다고 말했다. 그래서 그냥 아무런 말도 못 했다고 실토했다"라고 말했다.

그런데도 경찰은 지난 2021년 7일 개표 상황표 훼손에 대해서는 선관위 직원을 무혐의 결정한 뒤 검찰에 송치했다. 이에 대해 경찰은 중앙선관위의 유권해석 등을 받아 내린 결론이라고 밝혔다. 경찰은 "개표 상황표는 개표 현장 책임사무원, 심사 및 집계부 확인, 선관위원 검열을 거쳐 위원장이 공포해야 효력이 발생한다"라며 "단순 오류 출력물인 당시 개표 상황표를 찢었다고 해서 공용서류 무효죄가 성립되지 않는다"라고 말했다. 이는 경찰이 중앙선관위의 유권해석으로 내린 것이어서 누가 봐도 뻔뻔함이 묻어나는 결론이 아닐 수 없다.

부정선거 문제는 곧바로 처리해야 한다. 하지만 경찰은 고발을 접수하고도 반년이나 지나서야 이런 결론을 내렸다. 무엇보다 이와 같은 사실이 드러났음에도 국민의힘은 침묵으로 일관했다. 자유민주주의 근간인 선거에서 부정한 사실이 명백히 드러났는데도 국민의힘은 참패당한 것이 부끄러워서인지 당시 누구도 이의를 제기하지 않았다. 만약 부여선거구에서 일어난 상황을 즉각 확대 조사 및 대질신문을 통해 이 문제를 조치했더라면 부정선거에 대한 사실 여부가 분명히 밝혀졌을 것이다.

◇ '김종인·홍준표·이준석'은 부정선거 왜 부인하나?

그런데도 당시 김종인과 홍준표, 이준석 등 국민의힘 지도부는 부정선거를 터부시하면서 김종인은 오히려 부정선거를 입에 올리는 의원을 징계하려는 태도를 보였다. 이들이 과연 올바른 정치인인지 묻는다. 선거는 자유민주주의 국가를 받치는 근간이다. 이렇게 부정선거에 대한 명확한 증거가 나왔는데도 이를 애써 부인한 자들은 과연 어떤 생각을 하고 사는 자(者)들인지 궁금하다.

게다가 공천에서 배제된 후 무소속으로 나와 대구 수성을에 당선된 홍준표는 "사전투표의 허점이 곳곳에 드러나고 있다"라며 사전투표에서 저는 많이 이겼다고 논란을 일축했다. 그리고 이준석이도 이 같은 음모론에 대해 "반성하고 혁신을 결의해야 할 시점에 의혹론을 제기하면 안 된다"라고 강하게 반대했다.

무엇보다 부여선관위 옥산면 지역 개표에서 나타난 부정선거 관련 피해 당사자인 정진석은 이를 문제 삼지 않고 자신이 당선된 것에 만족하고 만다. 그러나 정진석이 진짜 자유민주주의에 대한 책임 있는 인간이라면 목숨을 걸고 나서서 싸워야 했다. 그런데도 입을 닫고 만 것이다. 이런 자가 지금 윤석열 대통령 비서실장이라니 한숨이 절로 나온다.

자유민주주의 꽃인 부정선거에 엄청난 의혹이 나왔음에도 국민의힘 지도부는 이를 애써 외면했다. 그래서 당시 우파 네티즌들은 "4·15총선 지도부 김종인과 이준석, 그리고 오만한 홍준표, 나태한 정진석 등은 만약 향후 부정선거가 드러난다면 정치 도의적 책임을 지고 국민에게 석고대죄하고 정치판을 떠나야 한다"라고 분노한다.

◇ 언론, 2020년 4·15 부정선거 '통계 조작 정황'

2020년 4·15총선 직후 불거진 부정선거 논란이 희한하게도 부정선거를 저지른 혐의를 받는 더불어민주당은 이를 침묵하고 있었다. 이는 '도둑이 제 발 저리다'는 속담처럼 부정선거 논란을 확대하지 않겠다는 의도로 볼 수 있다.

그리고 부정선거 문제를 놓고 우파 진영에서는 두 계파로 나뉘었다. 부정선거를 긍정하는 쪽과 부정하는 쪽이 서로 갑론을박을 벌이고 있었다. 그래서 당시 우파 분열이라는 주장이 나왔다. 그런 가운데 애초부터 이를 외면하던 언론의 관심도 완전히 사라지고 만다.

당시 좌파 언론은 "피로해서, 눈치 보느라, 혹은 보도의 가치가 없어서…"라는 다양한 해석으로 부정선거 의혹을 물타기 하자 대중의 관심도 차츰 멀어졌다. 하지만 부정선거 '확신 파'들의 결집력은 점점 단단해지고 있다.

청년들의 '블랙 시위'가 확산하고 있다. 또 유튜브와 소셜미디어(SNS) 등에서는 꾸준히 부정선거의 의문을 제시하고 있다. 실제로 지금까지도 수많은 부정선거 의혹이 쏟아져 나오고 있다. 부정선거가 사실상 확실하다고 믿을 수 있는 개연성이 굉장히 높은 것만 간추려 봐도 수십 개에 이른다.

대표적인 사례들은 이와 같다. ▲63대 36(서울, 인천, 경기의 민주당 후보와 통합당 후보의 사전투표 득표율이 모두 63대 36으로 너무 비슷하다는 의혹)이란 통계 조작 ▲투표지 분류기 오류 ▲특수 봉인지 훼손 ▲부여군 개표소와 유령표 논란 ▲4.7초 만의 투표 ▲삼립빵 박스 사건 ▲중국 개입설(투표용지 중국산) 등이다.

4·15 부정선거 의혹에 대한 논란은 '통계'가 가장 큰 힘을 발휘하고 있다. 통계의 시작은 '사전투표 조작설'이다. 이는 지금까지도 가장 큰 핵심 의혹으로 꼽힌다. 그 당시 미래통합당의 수도권 후보들이 본투표에서는 앞서거나 접전을 벌였다.

하지만 하필 사전투표에서는 모두 크게 열세했다는 내용이 이를 뒷받침한다. 또 그 '차이'가 이상하게도 일률적이라는 점이다. 따라서 우파 유튜버들은 이때 '누군가 사전 투표함을 바꿔치기했다', '선관위에서 개표시스템을 조작했다'라면서 논란을 키웠다.

낙선자들도 이에 힘을 보탰다. 차명진 전 미래통합당 경기 부천병 후보는 "두 학생의 답안지가 숫자 하나 안 다르게 똑같다면 이상한 것 아니냐?"라고 주장했다. 그리고 김태우 전 통합당 서울 강서을 후보는 "50억 정도 현상금을 걸어 내부고발자를 찾아야 한다"라고 강조했다.

◇ 한국 총선에서 부정투표 비율이 높다!

이때까지만 해도 관망하는 분위기가 더 컸다. 하지만 이에 트리거(도화선) 역할을 한 건 '세계적 부정선거 전문가'라는 월터 미베인 미시간대 교수였다. 그는 한국의 선거 결과를 보고 "한국 총선에서 부정투표 비율이 높다"라는 연구 결과를 발표해 일파만파 번져나갔다.

이어서 서서히 국내 학자들이 나서기 시작했다. 지난 2020년 5월 26일 한 토론회에서 통계물리학 박사인 박영아 명지대 물리학과 교수(제18대 국회의원)는 "마치 1,000개의 동전을 동시에 던졌을 때 모두 앞면이 나오는 경우"라고 비유했다. 통계학적으로 불가능에 가깝다고 분석한다.

박영아 교수가 이날 짚은 몇 가지 특이성은 이렇다. 먼저 ▲서울·인천·경기 민주당 대 통합당 사전투표 득표율이 63% 대 36%로 일치하는 점 ▲서울 49개 선거구의 424개 동 모두 민주당 후보의 사전투표 득표율이 본투표 득표보다 12% 정도 일정하게 높은 점 ▲수도권 1,092개 읍면동 단위에서 민주당 후보의 사전투표 득표율이 본투표 득표보다 높은 점 ▲관외 사전투표 수 대 관내 사전투표 수가 일정한 비율인 점 등을 꼽았다.

국정원
'투개표 다 외부 해킹 가능하다!'

국가정보원은 지난 2024년 10월 10일 선관위의 투개표 관리가 허술해 가상 해킹에 구멍이 뻥 뚫린 상태라고 지적했다. 중앙선거 관리위원회(위원장 노태악)의 투개표 관리 시스템은 북한 등이 언제든 침투할 수 있는 상태로 파악된 것이다.

그 당시 국정원에 따르면 선관위가 한국인터넷진흥원(KISA)과 함께 2024년 7월 17일부터 9월 22일까지 벌인 합동 보안점검 결과 선관위의 사이버 보안관리가 매우 부실한 점이 확인됐다.

국정원은 "기술적인 모든 가능성을 대상으로 가상의 해커가 선관위 전산망 침투를 시도하는 방식으로 시스템 취약점을 점검했다"라면서 "그 결과 투표시스템, 개표시스템, 선관위 내부망 등에서 해킹 취약점이 다수 발견됐다"라고 설명했다.

국정원 백종욱 3차장은 이날 언론에 결과를 브리핑하면서 "이는 (선관위가 보유한) 전체 장비 6,400여 대 가운데 불과 5%인 317대만 점검했다"라면서 "전반적인 별도 조사가 꼭 필요하다"라고 강조했다.

◇ 해킹으로 투표 여부 바꾸고 '유령유권자' 등록

유권자 등록 현황과 투표 여부 등을 관리하는 선관위의 '통합 선거인 명부 시스템'은 인터넷을 통해 침투할 수 있고 해킹이 가능한 것으로 확인됐다. 이를 통해 '사전 투표한 인원'을 '투표하지 않은 사람'으로 표시하거나 '사전 투표하지 않은 인원'을 '투표한 사람'으로 표시할 수 있고, 존재하지 않는 유령유권자도 정상적인 유권자로 등록할 수 있었다고 밝혔다.

또한 사전투표 용지에 날인되는 청인(廳印·선관위 도장), 사인(私印·투표관리관의 도장) 파일을 선관위 내부 시스템에 침투해 훔칠 수 있었다. 그리고 테스트용 사전투표 용지 출력 프로그램을 이용해 실제 사전투표 용지와 QR코드가 같은 투표지를 무단으로 인쇄할 수 있었다.

무엇보다 각 지역의 사전투표소에 설치된 통신장비에는 외부의 비인가 컴퓨터를 연결할 수 있어 내부 선거 망으로 언제든지 충분히 침투할 수가 있었던 것으로 확인되었다. 위탁 선거에 활용되는 선관위 '온라인 투표시스템'의 경우 정당한 투표권자가 맞는지 인증하는 절차가 미흡해 대리 투표가 이뤄져도 확인은 불가능했다.

특히 부재자 투표의 한 종류인 '선상투표'는 특정 유권자의 기표 결과를 암호화해 볼 수 없도록 관리하고는 있다. 그러나 암호 해독이 가능해 기표 결과를 훔쳐볼 수가 있었다. 국정원은 "비밀 선거 원칙을 훼손하는 중대한 취약 요소"라고 지적했다.

◇ 투표지 분류기 해킹 '개표 결과 바꿀 수 있다!'

이번 국정원의 발표에 따르면 투표 조작을 넘어 개표 결과까지 바꿔버릴 수 있다는 사실이 드러나 충격을 더해준다. 개표 결과가 저장되는 '투개표 시스템'은 안전한 내부망에 설치·운영하고 접속 비밀번호를 철저하게 관리해야 해야 한다. 그런데도 보안관리가 미흡해 해커가 개표 결괏값을 변경할 수 있음이 드러났다는 것은 확실한 해결책 없이 더 이상 현행 투표제도를 끌고 가서는 안 된다.

특히 투표지 분류기에서는 USB 등 외부 장비의 접속을 통제해야 하는데도 비인가 USB를 무단 연결해 해킹 프로그램을 설치할 수 있어 투표 분류 결과를 바꿀 수 있었다. 투표지 분류기에 인터넷 통신이 가능한 무선 통신 장비도 연결할 수 있었다. 투표지 분류기 프로그램은 비공개로 안전하게 관리돼야 한다. 하지만 프로그램이 인터넷에 노출돼 있어 해커가 어렵지 않게 입수할 수 있다는 사실도 확인됐다.

◇ 인터넷으로 침입 가능한 '선관위 내부망 허술'

선관위의 전반적 시스템 자체도 해킹에 취약했다. 선관위 전산망은 홈페이지 등이 연결된 인터넷망, 선거사무 관리를 위한 업무시스템을 운영하는 업무망, 투·개표와 관련한 주요 선거 시스템을 포괄하는 선거망 등 3개로 구분된다.

특히 국정원에 따르면 선관위는 중요 정보를 처리하는 업무망과 선거망 등 내부 전산망을 인터넷과 분리해야 한다. 하지만 망분리 보안정책이 미흡해 전산망 간 통신이 가능했다. 무엇보다 심각한 문제는 인터넷에서 업무망·선거망으로 침입할 수 있었다는 것이다.

국정원은 또 주요 시스템에 접속할 때 선관위에서 사용하는 비밀번호는 숫자·문자·특수기호를 혼합해 안전하게 만들어야 함에도 비교적 단순한 비밀번호(예를 들면 12345)를 사용해 쉽게 유추가 가능했다는 것이다. 이처럼 취약한 선관위 전산망을 통해 재외공관의 재외 선거 망까지 침투할 수 있었다.

그 결과 재외 선거관리 시스템에서 재외 국민 선거 인명부를 탈취하고 재외공관의 컴퓨터에 접근하는 것도 가능했다고 밝혔다. 한마디로 부정선거는 언제든지 마음만 먹으면 가능하다는 것이다.

◇ 北 해킹 가능성 경고해도 선관위 대응 안 해!

국정원은 2021년부터 올해까지 선관위 관련 해킹 8건을 선관위에 통보했다. 하지만 선관위는 통보 전 이를 알지 못했다. 또한 통보 이후에는 해킹 원인을 조사하지 않았다. 피해자 보안 조치도 취하지 않았다고 국정원이 말했다. 국정원 발표대로라면 이게 선거를 관리하는 중앙선거관리위원회(위원장 노태악)라고 말할 수가 없다.

특히 2021년 4월에는 선관위의 인터넷 컴퓨터가 북한 '김수키' 조직의 악성코드에 감염돼 상용 메일함에 저장됐던 대외비 문건 등 업무 자료와 해당 컴퓨터의 저장 자료가 유출된 사실이 이번 점검에서 드러났다.

해당 메일은 지방선관위 간부급 직원의 계정으로, 국정원은 선관위가 상용 메일 사용 및 업무 자료의 상용 메일함 저장을 허용하는 등 보안정책을 부실하게 운용했음을 보여준다고 지적했다.

또 이와 별개로 상주 용역업체가 선관위 직원의 계정정보를 공유하고, 용역 직원이 상용 메일로 선관위 내부 자료를 유출한 사실도 포착됐다. 선관위는 향후 이 모든 문제점에 대한 충분한 해명이 있어야 한다.

◇ 선관위 '정보통신 대책 100점'…'다시 보니 31.5점'

선관위는 2022년 '주요 정보통신 기반 시설 보호 대책 이행 여부 점검'을 자체 평가한 결과 '100점 만점'이었다고 국정원에 통보했다. 하지만 이번 국정원 점검에서 같은 기준으로 재평가했더니 31.5점에 불과했다. 이와 같은 부실투성이 선거관리에도 불구하고 선거소송이 제기된 날부터 6개월(180일) 이내에 처리하지 않았다. 누가 봐도 부정선거 의혹을 감출 수가 없는 정황이다.

중앙선관위의 이 정도 부실한 관리에도 대법관을 비롯한 고위 법관으로 구성된 선관위가 규정된 법을 어기면서까지 개표 등 확인 절차를 뭉갠 이유를 분명히 밝혀야 한다. 이 나라 대한민국의 모든 법이 누구를 위해 존재하는가? 묻는다.

자유민주주의의 근간이라고 할 수 있는 선거를 관리하는 중앙선관위가 선거를 이토록 부실하게 관리하고, 또 국가 기반을 뒤흔드는 부정선거 개연성이 다 헤아릴 수도 없이 많이 쏟아져 나왔는데도 법을 위반하면서까지 애써 감추거나 능장을 부리는 이유를 밝히지 않으면 대한민국의 선관위는 부정선거를 인정하는 꼴이 된다.

노태악 두둔하는 민주당 '부정선거 원하나?'

◇ 부정선거 개연성 농후한데 '노태악 자리 연연'

국정원에서 선관위를 가상 해킹을 해보니 개표 결과도 조작 가능하다고 밝혔다. 게다가 선거 인명부도 조작할 수 있고, 부재자 대리 투표도 가능하다고 강조했다. 그래서 책임지고 사퇴하라고 하는데, 노태악 중앙선관위원장은 "총선에서 자신이 할 일이 있다"라면서 사퇴를 거부했다. 그러면 노태악은 해커로 인한 부정선거로 총선을 치르려고 한 것인지 해명하라.

2020년 4·15 총선에서 당시 범여권이 180석 이상을 얻을 것이라고 유시민을 비롯한 여권 주요 인사들이 미리 선거 결과를 흘렸다. 결과는 그들이 주장한 그대로 적중했다. 이번 강서구청장 선거에서도 야권이 15% 이상으로 압도적 승리를 할 것이라는 전망을 했다. 결과는 말대로 적중했다. 이게 무엇을 말해주는 것일까? 그들이 신이 아니라면 이 나라 선거는 자기들이 마음먹은 대로 할 수 있다는 어떤 특정 묘수라도 있다는 것인지 묻고 싶다.

그런데도 노태악 중앙선거관리위원장이 2023년 10월 13일 선관위 특혜 채용 의혹, 투개표 시스템 보안 부실 등 논란에 대해 사과하면서도 여권의 사퇴 요구에 대해서는 "남아 있는 일이 있다"라면서 선을 그었다. 그렇다면 노태악 선관위장에게 할 일이 남아 있다는 게 무엇인가? 부정선거 의혹을 주장해 온 국민은 노태악의 남은 할 일이 무엇인지 궁금하다.

그 당시 노태악은 국회 행정안전위원회 중앙선거관리위원회 국정감사에 출석해 "최근 미흡한 정보 보안관리와 선관위 고위직

자녀들의 특혜 채용 의혹 등으로 국민께 큰 실망을 끼쳐드렸다. 위원장으로서 진심으로 송구하다는 말씀을 거듭 드린다"라고 말했다. 이어 "뼈를 깎는 노력으로 끊임없는 조직 혁신과 공정한 선거관리를 통해 국민의 신뢰를 회복하겠다"라고 말했다.

그러면서 "최근에 일련의 사태에 대해서 굉장히 자괴감과 부끄러움과 창피 감을 느끼고 있다"라면서도 "내게 남아 있는 일이 있다고 생각한다"라고 변명했다. 노태악은 또 "내가 과연 사퇴한다고 해서 바로 선관위가 바로잡힌다든지 그렇다고는 생각하지 않는다"라며 "이번 사태를 극복하고 제대로 된 감사와 수사를 받아야 하고, 내년 총선도 바로 눈앞에 있다. 그런 부분이 마무리되고, 괴기에 있던 일이지민 현재 책임이 있어야 할 부분이 있다년 책임을 지도록 하겠다"라고 덧붙였다.

정우택 국민의힘 의원은 "선거인 명부 시스템 해킹에서 사전투표한 사람을 안 한 것처럼 바꾸거나 유령유권자를 명부에 올릴 수 있고, 심지어는 선거망 침투도 가능하고 투표지 분류기 결과 변경도 가능하다고 한다"라면서 "이거 완전히 부정선거 아닌가"라고 따졌다.

그러면서 "야당은 이런 일련의 사건에 책임이 있는 노태악 중앙 선거관리 위원장에게 책임을 묻지 않고 되레 선관위를 두둔하고 있다"라면서 "해커가 선거 결과를 조작하게 만들어 내년 총선에서도 부정한 방법으로 이기겠다는 것인지, 그리고 노태악이 사퇴를 하지 않고 할 일이라는 게 야당의 총선 승리를 돕기 위한 것은 아닌지 묻지 않을 수가 없다"라고 분노했다.

봉인지 '탈부착 흔적' 전국 투표함에서 쏟아졌다!

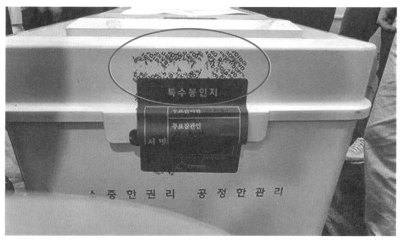

〈봉인지가 탈 부착된 흔적이 분명한 투표함이 전국의 경향 각지에서 쏟아져 나왔다. 그러나 중앙선관위(위원장 노태악)는 정상적 투표함이라고 주장한다. 그런데 이것은 누가 봐도 떼어내고 다시 붙인 흔적이 역력하다.〉

중앙선관위가 해킹에 취약하다는 데 야당의 주장은 국정원의 선거 개입을 하려고 하는 것이라며 선관위를 감싸고, 국정원에 책임을 전가하려는 짓을 하고 있다. 그러나 여당은 해킹으로 인해 부정선거가 가능하다고 하는 것이고, 야당은 국정원이 선거 개입을 위한 밑자락을 까는 것이라고 한다. 국민은 어떻게 선관위 해킹 문제에 대해서 이렇게 서로 다른 인식을 가질 수 있는지 개탄스러워한다.

[사전투표] 1번-2번 기표가 된 채 잘못 배부된 투표용지

〈2022년 대선 당시 사전투표 둘째 날인 3월 5일 오후 6시 40분 부산 연제구 연산4동 제3 투표소 확진자·격리자 사전투표에서 일부 유권자가 새 투표용지가 아닌 이재명 더불어민주당 후보와 윤석열 국민의힘 후보 등에게 기표가 된 투표용지를 받았다. 유권자의 항의에 선관위는 실수를 인정했다.〉

서로 다른 투표소의 관리관 도장 완전히 흡사

◇ 서울지역과 경기도 관리관 도장이 같은 이유?

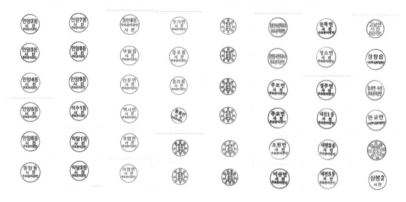

함안군과 창원시 성산구 도장 모양이 같다!

◇ 도장 모양은 같은데 도장 색깔은 왜 다르니?

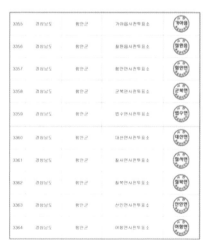

·· 함안군과 창원시 성산구
   – 독특한 도장 모양 같음~!!

·· 도장색 – 함안과 창원이 다름

남원시 개표소에서 익산지역 투표용지 발견

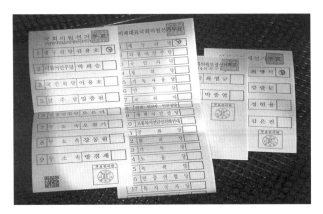

〈오마이뉴스의 남원시 국회의원 선거 투표지: 관외 사전투표 회송용 봉투에서
남원시 국회의원 선거 투표지 이외 전북 익산시 지역 선거 투표지가 두 장이 함께
나와 부정선거 의혹을 키우고 있다.〉

접은 흔적 없는 빳빳한 투표용지 무더기 발견

〈인천시 미추홀구 등에서 투표용지가 전혀 접힌 흔적이 없는 빳빳한 용지가 100장
단위로 무더기로 쏟아져 나왔다. 선거 전문가들은 한결같이 "이것은 누가 봐도
투표 숫자를 맞추기 위해 대거 투입한 것으로밖에 보지 않을 수 없다"라고
지적한다.〉

박주선 전 의원 '부정선거 광범위로 자행됐다!'

"21대 국회의원 총선에 대해 아직 법원으로부터 확정판결은 나 있지 않았다. 하지만 모든 증거를 종합해 볼 때 부정선거가 광범위하게 자행되었다는 우려를 금할 수 없다.

나는 (박주선 전 의원) 검사와 사법부에서 일해봤기 때문에 대한민국에서 그런 파렴치한 범죄를 저지를 수 있었겠느냐는 의심도 있었다. 하지만 실제로 투표지를 보니 경악을 금할 수 없었다."

박주선 전 의원은 "윤석열 후보가 당선되지 못한다면 대한민국의 미래는 없을 것이라는 확신을 한다. 또 어떤 방법으로 부정선거를 자행할지도 모르기 때문에 부정선거만큼은 막아야 한다는

철저한 방책과 전략을 세워주기를 당부한다"라고 말했다.

그러면서 "민심은 윤석열 후보에게 왔으나, 투표에서 이기고 개표에서 져버리면 하늘을 배신하는 것이기 때문에 특단의 대책이 필요하다는 말씀을 드린다. 감시를 멈춰서는 안 되겠다는 말씀으로 축사 아닌 축사를 대신한다"라고 강조했다.

이는 박주선 전 의원이 2020년 4·15총선의 모든 정황 증거를 종합해 본 결과 이와 같은 결론에 이르렀다면서 윤석열 당시 국민의힘 대선후보에게 간곡히 건의한 것으로 드러났다. 하지만 윤석열 대통령은 그 당시 아무것도 할 수가 없었다.

따라서 윤석열 대통령은 탄핵정국에서 2024년 12월 12일 대국민담화를 통해 피가 끓는 심정으로 자유민주주의 대한민국의 선거를 담당하는 중앙 선거관리위원회(노태악 위원장)의 선거 부정에 관한 문제를 강력하게 제기한 것이다.

김두관 전 의원도 4월 총선 '부정선거 확실하다!'

◇ 민주당 김두관 '4월 총선 부정선거가 맞다!'

더불어민주당이 극우 음모론으로 치부하는 부정선거 의혹이 야

〈민주당 김두관 전 의원이 2024년 4월 총선이 부정선거라고 대법원서 주장했다. [국회 자료사진]〉

권 내에서도 나왔다. 더불어민주당 중진인 김두관 전 의원이 2024년 4월 10일 국회의원 선거가 부정선거라고 대법원에서 강하게 주장했다.

언론에 따르면 당 대표 후보까지 출마한 김두관 전 민주당 의원은 2024년 12월 17일 오후 2시 30분 서울 서초구 대법원 2호 법정에서 특별1부(대법관 노태악·서경환·신숙희·노경필) 심리로 열린 국회의원 선거 무효소송(2024수38) 재판에서 "전자개표기에 문제가 많아 선거 결과를 받아들일 수 없다"라는 주장을 폈다.

김두관 전 의원은 2024년 4월 총선에서 경남 양산시을 지역구에 출마해 김태호 국민의힘 후보에게 근소한 차이로 패배했다. 그리고 이후 소송을 제기해 이날 재판을 진행한 것이다.

〈2020년 21대 총선 개표 현장에서는 새 책처럼 접힌 흔적이 없는 투표지 뭉치들이 전국에서 발견됐다. 선거관리위원회는 이를 두고 '원상 복원 기능이 있는 특수재질'이라고 영상까지 제작해 반박했다. 그러나 제지업체 전문가들은 "원상 복원 기능 용지가 대한민국에는 존재하지 않는다"라고 반박하자 선관위는 해당 영상을 삭제해 버렸다. 도태우 변호사가 페이스북에 공개한 접힌 흔적이 없는 관내 사전투표지.〉

김두관 전 의원은 법정에서 △여론조사 때 16%포인트로 앞서다 선거일에 2,084표 차이로 근소하게 뒤졌고 △전자개표기(투표지 분류기)가 부정확하며 △미분류 투표지의 수 개표 재분류 과정에서 왜곡 의혹이 있었다는 취지로 직접 변론했다.

김 전 의원은 또 우리 선거 당국이 수출한 전자개표기 때문에 해외 각국에서 부정선거로 난리가 나고 있어 선거의 공정성에 의문이 간다는 취지로 전하면서 "프랑스와 독일은 수 개표를 하고 대만은 100% 완벽한 수 개표를 한다"라고 밝힌 것이다.

김두관 전 의원은 투표지의 이미지 스캔 파일을 실제 투표지와 일일이 대조하는 검증 작업이 필요하다고 선거관리위원회 측에 요구하기도 했다. 전반적으로 보수 진영에서 주장하는 의혹과 일맥상통한 입장을 피력한 것이어서 향후 부정선거 의혹의 파장이 더욱 커질 것으로 보인다.

2024년 12월 18일 보도된 언론에 따르면 더불어민주당 중진인 김두관 전 위원장은 이날 재판이 끝나고 나오면서 한 기자와의 전화 통화에서 김두관 전 의원이 직접 법정에서 변론한 내용을 이같이 요약해 설명했다.

무엇보다 김두관 전 의원은 2024년 4월 1일 총선에서 부정선거가 있었다고 법정 발언한 것으로 간주해도 되겠냐고 취지를 확인하기 위해 되묻자 "그렇게 생각한다고 동의했다"라고 강조했다.

황교안 "부정선거는 팩트⋯尹 내란 아니다!"

황교안 전 국무총리가 제21대 총선에 대해 "부정선거는 팩트

(사실)"라고 주장했다. 2024년 12월 19일 황 전 총리는 국회 소통관에서 기자회견을 열고 "비상계엄의 최종 목적은 부정선거 발본색원이며 본질은 선거관리위원회 압수수색을 통한 자유민주주의 체제 지키기"라며 이같이 말했다.

〈황교안 전 총리는 한덕수 대통령 권한대행을 향해 "헌법재판관뿐 아니라 장관급 임명은 하지 않아야 한다"라며 "청문회를 거치는 직급은 임명하지 않아야 한다"라고 언급했다.〉

황 전 총리는 "우리나라 자유민주주의는 말기 암에 걸려있는 상태다. 암 덩어리가 너무 커 비상계엄이 아니면 백약이 무효하다고 대통령이 판단할 정도"라며 "윤석열 대통령도, 김용현 전 국방부 장관도 부정선거 문제 때문에 극약 처방을 내린 것"이라고 12·3 비상계엄 사태를 윤 대통령의 고육지책에서 나온 것이라고 옹호했다.

접힌 흔적이 전혀 없는 '가짜 사전 투표용지'

〈인천 미추홀구 민경욱 전 의원(왼쪽)과 황교안 전 총리가 사전 투표용지가 접힌 흔적이 전혀 없다고 주장하면서 이는 가짜 투표용지라고 강조한다.〉

황교안 전 총리는 "부정선거 문제를 최우선으로 가려야 한다"라며 "선관위가 의혹을 숨기고 소송으로 윽박지르며 엉터리 답변을 내놓고 있다"라고 비난했다. 그러면서 부정선거의 근거로 "노태악 선관위원장이 2020년 4.15 총선 오산시 재검표 현장에서 투표관리관 도장 날인이 없는 투표지 8장을 유효표로 판정했다"라고 지적했다.

그러면서 "최근에는 윤석열 대통령께서도 부정선거를 말씀했다며 해결해 나갈 가장 큰 핵심 과제로 생각하고 있다. 대통령도 그런 말씀을 하시니까 돕고 함께 하겠다"라며 "국헌의 본체인 대통령이 무슨 내란을 저지른단 말인가"라고 반문했다.

선관위 자녀 부정 채용은
'최악의 범죄집단!'

◇ 선관위, 경력 채용 162회 중 104회 비리

　국민권익위원회(권익위)에 따르면 선거관리위원회가 지난 7년 간 실시한 경력 채용 162회 가운데 104회에서 채용 비리가 발견 됐다. 또 채용된 384명 중에서 58명이 부정 합격 의혹자로 드러났 다. 이는 국민권익위원회가 2023년 9월 11일 중앙선관위의 이권 카르텔 **'부정 채용'**을 밝힌 내용이어서 더 큰 충격과 분노를 안겨 주고 있다.

　이번 선관위의 부정 채용 사례는 권익위가 인사혁신처와 경찰 청 인력을 포함한 총 37명의 전담 조사단을 꾸려 밝혀냈다. 당시 권익위 조사단은 총 384명의 선관위 공무원 경력 채용에 대해 지난 2023년 6월 14일부터 8월 4일까지 52일간 전수조사한 결과 모두 353건에 달하는 채용 비리를 적발했다고 지적했다.

권익위는 부정 채용을 한 선거관리위원회의 채용관련자 28명을 모두 고발 조치했다. 또 가족 특혜 또는 부정 청탁 여부 등 사실관계 규명이 필요한 312건에 대해서는 대검찰청에 수사를 의뢰했다고 말했다. 권익위가 수사 의뢰한 사건에 연루된 인원만 모두 400명이 넘는다며 선관위의 부정 채용이 선관위 내부에서 광범위하게 이뤄지고 있었다고 밝혔다.

권익위가 고발한 주요 사례로는 이와 같다. ▲학사학위 취득 요건에 부합하지 않은 부적격자 합격 처리 ▲평정표상 점수 수정 흔적이 있어 평점 결과 조작 의혹이 있는 합격 처리 ▲담당업무가 미기재된 경력증명서를 토대로 근무 경력을 인정해 합격 처리 ▲선관위 근무 경력을 과다 인정한 합격 처리 등이 부정 채용의 핵심 내용이었다. 합격자 부당결정 사례로는 중앙선관위 내부 게시판에만 채용공고를 게재해 선관위 관련자만 응시하게 한 사례(3명)인데, 2명은 A 구청의 선거업무 담당자 아들이었다. 또 다른 1명은 B 구청 선관위에서 근무한 경력이 있는 사람이었다.

중앙선관위 특혜 채용 '자녀들 일자리 잔치!'

2023년 6월 권익위는 선관위의 비협조적인 자료 제출에 대해 비판하는 기자회견을 했다. 그런데도 선관위는 인사 기록 카드, 인사시스템 접속 권한, 채용관련자 인사 및 발령 대장, 비공무원 채용 자료 등을 제출하지 않고 버티고 있다. 그래서 기자회견 참석자들은 "선관위가 부정한 일을 얼마나 더 저질렀으면 이렇게도 뻔뻔하고도 파렴치하게 행동하고 있는지 알고 싶다"라고 비난했다.

정승윤 권익위 부위원장 겸 사무처장은 "여러 가지 형태의 절차 위반이라든지 불법적인 형태에 대해 단순히 '규정이 미비했다', '잘 몰랐다', '당사자의 실수다'라는 정도의 변명만 거듭하고 있다"라며 "부정 청탁이라든지 지시 또는 가족관계 등의 내용을 확인하고자 노력했지만, 선관위가 전혀 협조하지 않았다"라고 주장했다.

그러면서 "중앙선관위의 자료 비협조로 점검할 수 없었던 비공무원 채용 전반, 공무원 경력 채용 합격자와 채용관련자 간 가족관계나 이해관계 여부 등은 수사기관의 수사를 통해 밝혀져야 한다"라고 강조했다.

권익위는 또 "선관위의 대표적인 '특혜 채용' 경로로 알려진 이른바 '비 다수인 대상 채용제도'를 통해 지난 7년간 채용된 28명에 대해선 절차 위반 등 위법 사항이 없는 경우라도 특혜 채용 여부 등의 확인이 필요하다고 판단돼 별도로 수사 의뢰 사항에 포함했다"라고 덧붙였다.

전문가들은 "자녀 특혜 채용은 '선관위만의 리그'라며 중앙선관위의 총체적인 개혁이 필요하다고 지적했다. 우선 대법관이 돌아가면서 맡는 선관위원장을 비상근에서 상근직으로 돌려 권한과 책임을 명확히 해야 한다. 또 선관위에 대한 외부 감사를 제도화하고 선관위의 과대한 권한을 분산시켜야 한다"라고 강조했다.

5장
계엄 사태
'중국이 조종하고 있다!'

"김정일 생전에 한 말!"

나! 김정일이가
남한 점령군 사령관으로
서울에 직접 내려가겠다.

1,000만은 보트피플이 될 것이고
2,000만은 붉은 피로 숙청하겠다.

남한 2,000만과 북한 2,000만
4,000만을 데리고 민족국가를
건설해 이밥에 고깃국 먹으면서
알콩달콩 살아갈 것이다.

친중파 여시재(與時齋)가
'대한민국 정신 해체'

◇ "이념·정파 구분 없이 나라 미래 고민한다!"

중국 간첩이 득시글거리는 대한민국에서 이게 어디 말이나 되는 개소리인가? 전혀 이념이 다른 북한과 중국이 대한민국을 망가뜨리기 위해 농간을 벌이는 것도 모르는 얼치기들이 나서서 지식인이랍시고 허세를 부리며 대한민국 정신을 망가뜨리고 있으니 말이다. 이런 와중에 〈여시재〉는 대부분 중국과의 교역으로 막대한 부를 쌓은 한샘 명예회장 조창걸이 2015년 12월 4,400억 원을 출연해 공익법인으로 설립됐다.

〈여시재에 4,400억 원을 출자한 한샘 조창걸 회장! 조창걸은 1939년 황해도에서 태어나 서울 대광고를 거쳐 서울대 건축공학과를 졸업했다.〉

　그런데 〈**여시재**〉를 구성하는 겉모습만 번지르르한 이들이 '중국이 남한을 속국화하려고 한다'라는 것을 파악하고도 지껄인다면 이들이야말로 국정을 농단하는 중국 간첩이나 다름없다. 하지만 이를 알지도 못한 채 국가 미래 전략을 위한 싱크탱크로 한반도와 동북아의 미래 변화를 위한 정책개발과 세계를 이끌 인재를 육성하기 위해 설립했다면 이들이야말로 가소롭고 부끄러운 지식 얼치기들이다.

　여시재(與時齋)란 이름은 '시대와 함께하는 집', '시대를 어깨에

짊어진다'라는 뜻으로 '시대와 함께 가면(與時偕行) 이롭지 않은 것이 없다'라고 의미하는 〈주역〉의 풀이에서 비롯되었다. 영문명 〈Future Consensus Institute〉는 "동시대인들의 지혜와 협력을 통해 미래를 만든다"라는 뜻이다. 이는 중국 공산당 독재자 시진핑이 즐겨 쓰는 말로 잘 알려져 있다. 따라서 내면을 들여다보면 인맥 그룹이 한결같이 친중파 인사들로 구성돼 있음을 알 수 있다.

당시 여시재 이사회의 면면이 허울은 굉장히 화려하다. 2017년 기준 이헌재 전 경제부총리가 이사장직을 맡았고, 정창영 삼성언론재단 이사장, 홍석현 전 중앙일보 회장, 김도연 전 포항공대 총장, 안대희 전 대법관, 박병엽 전 팬택 부회장, 김범수 카카오 이사회 의장, 이공현 진 헌법재판소 재판관, 이재술 전 딜로이트 회장이 이사(감사)로 재직했다. 과거 김현종 통상교섭본부장이 이사직을 맡기도 했다. 이광재는 원주시 갑에 출마하면서 사퇴해 21대 국회의원이 됐다.

이어 지난 2022년 기준 이사회는 김도연 전 포항공대 총장이 이사장을 맡고 있고, 김성환 전 외교부 장관, 이광형 KAIST 총장, 윤정로 UNIST 석좌교수, 김우승 한양대학교 총장, 황철주 주성엔지니어링 회장, 임창훈 전 부산지방법원 부장판사, 박유현 DQ

Institute 대표, 김서준 해시드 대표, 이진성 전 헌법재판소장(감사), 이경태 전 연세대학교 부총장이 이사(감사)로 재직 중이다.

◇ 대표적인 짝퉁 우파 친중 〈여시재〉의 최후 발악!

짝퉁 우파의 두목 격인 중앙일보 **홍석현**의 〈여시재〉가 하는 행동 양식을 보면 이들이 발악하는 모습을 엿볼 수 있다. 여시재가 시작될 무렵 그 당시 한국당의 나경원이 여시재를 들락거렸다. 또 더불어민주당 강원도 선대본부장 이광재가 여시재의 사무총장을 역임했다. 여시재란 중국 공산당이 가장 잘 사용하는 〈**여시구재**〉, 즉 '시대와 더불어 나아간다'라는 구절에서 따온 것으로 이름부터가 우파 짝퉁이자 친중파 일색이다.

그렇다면 짝퉁 우파들의 핵심 키워드는 무엇인가? 친중이 지향하는 남북한 영구 분단이다. 그런데 중국이 무너지면 이들은 폐업할 것인가? 아니다. 이자들은 카멜레온처럼 변신을 거듭할 것이다. 짝퉁 우파 여시재의 선동 선전의 핵심은 조선과 중앙이다. 그리고 동심원에는 김무성, 유승민, 박형준과 같은 탄핵 우파들이 자리하고 있다. 이름과 인간부터 짝퉁이니 올바른 구실을 하기가 어렵다는 것을 쉽게 짐작할 수 있다.

박형준은 정치판에서 한때 '이마빌딩팀'이라고 불렸다. 이명박 정부 때 핵심 멤버가 이마빌딩에서 모였기 때문이다. 이마빌딩에 모이면 모든 게 잘 풀린다고 하여 몸값이 높았다. 박형준(중앙일보)과 김용태(중앙일보 전략기획실 출신) 둘 다 홍석현의 측근이자 아류인 셈이다. 그리고 지금은 잠잠한 정태근, 권택기, 김세연 등이 있었다. 이들이 미래통합당을 접수했을 당시 황교안은 바지사장이었다. 그리고 여시재 멤버는 아니지만 권영세, 원희룡 등은 중국인(조선족) 영주권자에게 투표권을 주는 법안에 찬성한 얼치기 친중파로 분류되고 있다.

한 영상 강의에서 여시재에 관한 내용 중에 관련 사진을 보면서 붉은색 옷을 입은 나경원이 이광재, 안희정 등의 진노 인사들과 함께 찍은 사진을 볼 수 있다. 그 배경이 되는 글자가 한자와 영어로 된 글자만 보였을 뿐 한글은 한자도 없다. 지금 봐도 한글이 빠진 대한민국의 정체성이 없는 것 같아 안타깝다.

사람은 대한민국인데 그 배경에는 양대 강국을 사대하는 식민근성이 배어있는 것이다. 우리 국가를 대표하는 정·재계 인사들이 표면적으로는 자유민주주의를, 내면적으로는 중국 공산주의를 지향하고 있는 것을 나타내는 장면이 아닐까 짐작할 수 있다. 짝통 우파의 좌장 격인 홍석현의 친중 사상은 이미 너무도 잘 알려져 있다.

〈프레스센터에서 2016년 9월 21일 열린 여시재 출범 기자간담회에서 참석자들이 기념 촬영을 하고 있다. 이광재 운영 부위원장(왼쪽부터), 나경원 국민의힘 의원, 안희정 전 충남지사, 이헌재 이사장, 남경필 경기지사, 김부겸 더불어민주당 의원, 이창호 외신기자클럽 회장 한경DB〉

따라서 친중 관계를 기반으로 한국 정치를 막후에서 쥐락펴락하는 것이 바로 〈**여시재**〉임을 생각하면 소름이 돋고 분노가 치민다. 무엇보다 정치인 자리에는 김무성, 유승민, 박형준과 같은 역시 가증스러운 짝퉁 우파들이 웅크리고 있다는 것은 아마도 박근혜 탄핵도 〈여시재〉를 중심으로 암중 모색되었을 개연성이 짙다.

〈여시재〉에 참여한 인간들의 면면은 정계, 재계, 학계 인사들이다. 당시 21대 대선을 앞두고 '50대 잠룡' 정치인이 참여하고 있다. 이들은 대한민국의 천박한 지식인들이다. 하지만 짝퉁 좌우파 인간들로 구성된 〈여시재〉가 곪아 쓰러져 가는 중국을 향한 친중 행보로 발악하는 모습을 보면서 이들이 대한민국의 정신을 망치고 있다는 생각을 지울 수 없다.

대한민국 자유민주주의 정신은 '왜 망가졌나!'

◇ 우리 정신은 '짝퉁 우파 〈여시재〉가 망가뜨렸다!'

지난 1990년대 초부터 미국의 월가를 중심으로 하는 금융자본과 산업자본, 글로벌 리스트가 중국에 힘을 실어주면서 급격한 발전이 시작됐다. 이후 중국은 약 30년 동안 엄청난 성장을 해왔다. 이때 김영삼 정부가 들어서면서 대한민국은 '종중·종북 대 **짝퉁 우파**' 간의 공생 구도가 시작된다. 그리고 중국과 대한민국은 '**종중·종북 대 짝퉁 우파**'의 공통분모가 마련된다. 그러나 중국은 코로나 이후 발전을 멈추고 지금은 해체의 기로에 서게 되면서 지금은 몰락을 눈앞에 두고 있다.

대한민국은 중국과 상호 경제의존도가 여전히 높다. 따라서 '**종중·종북** 대 **우파**' 간의 공생 구도를 분명히 해야 한다. 먼저 우파의 **경제는 '자유시장**, 기업혁신, 작은 정부, 균형 예산' 등을 토대로 한다. 그 자체로는 문제가 없어 보인다. 우파 경제는 이름 그대로 소중한 가치를 가지고 있기 때문이다. 그런데 문제는 진정성 없는 입만 가진 '반공'과 함께 친중을 통한 영구 분단이란 음모를 내재하고 있다는 것이다.

무엇보다 우파의 경제이론은 마땅히 기독교와 함께하는 애국이 결합돼야 한다. 우파 경제를 이끄는 사람들은 인간관을 말할 때 반드시 기독교 인간관임을 말해야 한다. 또 신앙심 깊은 기독교 보수주의자에게는 당신이 말하는 우파 경제는 애국주의이고 또 다른 관점에서 보면 기독교적 보수주의 경제라는 관점을 반드시 설명해야 한다.

특히 대한민국을 사랑하는 애국주의자들에게는 당신의 애국심의 본질은 개인, 자유, 인간 존엄, 진실 존중 등이라는 프로테스탄트 적인 보수주의 관점과 우파 경제학의 관점이 함께 해야 한다는 것을 이해시켜야 한다. 그리고 '우파 경제이론, 기독교 보수주의,

애국주의'라는 이 세 가지를 단단히 연결해야 한다.

대한민국의 정치 경제적 이념은 이들 셋을 연결하는 접착제 역할을 하면서 분명한 정체성을 가지고 국민을 설득해야 **'종중·종북 vs. 대한민국 우파'**가 공산주의 중국과 공동번영의 길을 모색할 수 있기 때문이다.

민주당, 중공과 당교 협약은
'친중 속국화 작업'

◇ **더불어민주당 중공과 당교 협약은 '반국가 행위다!'**

더불어민주당은 문재인 정부 당시 중공과 '당교'를 맺은 사실이 있다. 당교라는 것은 공산주의 국가에서 대단한 의미가 있다. 그래서 언제나 당교의 교장은 당서기가 하고 다음 차기 집권자에게 넘긴다. 당교가 굉장히 중요한 것은 이를 통해서만 공산당 조직을 구성할 수 있기 때문이다.

중국과 당교를 맺는다는 것은 어마어마한 사건이 아닐 수 없다. 이는 대한민국에 중공 공산당을 건립한다는 것과 다를 바 없다. 시진핑이 당교 교장 출신이므로 더불어민주당은 시진핑의 아류가 된 것이다. 그래서 문재인이 혼밥(혼자 밥먹기) 하고 수행 기자가 얻어맞아도 아야! 소리 한번 못하고 굽실거릴 수밖에 없었다. 더불어민주당은 신냉전 시대에 미국에 치명적인 약점을 가지게 된 셈이다.

더불어민주당의 2020년 〈415 총선〉 승리를 위해 '광폭 행보'에 나선 양정철 민주연구원장이 7월 9일부터 12일까지 중국을 방문해 중국 공산당 중앙당교와 정책 협약식에 참석했다. 한국 정당의 싱크탱크가 중공 중앙당교와 정책협약을 맺는 것은 사상 초유의 일이었다. 정치권 일각에서는 "이해찬 민주당 대표의 20년 집권론을 위해 중국의 일당독재를 배우러 가는 것 아니냐?"라는 해석이 나왔다.

이해찬이 2018년부터 연일 20년 집권론을 강조했다. 당시 이해찬은 기초자치단체장 연수행사에서 "내년 국회의원 선거에서 반드시 이겨야 문재인 정권도 성공할 수 있고, 우리가 재집권할 기반을 만들 수 있다"라며 "그렇게 되면 자유한국당의 위세가 굉장히 축소된다"라고 주장했다. 이 행사 준비와 강연에는 양정철이 동참했으며 이는 곧 중국 속국화 작업을 위한 부정선거의 밑밥을 던진 것이나 다름없다.

마침내 더불어민주당은 2020년 415총선에서 유시민이 예측한 대로 180석이라는 사상 초유의 압승을 거두게 된다. 그래서 국민의힘은 최초로 민경욱 인천 미추홀구 의원으로부터 부정선거 문제를 제기하며, 황교안 전 총리가 합세한다. 하지만 국민의힘 지도부 김종인, 이준석, 홍준표 등은 이를 거부했다. 부정선거 문제는 4년이 지난 지금까지도 지속되고 있다.

중국 공산당 중앙당교는 중국 공산당의 고급 간부를 양성하는 기관이다. 따라서 중앙당교 교장의 직책은 류사오치, 후야오방이나 후진타오, 시진핑 등도 이전에 역임한 적이 있을 정도로 중요하게 여겨지고 있다. 기관지는 '학습시보(學習時報)'이다. 문화대혁명이 끝난 이듬해인 1977년에 부활해 중앙선전부장이기도 한 후야오방이 부교장에 취임하며 이론 연구실을 설립했다.

中 공산당 '중앙당교'와 정책협약 맺은 양정철

◇ 중공 '일당독재 산실...민주당 영구집권 벤치마킹'

더불어민주당 산하 민주연구원(원장 양정철)이 중국 공산당 중앙당교와 정책협약을 체결한다고 2019년 7월 4일 밝혔다. 국제적 정책 연결망 구축에 돌입한다는 취지이지만, '일당독재'와 '인권 탄압' 등 중국 공산당의 비민주·반민주적 요소까지 존중하고 받아들일 것이란 우려를 낳았다.

〈양정철 민주연구원 원장이 2019년 7월 9일 중국으로 건너가 다음날인 7월 10일 중국 공산당과 당교 협약을 체결했다. 양정철 민주연구원장이 10일 베이징에서 리지 중국 당교 부교장과 교류 협약을 체결하고 악수하고 있다.〉

민주당의 2020년 총선 승리를 위해 '광폭 행보'에 나선 양정철이 마침내 2019년 7월 9일부터 12일까지 중국을 방문했다. 그리고 중국 공산당 중앙당교와 정책협약을 정식 체결했다. 한국 거대

정당의 싱크탱크가 이념이 서로 다른 중국 공산당 중앙당교와 정책협약을 맺는 것은 사상 초유의 일이며, 나아가 이는 반국가 행위나 다름없다.

그 당시 민주연구원 관계자는 한 언론에 "양국 기관이 만드는 정책 내용을 공유하고, 필요시 서로 대표단을 파견해 공통의 관심 주제에 대해 세미나 또는 학술회의를 개최하는 등 방문 교류를 할 것"이라며 "당교의 교육 프로그램을 벤치마킹할 수도 있다"라고 설명했다. 게다가 당교 학부는 당의 개조와 건설, 정법, 경제학, 철학, 문사, 중국 특색의 공산 사회주의 역사 등 다양한 교학 연구 부서가 있다. 현재 재학생 수는 약 1,600명이다. 각 성, 자치구, 시도 각 위원회 중앙당교 교장은 해당 지역의 부서기가 겸직한다.

심각한 문제는 더불어민주당과 중국의 공산당은 근본이념이 다르다는 것이다. 게다가 중국에서는 정부가 곧 중국 공산당이다. 이는 또 북한의 조선노동당과도 성격이 같다. 중국엔 8개의 민주당파 정당이 있지만, 우리나라 야당과 달리 어디까지나 제한적인 정치활동만 하며, 정권교체는 실질적으로 할 수도 없다. 그런데도 자유민주주의를 추구하는 대한민국 거대 여당이 중국 공산당과 당교를 체결한 것은 자유민주주의를 버리고 친중 속국화로 가겠다는 것이나 다름없는 반국가 행위이다.

◇ 문재인 정권 '신독재 화두…중공과 커넥션?'

문재인 정권 당시 정치권에서는 '신(新)독재'가 화두로 부상했다. 나경원 자유한국당 원내 대표는 2019년 7월 10일 국회 교섭단체 대표 연설에서 "지난 문재인 정권 2년은 반대파에 대한 탄압과 비판 세력 입막음의 연속이었다"라며 "문재인 정권이 국민의 자유와 기본권이 아닌, 절대권력 완성을 위해 민주주의를 악용하고 있다. 신독재를 경계해야 한다"라고 주장했다.

이해찬 민주당 대표는 2018년부터 연일 20년 집권론을 링그했다. 이해찬은 2019년 7월 9일 기초자치단체장 연수행사에서 "2020년 국회의원 선거에서 반드시 이겨야 문재인 정권도 성공적으로 마무리할 수 있고, 우리가 재집권할 수 있는 기반을 만들어 낼 수 있다"라며 "그렇게 되면 자유한국당의 위세가 굉장히 축소된다"라고 주장했다.

◇ '中 당교 협약 반국가 행위…尹 탄핵소추서 들통'

무엇보다 더불어민주당이 중국 공산당의 핵심 교육기관인 당교와 업무 파트너십을 맺은 것은 스스로 반국가세력의 정당임을 자임하는 꼴이다. 이는 중국 공산당의 '당교(Party School: 공산당 연수원)'가 중국 공산당의 핵심 이념을 바탕으로 하는 조직이며, 나아가 중국 공산당의 사상을 주도하는 정치사상을 교육하는 기구이기 때문이다.

〈성격이 매우 거친 중대범죄 혐의자 이재명이 두 손 모아 주한 중국(되놈) 대사 싱하이밍에게 마치 훈시를 듣는 것처럼 다소곳한 자세로 앉아 경청하는 모습이 너무 안쓰럽다.〉

따라서 당교 교장을 맡게 되면 당내 파벌조직을 공식적으로 추진할 수 있다. 이는 당교 조직이 없으면 중국 전역을 돌아다니면서 파벌을 만드는 것이 어렵다. 그런 당교는 연수 등을 통해 각성이나 특별시장 등을 불러 모아 당내 조직이나 파벌을 합법적으로 쉽게 조성할 수 있다.

정치전문가들은 "더불어민주당이 중국 공산당의 핵심 기구인 당교와 업무 협약을 한다는 것은 중국 공산당 주석 시진핑의 파벌 속으로 기어들어 간 것이나 다름없다"라며 "이는 헤리티지 연구원 블루스 쿨링의 말처럼 이재명과 더불어민주당이 중국 시진핑 정부를 섬기려고 발악하는 것과 같은 맥락"이라고 지적했다.

특히 더불어민주당의 1차 탄핵소추안에 이를 증명하는 내용이 들어 있는데, 바로 '윤석열은 중국·러시아·북한을 적대시함으로써 횡당힌 친일 징책을 펴 지징학직 균명을 깨고 국민의 안셩과 생존을 위험에 빠뜨렸다'라고 비판한 점이다. 이에 대해 미국 정부로부터 거센 비난이 일어나자 2차 탄핵 때는 이 구절을 쏙 빼버린 것이다.

한편 2024년 12월 24일 미국 '의회 조사국(CRS: Congressional Research Service)'에서도 더불어민주당 1차 탄핵소추안을 지적하면서 '이재명이 친중·친북·친러 노선'이라는 것을 강력하게 비난한 것이다.

중국과 북한이 尹 탄핵
'배후 조종하고 있다!'

◇ 중국 간첩이 대한민국을 걸레 조각으로 만들었다!'

지금 대한민국의 계엄 사태는 중국이 뒤에서 사주하는 것으로 보는 전문가들이 많다. 이들은 또 중국 간첩들이 한국 정치를 마비시켰기 때문에 이번 계엄이 발생했다고 주장한다. 특히 미국 등 서방에서 활동하는 영어권의 반중(反中) 유튜브는 한결같이 이번 대한민국의 계엄은 윤석열 대통령이 한국 내에서 활동하는 친중 간첩 세력에 시달리다 못해 나온 '고육지책'이라고 강조한다.

유명 반중 유튜브인 '레이즈 리얼 토크(Lei's Real Talk)'는 2024년 12월 10일 "중국의 한국침투는 얼마나 해로운 짓인가

(How Bad is China's Infiltration in Korea?)"라는 제목으로 대한민국의 계엄령을 분석 보도했다. 이들은 한국은 중국 공산당이 한국에 심어둔 수십만 간첩들에 의해 한국 정치가 몸살을 앓고 있다가 급기야 자칫 사망에 이를 수 있는 중병으로 진행되고 있다고 지적한다.

특히 이들 중국 간첩으로 활동하는 사람들이 크게 두 가지로 분류된다는 분석까지 내놓았다. 첫째는 한국에서 직업을 가지고 활동하는 중국인(조선족)이 가장 많다. 두 번째로는 중국 유학생이라고 지적한다. 이들 두 세력은 각자 다른 의무를 지고 간첩 활동을 자행하면서도 지금 벌어지고 있는 계엄과 같은 시국 사태가 벌어지면 일치단결해 댓글에서부터 단체행동에 이르기까지 협력한다고 강조했다.

또 다른 반중 유명 유튜브인 '차이나 언스크립티드(China Unscripted)'도 "중국이 한국의 최대 교역국이라는 점을 악용해 한국에 엄청난 숫자의 간첩을 포진시키고 있다"라면서 "이들 중국 간첩이 신문 댓글 등을 이용해 한국의 여론을 호도하면서 심지어 언론까지도 익명성 광고로 사실상 장악하고 있다"라고 강조했다. 그러면서 "한국의 정보기관에 따르면 중국은 한국의 경제, 문화, 노동, 대학 등 모든 분야에 깊게 침투해 활약하면서 중공 괴수 시진핑의 지령을 받고 있다"라고 지적한다.

실제로 국회 앞에서 농성한 인파 중에는 엄청난 숫자의 조선족과 중국 유학생들이 활동하고 있었다. 한국어와 중국어를 동시에 사용하는 조선족 중국인과 중국 유학생이 결탁해 정보를 주고받으며 집회에 참석한다. 조선족 중국인은 중국 유학생들이 잘 이해하지 못하는 언어를 중간에서 소통하며 서로 협력하는 것으로 드러났다. 특히 집회 때마다 사용하는 촛불을 감싸는 소(小) 박스도 모두 중국제품이다.

특히 반중 유튜브는 "계엄이 일어난 것은 그리 놀랄 일이 아니다. 이미 한국은 중국 간첩에 의해 모든 분야가 조작과 거짓 선동으로 왜곡되고 있다"라면서 한 가지 사례로 "광주광역시는 중국 인민해방군 군가와 인민군 행진곡을 작곡한 호남 출신 작곡가 정율성을 위한 기념공원을 조성하려 했다. 이는 중국 관광객 유치에 도움이 된다는 걸 명분으로 삼으려고 했다"라면서 "대한민국은 이렇게 중국 간첩들에 의해 걸레 조각이 돼 버렸다"라고 주장한다.

◇ 중국 '한미일 공조한 尹 제거하고 이재명 세운다!'

미국 정부도 이런 사실을 정확히 파악하고 있다. 미국 CIA는 "중국이 한국에 심어둔 간첩 활동의 가장 큰 목적이 바로 한국 정치를 혼란하게 만들어 한미일 공조 체제로 기운 윤석열 정부를 조기에 무너뜨리고 이재명을 대통령으로 세워 대한민국을 친중으로 속국화한다는 것이 중공 수괴 시진핑의 최근 강력한 지시 사항 중 하나"라고 국무부에 보고했다.

미국 바이든은 물론 트럼프마저도 "중국이 윤석열을 제거하고 지금 당선 가능성이 큰 민주당 이재명을 내세워 한국을 삼키려 한다"라며 "한동훈과 그 아류들이 여기에 충성스러운 역할을 하고 있다"라고 보고 있다. 무엇보다 트럼프 진영의 최고 글로벌전략싱크탱크인 허드슨연구소(Hudson Institute)의 케네스 와인슈타인 전 대표가 계엄령 사태를 지켜보며 지적한 내용이다.

와인슈타인은 "누가 후임 대통령이 되든 한국은 윤석열 대통령의 인도태평양전략과 한미동맹과 한일 협력 등의 성과를 계속 이어가야 한다"라고 주장했다. 그러면서 "우리는 가능한 긴밀한 공조와 협력을 해야 한다. 한국은 미국과 일본이 필요하다. 특히 트럼프 대통령은 만에 하나 후임 정부가 중국 쪽으로 기운다면 그런 태도를 절대로 용납하지 않을 것"이라고 강조했다.

특히 주한 미 대사는 12월 9일 미국 정부가 비상계엄 사태 이후 정부와 여당이 내놓은 이른바 '한덕수·한동훈 공동국정운영 체제(한·한 체제)'에 대해 헌법에 부합한 것인가? 라며 의문을 제기한 바 있다. 이에 대해 외교 전문가들은 "한동훈이 한덕수와 야합해 윤석열을 완전히 제거하려는 음모에 쐐기를 박은 것"으로 보고 있다.

이는 조태열 외교부 장관이 2024년 12월 8일 필립 골드버그 주한 미국대사를 접견한 자리에서 한동훈이 밝힌 '한·한 체제'에 대한 설명을 들은 뒤에 다음날 곧바로 이 같은 질문을 제기한 것이다. 그리고 미국은 사전에 알리지 않은 윤 대통령의 계엄선포에 '심각한 우려'를 표현하면서도 윤 대통령을 배신한 한동훈을 믿지 않는 불편한 의중을 드러냈다.

필립 골드버그 주한 미국대사는 "미국은 한국의 관련 당사자들과 지속해서 긴밀히 소통하고 있으며, 한반도 평화와 안보에 계속해서 전념하고 있다"라고 강조했다. 이에 우리 정부도 미국 측의 반응에 대해 말을 아끼고 있다.

외교 당국자는 "향후 발생할 사태에 미국이 어떤 식으로 나올지 몰라 이번 계엄과 관련해 가볍게 처신하지 말고 매우 신중한 행동이 필요하다"라고 언급했다. 그러면서 "한미 간에는 계속 긴밀히 소통하고 있고, 앞으로도 그런 소통을 이어갈 것이다. 양국은 굳건한 한미동맹의 발전을 위해 계속 긴밀히 소통해 나갈 것"이라고 강조했다. 특히 미국이 박근혜 탄핵 정국 때와는 확연히 다른 면모를 보이는 것은 미중 대결에서 한국의 역할이 너무도 중요하기 때문이다.

몰락하는 중국을 떠받드는
'친중 어용 지식인'

◇ WSJ '악의 축 북·중·러 vs. 美 중심 서방 가치'

그동안 우리가 잘 모르는 국가는 중국이 아니라 미국이었다. 미국은 전쟁에서 패하지 않은 채 패권국의 지위를 도전자에게 평화적으로 순순히 양보할 나라가 절대로 아니라는 사실을 잘 모르고 있다. 이는 비단 미국뿐만 아니라 인류 역사에서 패권국이 도전자에게 전쟁 없이 패권을 물려준 적은 단 한 번도 없었다.

1기 때 트럼프 대통령이 무역전쟁을 하는 것을 보고 많은 전문가와 국가들이 '트럼프가 세계 무역 체제를 파괴하고 있다'라고 비난했다. 하지만 2018년 12월 26일 월스트리트 저널(WSJ)은 사설을 통해 "그렇지 않아, 트럼프는 세계 무역체제를 파괴하는 것이 아니라 그것을 두 개로 나누었을 뿐"이라며 "하나는 미국 편, 다른 하나는 반칙하는 나라인 중국과 러시아, 북한"이라고 보도했다.

그런데도 그 당시 대부분 미국 동맹국마저도 트럼프가 중국과 벌이고 있는 무역전쟁이 자국에 피해가 된다고 말했다. 유럽연합(EU) 국가들이 그랬다. 특히 독일과 이탈리아, 그리스 등의 정부는 수뇌부는 당시 거의 중국으로부터 뇌물을 받고 친중으로 기운 상태였기 때문이다. 따라서 미중 무역전쟁 초기에는 미국의 유럽 동맹마저도 트럼프와 삐걱거리고 있었다. 그러나 이때부터 중국 경제는 꽁꽁 얼어붙기 시작했다.

리커창의 죽음과 물거품 된 '중국제조 2025'

2023년 12월 25일 현재 중국에서는 한 달에 2,000위안(약 36만 원)도 못 버는 사람이 9억 6,400만 명에 달한다는 기사는 경제매체에서 게재 하루 만에 삭제됐다. 해당 대목은 중국 소셜미디어

웨이보에서 검색 순위 1위에 오르는 등 엄청난 관심과 파장을 불러일으켰다.

중국 경제매체인 제일재경이 2023년 12월 25일 중타이증권의 수석 에널리스트 리쉰레이가 쓴 '산을 오르는 것보다 내려가는 게 어렵다. 수요 측면에서 본 경제'라는 제목의 글을 올렸다. 이 글은 유효 수요 부족으로 부동산을 중심으로 중국 경제가 큰 위기를 겪고 있으며, 심각한 빈부 격차와 고령화 문제 등을 해결하지 않으면 몰락한다는 내용을 담았다.

리쉰레이는 또 이 글에서 소득 분배 문제가 어렵다며 베이징사범대가 2021년 발표한 '월 소득 2,000위안 미만인 사람이 9억 6,400만 명'에 이른다는 내용을 인용한 것인데, 해당 내용이 문제가 된 것으로 보인다고 밝혔다. 하지만 이는 2024년에 쏟아져 나온 기사들이다.

특히 'China's Dim Economic Prospects' 중국 경제는 회생 불능에 도달해 있다는 것이다. 부동산 문제는 여러 요인 중 하나일 뿐, 현재 지어졌거나 건축하다 중단한 아파트를 다 채우려면 30억 명이 필요하다고 주장했다. 이게 경제적으로 제대로 된 나라인가? 중국은 현재 경제적으로는 거의 붕괴 상태에 와 있다.

〈중공 시진핑 정부가 패권국가로 나아가기 위한 정책 방안을 구체화한 것 가운데 '일대일로(一帶一路: one belt, one road)' 전략은 중국 정부의 과욕으로 해당 국가와 마찰을 일으키면서 벽에 부딪혀 실패로 돌아갔다.〉

또 중국의 고속철도가 세계에서 가장 길다. 이는 어떤 치밀한 계획이 없이 그냥 무턱대고 만들어 버린 것이다. 그래서 탑승객이 턱없이 부족해 적자가 엄청나다. 최근 일본 닛케이 신문이 발표한 바에 따르면, 중국의 고속철도 적자가 연간 9,000억 달러에 이른다. 그리고 이는 중국 GDP의 약 6%에 달한다고 밝혔다.

2023년 7월 18일 중국은 급격한 인구 감소로 이미 세계 제1위의 인구 대국 자리를 인도에 내줬다. 이 추세라면 급속한 고령화와 함께 생산인구, 내수 수요 부족 등으로 이어져 세계 제1위의 경제 대국이 되겠다는 야심에 찬 시진핑의 목표는 모두 물거품이 돼버린 암울한 현실이라고 지적했다.

◇ 중국 몰락의 신호탄 '부동산·제조업 직격탄'

코로나 팬데믹이 오기 전 미중 무역전쟁이 한창 진행 중인데도 여전히 중국이 승리할 것이라며 입에 침이 마르도록 찬양하던 중국 전문가들까지도 지금은 중국의 몰락을 이야기하고 있다. 세계 패권을 넘보던 중국 경제가 어렵다는 것을 이제는 삼척동자도 알고 있다.

그런데도 여전히 중국을 칭송하며 바라보는 중국 해바라기들이 많다. 바로 대한민국을 이끄는 정신머리가 빠져나간 더불어민주당을 비롯한 좌파 정치인들이다. 이들은 진짜 몰라서 모르는 것인지, 아니면 알고서도 공산주의 이념에 경도돼 죽어도 중국과 함께 죽겠다는 것인지 도무지 이해가 안 된다.

무엇보다 흔히 중국 경제의 2대 기둥이라 불리는 부동산과 제조업이 이미 직격탄을 맞았다. 중국의 부동산은 중국 국가 GDP의 약 33%(1/3)를 차지한다. 그런 중국의 부동산 잔치는 중국 최대 부동산 그룹 헝다가 파산하면서 일찌감치 막을 내리고 말았다. 그래서 중국의 경제가 끝났다는 주장들이 흘러나오고 있다.

실제로 중국 광둥성 광저우시에 본사를 두고 있는 중국 최대

규모의 부동산 건설사 헝다부동산(恒大地产)을 주축으로 하는 기업 집단(영어명 Evergrande)이 2023년 8월 17일에는 미국에 파산보호 신청을 했다. 헝다는 2020년 기준 중국 건설사 중 자산규모 1위를 기록하고 있으며, 2021년 기준《포춘》의 글로벌 500대 기업 리스트 중 122위를 기록한 바 있다.

헝다부동산은 완커(万科), 컨트리가든(碧桂园)과 함께 중국 3대 부동산 건설사로 불렸다. 하지만 그동안 문어발식으로 사업을 확장하다가 2020년 8월 중국 시진핑 정부의 강력한 부동산 개발업체 대출 규제로 인해 자금난에 빠져 도산 위기에 처하면서 결국 파산했다. 블룸버그통신은 헝다부동산이 2023년 9월 25일까지 지급해야 할 원금·이자 40억 위안(약 7385억 원)을 갚지 못했다고 밝혔다.

그런데도 중국 공산당 정치 체제는 이를 개혁할 능력이 없다. 이는 개혁하면 국가는 소생할 수 있다. 하지만 시진핑이 죽어야 하며, 곧 공산당이 무너진다. 국가보다 더 중요한 공산주의 이념을 버릴 수 없는 것이 중국 체제다. 그래서 전문가들은 한결같이 중국의 경제적 몰락을 이야기한다.

두 번째 중국이 한때 세계 제조업의 블랙홀이라 불리던 것이

제조업이 붕괴하면서 높은 실업률로 실업자들이 넘쳐난다. 이미 중국 정부는 실업률 발표마저 그친 지 오래다. 중국 문제를 연구하는 전문가들은 중국 청년 실업률이 40%를 넘어 50%에 육박하고 있다고 주장한다.

◇ 상하이·베이징·쉔젠 등이 거지 떼로 북적인다!

중국을 대표하는 국제도시이자 중심도시인 상하이와 수도 베이징에서는 고급 음식점들이 속속 문을 닫고 있다. 문을 닫은 황량한 거리에는 근로자들이 임금을 받지 못해 항의하는 등 폭동에 가까운 일들이 날마다 벌어지고 있다. 이것이 바로 중국 경제가 몰락하고 있다는 가장 현실적인 시그널이라고 할 수 있다.

무엇보다 한때 중국의 실리콘밸리로 불리면서 젊고 참신한 IT 인재들로 활기에 찬 쉔젠과 같은 부자 도시의 길거리에는 거지와 노숙자들 쏟아지고 있다. 이들 젊은이는 갈 곳을 잃고 노숙을 하고 있다. 이러한 양상이 중국 전역에서 일어나고 있다. 문제는 기업들이 더 이상 고용을 하지 않고 있다. 중국 경제를 떠받치는 부동산과 제조업이 무너지는 것을 보면서 그동안 중국 찬양 일색으로 노래하던 친중 기업인들까지도 중국 몰락을 외치고 있다.

여기다 트럼프 대통령 2기 정부가 출범하면서 미중 전쟁이 한층 더 격화하면서 사실상 중국 경제가 끝나는 것은 불을 보듯 뻔하다. 이것이 바로 크리스 채플(Chris Chappell: 중국 문제 전문 유튜브)이 '검열되지 않은(China uncensored) 채 끝장난 중국 경제'라는 섬네일로 몰락하는 작금의 중국을 적나라하게 전달해 주고 있다.

中 시진핑 야심작 '일대일로' 정책은 실패작!

〈중국 공산당이 주도하는 일대일로一帶一路 프로젝트에 대해 전문가들은 한결같이 "세계에서 가장 큰 규모의 미완성 프로젝트이자 대大 실패작"이라고 말한다.〉

◇ 시진핑 중국몽(夢)의 구체적인 시간 계획까지

중국 시진핑 당국은 중국 공산이 건립된 지 100년이 되는 2021년까지의 1차 계획과 중국 공산당 건국 100주년 2049까지의 2차 계획 등 두 가지 시간적 목표를 향해 위대한 중국을 만들겠다는 전략적 계획을 세웠다. 이는 곧 정치·경제·사회·문화 등 모든 측면에서 미국을 뛰어넘어 명실공히 세계 제일의 패권국가로 도약한다는 야심 찬 목표를 설정한 것이다.

1차 계획인 2021년까지 중국을 건강하게 번영하는 사회(소강사회[小康社會]: moderately prosperous society)를 만든다는 것이다. 중국인의 GDP를 두 배 향상, 생활기준 향상, 빈곤 제거 등을 담고 있다. 그리고 2차 계획인 2049년까지는 중국 인민공화국을 번영하고 막강하고 민주적이며, 문명화되고 조화로운 현대적 사회주의 국가(대동사회[大同社會])로 건설한다는 것이다.

여기서 나오는 두 개의 개념은 모두 중국의 고전 '사서삼경(四書三經)'에 있는 말이다. 소강(사오캉)사회는 '예기(禮記)'의 예운(禮運) 편에 나온다. 오제(五帝) 시대의 이상적인 사회를 뜻하는 대동사회보다 한 단계 아래로, 성왕 요순이 다스리는 사회로 전란 등 난세를 벗어나 백성의 삶이 안정된 상태를 뜻한다.

천하가 모두 화합한다는 대동(다통)사회는 공자가 꿈꾼 이상사회(유토피아)를 말한다. 공자가 말하는 대동사회는 현명하고 유능한 이상적인 성인이 나라를 다스리고 현명하고 유능한 사람이 등용되는 현자 사회, 즉 태평성대를 말한다. 한 마디로 시진핑은 염치도 없이 고전을 마구 끌어다 견강부회한 셈이다.

그런데도 시진핑은 이러한 패권국가로 나아가기 위한 정책 방안을 구체화하는데, 이것이 바로 '일대일로(一帶一路: one belt, one road)' 전략과 '중국제조 2025'의 구상이다. 여기서 '중국제조 2025'는 중국이 미국을 제치고 모든 제조업 분야에서 세계 최고의 국가가 되겠다는 계획이다.

마침내 2015년 4월에 '메일 온라인(Mail Online)'이 "미국의 시대는 2016년이면 끝난다"라고 발표한다. 당시 보도 내용은 "미국은 5년(2020년) 내 세계 제1 경제 대국의 자리를 잃게 될 것이다"라고 대서특필한 것이다.

그리고 이듬해인 2016년 국제통화기금 IMF가 중국의 경제가 미국을 앞설 것이라는 전망을 하였다. (IMF predicts the year China's economy will surpass US: The Age of America ends in 2016). 그 당시 시진핑의 꿈대로라면 이미 지난 2021년 중국은

소강사회를 이룩했어야 한다.

시진핑이 꾼 중국몽, 악몽(惡夢)이 되었네!

중국몽은 중국 공산당(CCP: The Chinese Communist Party)의 주석 시진핑(1953년생)으로 상징되는 국가 대전략을 의미한다. 시진핑은 중국 국가 주석이 된 직후인 2012년 11월 중국몽을 제창한다. 이는 시진핑의 정치이념을 말한다.

그 당시 시진핑은 중국 국가박물관 전시회에서 한 연설에서 국가 진흥을 위한 길 '중국의 꿈은 중국이라는 국가를 부흥하는 것'이라고 언급한다. 그리고 중국 학자들은 이를 구체적으로 국가 부흥, 민족 진흥, 그리고 인민 행복으로 규정하고 있다. 중국 인민은 한결같이 열렬히 환영했다. 이는 곧 미국을 완전히 제압하고 세계 일등의 패권국가가 되는 중화민족의 오랜 염원을 이룩한다는 것이다.

게다가 중국의 유명 지식인 옌쉐퉁 칭화대 교수가 2013년에 저술한 『2023년 세계사 불변의 법칙』이라는 책에서 "향후 10년 뒤인 2023년은 중국과 미국이라는 두 초강대국을 각각 한 극으로

하는 양극 구도로 재편될 것"이라며 "미국과 중국은 과학과 기술 등 모든 면에서 동급의 나라가 된다"라고 중국 인민을 부추겼다.

◇ 대한민국 친중 애꾸가 웃긴 소설 '시진핑의 중국몽(夢)'

〈"지금, 당신은 미래를 마주할 준비가 되어 있습니까? 중국이 G1, N1, 또는 T1이 될 것이란 사실은 자명하다. 그러한 현실이 코앞에 와 있다. 발등에 불이 떨어지고 나서야 비로소 이랬어야 하는데, 어쩌고저쩌고하면서 책임 공방이나 할 정치한다는 양반들 모습이 눈앞에 선하다." 아뿔싸! 그런데 이 비정한 현실을 어찌할까? 지금, 중국이 몰락하는데, 당신은 해명할 준비가 돼 있나요?〉

게다가 2013년 7월 조정래는 저서 『정글만리』에서 "중국이 14억 인구의 내수시장으로 돌아섰는데, 우리가 어떻게 대응하느냐에 한국의 생존이 걸렸다. 똑같은 물건을 수출해도 미국에 가는 것보다 중국에 가는 운송비는 3분의 1도 안 되죠. 지금 광화문

사거리가 온통 중국인 관광버스로 가득 차 있어요"라며 "이제 중국이 미국을 제치고 세계 패권국이 되는 건 두말할 필요가 없다"라고 입에 침이 마르도록 중국 찬양에 열을 올렸다.

그런데 이후 12년이 지난 2025년 현재 그 유명한 중국 정치학자 옌쉐통 칭화대 교수의 말처럼, 중국과 미국이 초강대국 동급의 나라가 된 것인가요? 또 한국의 유명 작가 조정래의 말대로 중국은 그 누구도 부인할 수 없는 세계 패권국가로 코앞에 와 있나요? 지금 중국 경제는 누구도 부인할 수 없는 몰락의 길에 들어선 것이 자명하다. 어설픈 친중 지식인들이 시진핑의 중국몽을 노래하던 찬양가가 한낱 일장춘몽이 돼버렸다. 어용 지식인의 천박한 사고가 부끄럽다.

친중 양아치들이
'대한민국을 거덜 내고 있다!'

이재명 '싱하이밍 만나 굽신 사대 외교 논란'

지난 2023년 6월 8일 이재명 더불어민주당 대표가 주한 중국대사 관저에서 싱하이밍 중국대사와 회동했다. 그 당시 두 사람 회동은 신냉전 시대에 중국이 외교적으로 대한민국을 대하는 태도가 얼마나 오만방자한지를 우리에게 적나라하게 보여준 사건이었다.

싱하이밍 주한 중국대사가 미리 준비한 대본을 한국어로 읽으면서 대한민국 윤석열 정부의 서방 중심 외교정책에 대해 '중국의 패배에 베팅하다가 나중에 후회한다'라는 협박성 발언을 한 것이 외교 문제로 크게 비화했다. 하지만 더불어민주당 이재명이 이에 대해 아무런 대응도 하지 못했다. 그러자 국내외에서는 이재명의 '사대 굽신 외교'라는 논란이 일었다.

〈대한민국 거대 야당의 대표 이재명이 일개 공산주의 국가 중공 대사에게 대하는 태도가 "마치 그 옛날 중국의 황제를 대하는 태도와 같다"라는 비난이 봇물 터지듯 쏟아져 나왔다.〉

외교정책 전문가들은 한결같이 "만에 하나 '해당 국가에 무엇을 해야 한다'라는 요구 형식이라면 외교적으로 문제가 되지 않는데, 싱하이밍의 발언처럼 타국의 행위에 대해 평가하고 이에 대해 후회를 언급하면서 보복성 발언을 한 것은 내정간섭을 넘어 외교 대사가 해당 국가를 상대로 직접적인 도발을 시도한 것으로 외교적으로 굉장한 실례되는 행위"라고 비난했다.

그러면서 "대한민국의 거대 야당 대표인 이재명이 일개 공산주의 국가 중공 대사에게 대하는 태도가 마치 그 옛날 중국의 황제를 대하는 태도와 같다"라며 강하게 비난을 쏟아냈다. 이어 "대한민국 야당이 중공 시진핑의 이중대라는 걸 적나라하게 보여주는 장면"이라고 분노했다. 지금 윤석열 대통령을 끌어내리려고 발악하는 이재명이 꿈꾸는 사회가 무엇인지 눈에 선하다.

◇ 中에 저자세인 '이재명·한동훈'은 친중파다!

한국인의 대(對)중국 비호감도는 83%로 세계 최고 수준이다. 한국 지도층이 중국에 저자세인 이면에는 친(親)중국화 공작용으로 중국이 쳐놓은 '이익의 사슬'과 '위협의 사슬'에 발목이 잡힌 지식인·엘리트·고위 인사들이 헤아릴 수 없이 많기 때문이다.

따라서 그동안 중국의 고압적이고 비우호적인 태도에 제대로 항의도, 상호주의적 대응도 하지 못하고 있다. 경제 관계의 중요성을 구실로 침묵하고 굴종하면서 중국 시진핑의 환심을 사는 데 몰두했다. 그 결과 한국인은 중국인이 만만하게 취급해도 되는 개돼지가 돼 버렸다.

특히 이는 문재인 정부 때 거의 속국화 돼버렸다. 대한민국 대통령이 시진핑 '황제 마마'를 한 번 알현하기 위해 10끼 중 8끼를 혼자서 밥 먹으면서 노심초사하고 있었으니, 이게 말이나 되는 짓인가? 게다가 대통령을 수행하는 기자단이 중공 공안에게 개처럼 처맞아도 입도 한번 벙긋 못하는 문재인 정부를 섬기는 대한민국 종자들은 또 무엇인가?

그래서 우리 국민 중에서 십중팔구가 싫어하는 나라의 수괴 '시진핑 황제'가 대한민국을 조종하고 있다는 것이다. 그런데도 나라를 살리기 위해 극단적 처방으로 계엄을 선포한 윤석열 대통령 탄핵 집회에 친중파들이 떼거리로 몰려나온 중국 유학생들과 희희낙락거리면서 이 나라 자유민주주의 대한민국을 파괴하고 있다. 이러니 대한민국의 친중파는 완전히 골이 빈 좀비나 다름없다.

무엇보다 윤석열 대통령 탄핵에 앞장선 이재명과 한동훈을 섬기는 천박한 자(者)들아! 윤석열 대통령을 겁박하지 말고 이재명과 한동훈을 향해 이렇게 물어보라. "이 나라 자유민주주의 대한민국을 침몰하는 중국으로 끌고 가려는 이유가 무엇인가? 함께 망하자는 것인가? 아니면 친중 사회를 건설해 자손만대 더러운 되놈의 하수인이 되자는 것인가?"

이제 왜곡된 한중 관계를 정상화하기 위한 최고의 방법은 한국 스스로가 가치관과 원칙이 확고한 나라, 위협이나 경제적 이익에 굴복하지 않는 나라, 자유민주 국제 진영에서 확고한 지분과 발언권을 가진 나라가 되는 것이다. 실제로 윤석열 정부가 들어서면서부터 한국을 대하는 중국과 러시아의 태도가 확연히 달라졌다는 것을 우리가 알고 있지 않은가.

◇ 중국 간첩 수십만 '한국 땅 휘젓고 다닌다!'

실제로 대한민국에는 이처럼 허술한 보안법을 악용한 중국 간첩 수십만 명이 활동하고 있는 것으로 알려졌다. 당시 경찰과 정보당국이 미국 항공모함을 드론으로 불법 촬영한 혐의로 중국인 3명이 붙잡힌 자들의 디지털 기기를 포렌식 해 분석한 결과 지난 6월뿐만이 아니었다.

이들은 최소 2년 전부터 해당 군사 기지를 비롯해 인근 군사시설을 촬영한 정황이 포착된 것으로 알려졌다. 경찰과 정보당국은 중국 유학생들의 진술과 달리 당시 촬영이 호기심에서 비롯된 우발적 행위가 아니라, 사전에 기획됐을 가능성이 있다고 보고 수사를 벌인 결과 다른 군사시설까지 촬영한 정황을 포착한 걸로 확인됐다.

그 당시 한미일 군사훈련에 참가하기 위해 부산 작전기지에 입항한 미국 항공모함 시어도어 루즈벨트함은 윤석열 대통령이 직접 승선해 한미동맹을 강조하기도 했다. 그런데 당일 중국인 유학생 3명이 인근 야산에서 해당 행사장을 5분 정도 드론으로 촬영하다 경찰에 적발됐다. 이들은 당시 경찰조사에서 "단순한 호기심에 촬영했다"라고 진술했다.

정보당국 관계자는 "외국인이 한국 군사시설 등을 무단 촬영하는 건 군사 기지 및 군사시설보호법 위반"이라며 "구체적인 촬영 배경에 대한 조사가 불가피하다"라고 밝혔다. 중국 유학생들은 30대와 40대로 현재 부산에 소재한 국립대에서 유학생 신분으로 석박사 과정을 밟고 있는 걸로 알려졌다.

◇ 중국 간첩 제재 법안 '민주당이 막고 있다!'

간첩행위를 한 중국 유학생은 한국에서 공부하다 중국으로 돌아가서 회사 생활을 한 뒤 다시 돌아온 걸로 알려졌다. 수사 당국은 이들을 출국 정지하고 조만간 다시 소환해 대공 혐의점이 있는지 집중적으로 조사할 방침이다. 앞서 2024년 6월 9일에도 국내에서 해외배송업체 직원으로 일하는 40대 중국인 남성이 국가정보원 청사를 드론으로 촬영하다 적발돼 경찰조사를 받았다.

심각한 문제는 대한민국에서는 수십만의 중국 간첩들이 자유롭게 스파이 활동을 해도 이들을 근본적으로 제재할 현행 법률이 없다는 것이다. 이러한 상황을 막기 위해 형법의 간첩죄 조항을 수정하려 했지만, 더불어민주당이 완강히 가로막았다. 그래서 전문가들은 "민주당이 바로 내란을 방조하는 반국가세력"이라고 주장한다.

무엇보다 문재인 정권 당시 국정원의 대공 수사권을 완전히 박탈했다. 심지어 이것도 모자라서 국가보안법 폐지까지도 시도하고 있다. 국가 안보를 위협하는 간첩을 잡지 말라는 정당이 민주당이다. 이제 더불어민주당은 누가 뭐래도 대한민국에서 자유민주주의를 누릴 자격이 없다.

윤석열 대통령 '민주당은 어느 나라 정당인가?'

"지금 거대 야당은 국가 안보와 사회 안전까지 위협하고 있습니다. 예를 들어 지난 2024년 6월 중국인 3명이 드론을 띄워 부산에 정박 중이던 미국 항공모함을 촬영하다 적발된 사건이 있었습니다.

하지만 현행 법률로는 외국인의 간첩행위를 간첩죄로 처벌할 길이 없습니다. 이러한 상황을 막기 위해 형법의 간첩죄 조항을 수정하려 하였지만, 거대 야당이 완강히 가로막고 있습니다.

특히, 지난 정권 당시 국정원의 대공 수사권을 박탈한 것도 모자라서 국가보안법 폐지까지 시도하고 있습니다. 국가 안보를 위협하는 간첩을 잡지 말라는 것이 아닙니까? 도대체 어느 나라 정당이고 어느 나라 국회인지 알 수가 없습니다."

지금은 탄핵 정국이 진행되고 있다. 하지만 대한민국 국정을 책임지고 있던 윤석열 대통령의 피가 끓는 심정을 우리는 얼마나 공감하고 있는가? 이게 현재 대한민국의 한 단면이라면 지금 우리가 얼마나 중국에 예속돼 있는가를 물어볼 필요가 없다.

중국몽(夢) 환상 버리고
'역사 흐름을 직시하라!'

    대한민국 사람들은 한반도 안보와 북한 핵 문제가 세상에서 가장 중요한 문제라 생각하면서도 대만 문제, 중국 인권, 남중국해 영토 분쟁 같은 중국과 관련된 심각한 문제는 마치 강 건너 불구경이라도 하듯이 놀라울 정도로 무관심하다. 이는 바로 우리 언론이 친중국에 예속돼 있기 때문이다.

    우리 사회는 이미 〈여시재〉와 같은 얼빠진 지식인 그룹과 조선, 중앙, 동아와 같은 언론 양아치들에 의해 의식구조가 완전히 친중으로 경도돼 버렸다. 그러나 다행히도 윤석열 정부는 문재인 정부 때 중국 진영으로 완전히 기울었던 대외 정책 기조를 전환해 자유민주주의적 세계관과 가치관을 과감하게 실천에 옮기면서 대한민국을 위대한 국가로 도약할 수 있는 초석을 다졌다.

하지만 대한민국의 친중 좌파와 중국의 지원을 받는 종북 세력이 이에 완강히 거부하고 있다. 그래서 작금의 계엄 사태라는 엄혹한 현실을 맞은 것이다. 그런데도 중국 정부가 배후에서 조종하고 있다는 위험한 사실을 아는 사람은 많지 않다.

지금 세계는 신냉전이라는 돌이킬 수 없는 강을 건넜다. 신냉전은 미국과 유럽 등 서방 가치를 함께 하는 세계와 중국과 함께하는 전체주의 독재사회 국가들과의 경쟁이다. 신냉전은 트럼프 1기 정부가 출범하며 미국과 중국 간 패권 경쟁이 시작되면서 2022년 우크라이나 전쟁을 계기로 세계로 확산하면서 그 구도가 완성됐다.

국제정치 전문가들은 한결같이 "작금의 미·중 대결이 미국의 승리로 끝나더라도 과거와 같은 세계화 시대는 돌아오지 않는다"라며 "미국의 대(對)중국 압박과 견제는 중국이 다시는 도전을 꿈꾸지 못할 정도로 완전히 몰락할 때까지 지속될 전망"이라고 말한다.

따라서 우리도 이제는 중국에 대한 미련과 환상을 버리고 역사의 흐름을 직시해야 한다. 그런데도 대한민국 정치인들과 지식인들은 여전히 중국을 중심으로 한 지난 30여 년간 지속되어 온 세계화 시대가 도래할 것으로 전망한다. 그러나 이런 착각에서 벗어나지 못하면 대한민국의 미래는 없다.

특히 한국의 좌파 정치세력인 더불어민주당과 함께 대부분 지식인이 아직도 중국에 대한 헛꿈을 꾸고 있다. 그리고 비단 좌파뿐만이 아니다. 특히 윤석열 대통령을 배신한 한동훈과 같은 자(者)는 친중에 대한 염원은 더불어민주당보다 더 강렬하다. 그 이유는 한동훈을 둘러싸고 있는 주변 환경이 친중 세력이기 때문이다.

트럼프 대통령의 2기 정부 출범과 함께 미국은 한층 더 가혹하게 중국을 압박하게 될 것이다. 그리고 중국은 머지않아 굴복하고 무너질 수밖에 없다는 이 엄중한 현실을 인식해야 대한민국이 도약하는 새로운 시대를 꿈꿀 수 있다.

◇ 신냉전 대응하지 못해 시진핑 섬기면 골로 간다!

지금 진행되고 있는 신냉전 시대는 개별 국가 간 관계가 아니라 진영 대 진영의 관계로 국제 질서가 이루어진다는 점이다. 또 국제 정치가 합리적 논리나 개별 국가의 이익이 아닌 진영의 공동 이념과 이익에 좌우되며, 진영의 안보와 이익이 개별 국가의 안보와 이익에 우선한다는 점도 특징적이다. 이런 현상은 이미 미·중 대결과 우크라이나 전쟁 과정에서 그 양상이 확연히 드러나고 있다.

무엇보다 시급한 문제는 한국은 세계 10위권 경제 대국이자 세계 6위 군사 강국이다. 하지만 우리는 국력에 걸맞은 주장을 못하고 '외교적 모호성'으로 상황에 순응하는 선택을 해 왔다. 그결과 중국은 한국에 일방적 사드(THAAD) 제재를 강행했고, 당시 트럼프 전 대통령은 주한미군 철수까지 추진하려고 한 것이다. 여기다 최근엔 러시아가 멋대로 북·러 동맹조약까지 맺었다.

이렇게 신냉전이란 험난한 세계가 펼쳐지는데도 한국은 더불어민주당을 중심으로 친중 세력이 활개를 치고 있다. 오직 대한민국만이 확고한 가치관도 원칙도 계획도 없이 과거 시진핑의 중국몽 시대가 다시 돌아올 것이란 헛꿈을 꾸고 있다.

어리석은 국민은 반드시 대가를 치르는 것은 역사의 교훈이다. 신냉전 시대에 자유민주주의 서방 가치사회 진영과 중국·북한·러시아 진영 어디에도 속하지 않는 채 전략적으로 모호한 위치에 머물러 있다는 것은 굉장히 위험하다. 특히 트럼프 2기 정부 시대 어떤 충격을 감당해야 할지 모른다는 사실을 명심해야 한다.

6장
윤 탄핵 당하면
'북한·중공 인민 된다!'

중공 수괴 시진핑과 북한 괴수 김정은이
윤석열 대통령 탄핵을 배후에서 조종하고 있다.

지금 200만 중국인 조선족과 중국 유학생 가운데
수십만 명이 중공 간첩으로 활동하고 있다.

또 북한에서 내려온 남파간첩과
포섭된 남한 내 자생 간첩들이
윤석열 대통령 탄핵을 위해
미친 듯이 날뛰고 있다.

윤석열 대통령이 탄핵 되면
대한민국은 북한–중공의 인민으로
전락할 수밖에 없다.

尹 대통령 탄핵 되면
'중국·북한 인민 된다!'

◇ 민주당 '윤석열 탄핵하고 중국·북한 속국으로 간다!'

이번 윤석열 대통령의 비상계엄을 통해 우리는 대한민국 내부가 이념적으로 종북과 친중국이란 반국가세력에 어떻게 점령되고 타락해 있는가를 명백하게 인식하는 계기가 되었다. 이는 단순히 계엄을 바라보는 시각의 차이가 아니다. 남한 내 종북 주사파와 중국 공산당을 지지하는 친중국 세력이 힘을 합쳐 자유민주주의 대한민국을 파괴하고 공산 전체주의 사회로 몰고 가려는 음모를 고스란히 드러내고 있기 때문이다.

무엇보다 지금 친중 세력이 종북 세력과 힘을 합쳐 대한민국을 반미(反美)로 몰아가고 있다. 이를 위해 중공 수괴 시진핑이 배후에서 중국 유학생들과 조선족 중국인들을 조종하면서 윤석열 대통령 탄핵에 앞장서고 있다. 특히 종북 주사파 세력은 지난 수십 년 동안 북한 통일전선부가 남한에 뿌려놓은 수십만 명의 간첩들을 자극해 중국 간첩들과 협력하고 있다. 게다가 이번 계엄에서 드러난 친한동훈계까지 친중국파가 함께 공조해 대한민국 내에서 끊임없이 자유민주주의를 파괴하는 데 앞장서 왔다.

지금 대한민국이 위태롭다. 윤석열 대통령 계엄령 사태의 근본 원인은 종북 세력과 친중 세력에 의해 촉발됐다. 윤석열 대통령이 계엄선포 문에서 밝혔듯이 그 내용이 "반국가세력의 체제 전복 위협으로부터 자유민주주의 대한민국을 수호하고 국민의 안전을 지키겠다"라는 것을 골자로 하고 있다. 따라서 지금 진행되고 있는 윤석열 탄핵 정국은 자유민주주의를 수호하려는 애국 세력과 종북 및 친중 세력과 건곤일척의 한판 싸움이다. 여기서 밀리는 세력은 피비린내 나는 숙청을 당하지 않을 수 없다.

윤석열 대통령을 중심으로 자유민주주의 대한민국을 지키려는 애국 세력이 이에 맞서고 있다. 이는 이재명의 망국적 의회 독재와 사회 교란 행위로 인해 국가 행정과 사법부의 기능이 완전히 붕괴 상태가 되었기 때문이다. 따라서 윤 대통령이 계엄령을 발동해 국민에게 거대 야당의 반국가적 패악을 알려 이를 멈추도록 경고한 것이다. 윤석열 대통령은 이번 비상계엄은 자유민주주의 헌정질서의 붕괴를 막고, 국가 기능을 정상화해 국정을 바르게 이끌기 위한 불가피한 조치였다고 언급했다.

그래서 종북 및 친중 세력은 이런 냉혹한 현실을 명확히 인식하고 있다. 특히 종북 세력을 이끄는 이재명은 전과 5범이자 10여 건의 중대 범죄혐의로 재판을 받고 있다. 이재명은 어떻게 하더라도 윤석열 정부를 파괴하기 위해 발악하고 있다. 이제까지 보아온 것처럼 이새녕과 더불어빈주낭은 오식 방탄을 봉해 복숨을 걸고 이재명을 보호하고 윤석열 대통령을 끌어내리기 위해 온갖 음모와 거짓, 가짜뉴스와 심지어 헌법 질서를 파괴하면서까지 최후 발악을 하고 있다.

실제로 거대 야당인 더불어민주당은 자신들의 비리를 수사하고 감사하는 서울중앙지검장과 검사들을 탄핵하고, 헌법기관인 감사원장을 탄핵하면서 협박한다. 그리고 이자들은 이미 행안부 장관과 주요 인사들을 탄핵하면서 국정을 마비시키고 있다. 지금 더불어민주당과 중대범죄자 이재명이 벌이고 있는 의회 독재는 정상적인 정치활동이 아니다. 이들은 특정 반국가세력과 야합하여 목숨을 걸고 자유민주주의 대한민국을 파괴하고 있다. 이미 종북 및 친중 세력이 앞장서 오직 윤석열 대통령 탄핵에 목숨을 걸고 있다.

무엇보다 간첩 조직인 민노총이 전면에 나서 더불어민주당의 이재명을 결사옹위하고 있다. 민노총은 이미 지도부가 북한 당국의 지령을 받고 김정은의 꼭두각시 노릇을 해오다 3명이 간첩행위를 해오다 중형을 받고 구속됐다. 민주노총은 대한민국 내에 사건 사고가 있을 때마다 북한지령을 받고 간첩행위를 일삼아 온 대한민국 최대 반국가 단체다.

특히 민노총은 윤석열 정부 시절에 지난 2022년 10월 29일 발생한 이태원 압사 사건 때조차도 이들이 직접 북한 김정은의 지령을 받고 앵무새 노릇을 하면서 선전 선동에 앞장섰다. 민노총 지도부가 받은 북한 지령문에는 "이태원 참사로 인한 국민적 분노를 윤석열 정부에게로 돌려라"라는 충격적인 내용이 담겨 있었다. 민노총은 남한에서 사건 사고가 일어 때마다 북한지령을 받아 행동한 간첩 집단이다.

이렇게 대한민국에서 대형 사고 발생할 때마다 직접 북한지령을 받고 남한에서 암약하는 종북 주사파와 중국 간첩들이 총궐기해 자유민주의 대한민국을 파괴하고 있는데도, 대한민국 국민은 이에 분노하기는커녕 미동조차 하지 않고 있다. 게다가 윤석열 대통령이 이번에 자유민주주의를 수호하기 위해 고육지책으로 선포한 계엄을 오히려 탄핵으로 몰아가는 데 앞장서고 있다.

무엇보다 윤석열 대통령이 계엄령을 발표할 당시 국민의힘 한동훈이 진상 파악도 제대로 하지 않은 채 가장 먼저 계엄반대 목소리를 냈다. 자유민주주의 대한민국을 지키려는 윤석열 대통령을 탄핵하는 데 친(親)한동훈계 의원들이 똘똘 뭉쳐서 앞장섰던 것이다. 결국 이자들이 국회에서 윤석열 대통령 딘핵소추인을 가결하는 데 결정적인 역할을 했다. 이미 친한동훈계는 이재명과 더불어민주당과 협력해 윤석열 대통령을 탄핵하려고 결심한 자들이었음이 드러났다.

이렇게 우파 정치인들까지도 양의 탈을 쓰고 두 번씩이나 자당의 대통령을 탄핵하는 파렴치한 행위를 지켜보면서 수많은 애국시민이 피눈물을 흘리면서 윤석열 대통령을 지키기 위해 뛰쳐나오고 있다. 이제 우리 보수우파 시민은 여기서 단 한 발짝이라도 물러서면 안 된다. 만에 하나 윤석열 대통령의 탄핵이 인용되면 대한민국은 이재명과 한동훈이 꿈꾸는 친중국으로 넘어가게 된다. 그리고 종국적으로 대한민국 국민은 중국 공산당 수괴 시진핑의 인민이 된다는 사실을 명심해야 한다.

우파 무너지면
'2천만 학살, 1천만 보트피플!'

김정일 생전에 왈 : "나는 남한 점령군 사령관으로 내려가겠다. 1,000만 명은 보트피플(boat people)이 될 것이고, 2,000만 명은 붉은 피로 숙청하겠다. 그리고 남한 2,000만 명과 북한 2,000만 명으로 새로운 민족국가를 건설해 이밥에 고깃국 먹으면서 알콩달콩 잘 살아갈 것이다."

그러나 그의 아들 김정은이 2024년 1월 15일 최고인민회의 제14기 10차 연설에서 '반통일' '반민족' '반평화' 연설에서 "헌법에서 평화통일과 동족, 민족 대단결 같은 표현을 삭제하라고 지시했다. 그는 북한 관영 조선중앙방송을 통해 "우리 공화국의 역사에서 동족, 민족, 통일이라는 개념을 완전히 없애 버려야 합니다"라는 미친 짓거리를 서슴지 않고 있다.

그러면서 나온 몇 가지 후속 조치가 바로 평양 남쪽의 조국 통일 3대 헌장 기념탑이 철거되고, 애국가에서 삼천리라는 단어가 빠지고 지하철 '통일 역'에서 통일이라는 단어가 삭제되고 단순히 '역'으로만 표기된 웃지 못할 사실이 확인됐다. 그런데 특이한 것은 노동신문을 비롯한 북한 언론의 반응이다. 노동신문에 반통일 반민족이라는 김정은의 말이 한마디도 실리지 않은 것은 아버지를 배신했기 때문이다.

이재명 '권력은 잔인하게 사용해야 한다!'

대한민국은 지금 국가가 지향하는 발전 방향을 놓고 체제 전쟁을 벌이고 있다. 남한에서는 해방 이후 80년 가까이 이승만 대통령의 건국이념으로 꾸준히 성장 발전해 온 자유민주주의를 지속해서 추구해 왔다. 그러나 북한은 해방 이후 김일성이 집권하면서 김정일 김정은에 이르기까지 끊임없이 남조선혁명만을 꿈꾸어 왔다.

따라서 북한이 조종하는 계엄 정국은 대한민국이 어느 방향으로 나아갈 것인가를 두고 벌이는 체제 전쟁이다. 이 싸움에서 우리 자유 진영이 패배한다면 우리는 어쩔 수 없이 북한 김정은의 체제에서 살 수밖에 없다. 그런데 문제는 단순히 체제가 바뀌는 것이 아니라 이미 베트남이나 캄보디아 등에서 경험했듯이 체제가 바뀌는 순간 우리 기독교인들을 필두로 자본가들은 처참한 죽음을 면할 수 없는 피비린내 나는 학살과 살육이 벌어진다는 것이다.

이재명이 이미 공사석에서 여러 차례 **"권력은 잔인하게 사용해야 한다"**라고 언급했다. 역사에서 보면 공산주의 사상을 가진 자들만큼 잔인하게 권력을 사용해 온 집단은 없다. 1, 2차 세계대전 당시 태동한 민족주의의 일환인 '텐노 전체주의' '파쇼이즘' '나치즘' 등 민족주의 사상보다 잔인한 것이 김일성과 모택동의 공산주의였다.

모택동의 중국 공산주의, 그리고 인도차이나반도 공산주의 베트남과 캄보디아를 보라. 그들의 잔인함은 정말 목불인견이었다. 특히 가장 잔인한 것은 캄보디아 폴포트 정권의 악마성이다. 이들은 자국민 850만 명 가운데 무려 200만 명 이상을 도륙 낸 킬링필

드의 잔인성을 우리는 기억하고 있다.

그런데 만약 북한이 남한을 적화통일하면 어떤 결과가 벌어질까. 답은 분명하다. 이미 김정일 때부터 남한의 5,000만 가운데 2,000만 명은 자인하게 피로 숙청하겠다고 입버릇처럼 말했다. 그러나 김정은 더 잔인한 놈이다. 김정은이 이복형 김정남이나 고모부 강성택을 죽이는 장면을 보면 그 잔인한 악마성에 소름이 끼친다.

존망이 걸린 체제 전쟁
우파가 뭉쳐야 산다!

악의 축 '중·북·러' vs. 서방 가치 '한·미·일'

◇ 대한민국 국민은 '계엄의 본질을 파악해야 한다!'

2024년 12월 3일 밤 10시 28분! 윤석열 대통령이 최후통첩으로 꺼내든 비상 계엄령을 선포한다. 윤석열 대통령은 이날 밤 대국민담화를 통해 발표한 비상계엄령을 선포한 목적의 골자를 다음과 같이 밝히고 있다.

"북한 공산 세력의 위협으로부터 자유대한민국을 수호하고, 우리 국민의 자유와 행복을 약탈하고 있는 파렴치한 종북 반국가세력들을 일거에

척결하고 자유 헌정질서를 지키기 위해 비상계엄을 선포합니다."

여기서 윤석열 대통령이 말한 반국가 종북 세력이야말로 이재명 대표가 이끄는 더불어민주당을 지적한 것이다. 그러자 이재명과 더불어민주당은 곧바로 윤 대통령 탄핵에 나섰다. 이재명과 더불어민주당 탄핵소추 안의 핵심 내용이다.

"소위 가치 외교라는 미명 하에 지정학적 균형을 도외시한 채 북한과 중국, 러시아를 적대시하고 일본 중심의 기이한 외교정책을 고집하며 일본에 경도된 인사들을 정부 주요 직위에 임명하는 등의 정책을 펼침으로써 동북아에서 고립을 자초하고 전쟁의 위기를 촉발시켜 국가 안보와 국민 보호 의무를 내팽개쳐 왔다."

이재명과 더불어민주당이 소추안에서 밝힌 것은 북한·중국·러시아를 적대시하고, 일본 중심의 기이한 외교정책이라고 밝힌 것은 곧 한미일 공조를 정면으로 비판한 것이다. 이는 윤석열 대통령의 자유민주주의 대한민국을 수호하기 위한 내용과는 극명하게 대조되는 이념을 적나라하게 드러낸 것이다.

◇ 中·北에 나라를 넘기느냐? 자유를 수호하느냐?

현재 벌어지고 있는 윤석열 대통령의 계엄 정국 뒤에는 북한의 괴수 김정은과 중공의 수괴 시진핑이 있다. 현 시국에서 가장 중요한 것은 윤석열 대통령의 당당한 태도다. 윤석열 대통령이 이 나라를 살리기 위해 비상계엄을 선포했다. 그렇다면 정말로 단호하게 그 결말을 봐야 한다.

　　무엇보다 윤석열 대통령을 지키기 위해, 이는 곧 자유민주주의 대한민국을 살리기 위해 광화문 광장에서는 애국 세력을 중심으로 자유 보수우파의 결집력이 날이 갈수록 강력해지고 있다. 지금 여기에서 힘을 얻은 윤석열 대통령의 태도는 날이 갈수록 매우 당당하고도 희망적이다.

　　박근혜 탄핵 당시를 돌아보라. 박근혜 대통령은 그 당시 좌파 빨갱이들이 결집한 한순간의 여론에 떠밀려 사과했다. 그러자 안타깝게도 사과를 빌미로 종북 세력들의 농간에 휘말려 지지율이 떨어졌다. 그러다 3%라는 헤어나기 어려운 상황으로 내몰리면서 결국 탄핵 인용이 되고 말았다.

　　하지만 윤석열 대통령은 다르다. 무엇보다 당당하다. 자유를 지키려는 순수한 열정이 있고, 그 뒤에는 광화문 애국 세력이 이끄는 강력한 보수우파의 천군만마가 결집하면서 윤석열 대통령을 지원하고 있다. 먼저 윤석열 대통령의 지지율이 30%를 회복하면서 급기야 40%를 넘어 50%를 향하고 있다. 오죽하면 종북 빨갱이들이 윤석열 대통령을 광화문의 극우세력이라고 게거품을 뿜겠는가?

◇ 반국가세력 종북·친중에 대한민국 넘길 수 없다!

좌파 외눈박이 애꾸들이 사는 세계에서는 애꾸가 정상이듯이, 자유민주주의 대한민국 정상사회에서는 보수세력이 두 눈을 가진 사람들이다. 궁예와 같은 애꾸들이 두 눈을 가진 정상 사회를 허물고 윤석열 대통령을 탄핵하려고 하지만 어림없다. 윤석열 대통령을 지지하고 후원하는 광화문 애국 세력이 정상적 사고를 하고 있으므로 종북 빨갱이와 친중 외눈박이들에게 절대로 밀리지 않는다.

따라서 날이 갈수록 대한민국 자유 시민들은 이재명과 더불어민주당 종북 주사파와 한동훈계의 친중 세력이 이 나라 자유민주주의를 파괴하고 대한민국을 중국과 북한에 넘겨 반국가세력인 빨갱이들만의 파티를 열겠다는 의도를 알아차리고 있다. 너희 좌파 반국가세력을 대한민국의 자유 우파 국민이 추호도 용서하지 않을 것이다.

무엇보다 지금 광화문에는 날이 갈수록 윤석열 대통령의 지지하는 세력이 늘어나고, 또한 윤석열 대통령의 지지율이 오르는 것이 이를 증명하고 있다. 게다가 이미 광화문의 애국 세력이 문재인과 조국을 아웃시킨 경험과 학습을 바탕으로 1,000만 자유 우파 국민이 다시 속속 결집하는 랠리를 시작했다.

지금 우리 자유 우파는 종부·친중 빨갱이들에게 나라를 내주어 중국의 속국이 되겠느냐? 아니면 윤석열 대통령을 끝까지 지켜내어 자유민주주의 대한민국을 살리겠느냐? 따라서 광화문 애국 세력이 존재하는 한 우리는 반드시 종북과 친중 빨갱이를 쳐내고 대한민국을 지켜낼 것이다.

미치광이 김일성의 남침으로 피비린내 나는 625를 거쳐 눈물의 보릿고개, 근대화와 산업화를 거쳐 세계 10대 경제 대국에 군사 6위 강국의 선진국으로 우뚝 선 이 나라 대한민국을 미국과 서방 사회로부터 왕따당해 몰락하는 중국과 세계 최빈국, 최악의 비인권 독재 양아치 국가 김정은에게 물려 줄 국민이 있다고 생각하는 종북·종중 세력이 불쌍하다. 우리는 목숨을 바쳐서라도 대한민국을 꼭 지킬 것이다.

민주당과 이재명은
'스스로 자기 무덤을 팠다!'

윤석열 계엄 '더불어민주당 서두르다 망쳤다!'

◇ 첫째 악수 '한덕수 권한대행 불법 탄핵'

먼저 한덕수 대통령 권한대행에 대한 불법 탄핵이다. 헌법재판관 임명을 놓고 한덕수 대행은 "여야가 합의해서 오세요, 그러면 제가 뭔가를 해볼 수 있다"라는 매우 합리적인 제안을 내놓았다. 그러나 민주당은 일거에 묵살하고 12월 27일 한덕수 권한대행을 탄핵하고 만다.

그러나 원래는 이것마저도 사실상 불법이다. 왜냐하면 현재 윤석열은 여전히 대통령 재임 상태에 있다. 이는 대통령 궐위와는 다르므로 권한대행이 헌법재판관을 임명할 수 없다. 이와 같은 전례도 있었다. 이와 똑같은 상황이 박근혜 탄핵 당시에 벌어졌다. 당시 추미애가 황교안 권한 대행에게 권한대행은 헌재 재판관을 임명할 수 없다고 주장했고, 추미애 주장대로 진행됐다.

이처럼 헌재 판결을 기다리는 상황에서 권한대행은 중대한 결정을 내릴 수 없다. 이는 추미애의 주장대로 대통령의 권한대행이므로 대통령 기준에 맞춰야 한다. 따라서 정상적인 가결 정족수가 200명인데도, 더불어민주당과 우원식은 이를 무시하고 한덕수 대행을 151명을 가결 기준으로 탄핵했다. 결국 200명을 못 채웠는데도 192명의 찬성으로 탄핵소추안 가결을 집행하는 조무승을 보였다.

◇ 둘째는 '공수처 구걸 영장에 야합한 이순형'

급기야 권한도 없는 공수처가 2024년 12월 31일 윤석열 대통령을 내란 수괴로 몰아 체포영장을 친다. 더욱 황당한 것은 공수처는 법률상 내란죄를 수사할 권한이 없다. 또 이들이 만든 공조본(공수처·경찰·국방부)은 국가인정기관이 아닌 임의단체로 급조된

무허가 단체나 다름없는 법률상 어떤 의미도 갖지 못한다.

무엇보다 권한이 없는 공수처이지만 그래도 다음 절차는 영장 청구를 당연히 서울중앙지법에 해야 한다. 하지만 이미 월권을 한 공수처가 또다시 법을 위반하면서까지 우리법연구회 메카로 불리는 서부지법, 정계선(강원도 양양), 마은혁(강원도 고성), 김동현(전북 남원) 판사가 몰려 있는 이순형(전북 무주)에게 영장을 청구하는 영장판사 구걸 쇼핑을 한 것이다. 검찰과 사법부는 정치에 예속된 시녀가 됐다.

이 같은 파렴치한 행위는 소가 들어도 웃을 일이다. 수사 권한이 없는 공수처가 법에 정해진 관할 법원을 피해서 '영장 구걸 쇼핑'이란 참으로 어처구니없는 일을 저지른 것이다. 이것은 한마디로 의회 권력에 취한 더불어민주당이 탄핵을 빌미로 국가권력을 남용한 양아치보다 더한 비열한 작태를 벌인 것이다.

특히 국민의힘 법사위에 따르면 공수처가 내란죄를 들고나오면서 법치주의 원칙이 흔들리고 있다. 권한이 없는 수사기관 공수처가 청구한 체포영장에 대해 담당 판사 이순형이 법에도 없고, 또 판사가 결코 제안할 수도 없는 형사소송법 제110, 111조 적용을 배제하는 체포영장을 발부하는 것 자체가 불법이다.

적법한 영장에 의한 집행을 해야 하는데, 불법을 저지른 것은 사법부의 종언을 고할 만큼 중대한 위법행위다. 따라서 헌법 전문가들은 한결같이 이순형 판사를 탄핵할 수 있는 사유가 충분하다고 지적한다. 이렇게 대한민국의 사법부가 이념 편향적인 정치 판사들의 막장 행위로 극심한 혼란을 겪고 있다.

한 명의 저질 정치 판사가 앞뒤 가리지 않고 이념에 매몰된 체 포영장 발부로 인해 국가가 위기에 처하게 된 것이다. 전문가들은 지금 대한민국은 극도의 정치 사회적 혼란과 내전으로 치닫고 있는 상황이 된 게 이순형 판사 때문이라고 판단한다. 이순형이 앞으로 어떤 결말을 맞을지는 두고 보면 될 것이다.

◇ 셋째 '민주당 정청래, 내란죄를 빼겠다 꼼수'

세 번째 악수는 더불어민주당 정청래가 1월 3일 헌법재판소 탄핵 심판에서 신속한 판결을 위해 윤석열 대통령 탄핵소추 사유에서 적시한 '내란죄'를 빼겠다고 주장한 것이다. 이에 윤석열 대통령 측과 국민의힘이 국회 표결을 다시 해야 한다고 주장하면서 논란이 일고 있는 가운데, 대다수 헌법 전문가는 "또다시 꼼수를 들고나와 심리를 일사천리로 빠르게 진행해 대선 시계를 빠르게 돌려 이재명을 구하겠다"라는 비열한 꼼수라고 비난했다.

이에 대해 특히 윤석열 대통령 측 법률대리인은 "(국회는) 내란죄 성립을 토대로 탄핵 심판에 이른 것인데, 형법상 내란죄가 성립되지 않은 것이라면 탄핵소추는 잘못된 것"이라고 주장한다. 그러면서 "그동안 내란죄를 외쳐온 국회가 막상 심판이 개시되고 나니 이를 철회하는 것은 그동안 국민을 기망해 왔다는 것을 스스로 인정하는 것"이라고 반박했다. 그러면서 "도저히 이해할 수 없는 태도이며 청구인 대리인들이 일방적으로 할 게 아니라 국회 의결을 거쳐야 한다"라고 주장했다.

국민의힘 법률 자문 위원장인 주진우 의원은 페이스북에서 "온갖 이유를 들어 '무더기 탄핵'을 남발하던 민주당이 왜 내란죄를 탄핵 사유에서 제외했을까?"라고 물은 뒤 "답은 뻔하다. 내란죄는 증인들에 대한 반대신문권 보장 때문에 재판에 시간이 걸린다. 내란죄를 빼고 나머지만으로 최대한 빨리 탄핵함으로써, 이재명 사법 리스크를 피해 보려는 너무나 명백한 꼼수"라고 비판했다.

결과적으로 더불어민주당과 이재명이 최후의 발악으로 사용할 불법적인 카드까지 동원하면서 모든 악수를 두고 만 것이다. 이 때문에 이들은 더 이상 사용할 적절한 카드가 없다. 이제 이재명과 더불어민주당은 현 사태를 계속 불법적인 행태로 끌고 가면서 다만 국민의 불신과 원망을 불러올 길밖에는 다른 방법이 없다.

◇ 이재명이 왜 이렇게 성급한 발작을 일으켰나?

결론적으로 이재명이 **왜 그렇게 발작을 일으키며** 자기 죽을 자리를 이토록 빠르게 파고들었을까? 배후에 막강한 중국 시진핑이 버티고 있는데 말이다. 첫째 이재명은 구속을 앞두고 너무도 급하기 때문이다. 그리고 중국까지도 이미 몰락의 길을 가고 있다는 것을 알아챘기 때문에 종주국이 무너지기 전에 정권을 잡아야 한다는 절박함이 묻어 있다.

둘째 트럼프 대통령 2기 행정부가 곧 출범하면 이재명의 몰락을 옥죄어 올 것을 알고 있다. 그리고 자유 시민의 힘이 워낙 빠르게 결집이 되면서 굳건하게 나아가니까 정신을 차리지 못한 것이다. 지금 상황은 박근혜 당시 탄핵 때처럼 국민의힘이 소리 없이 무너지지 않고 오히려 단단하게 결집했다. 따라서 윤석열 대통령 탄핵에 앞장선 민주당 프락치 한동훈을 완전히 도려내는 힘을 발휘한 것이다.

마지막으로 자유 우파의 힘이 급속하게 결집하면서 머지않아

부정선거의 실체와 진실이 곧 드러나게 될 것을 염두에 두고 있었다. 이재명과 더불어민주당은 이런 악재들이 한꺼번에 밀물처럼 밀려오자 윤석열 대통령의 비상계엄이 마치 구세주인 것처럼 받아들인 것이다. 그리고 계엄 정국을 사활의 빌미로 잡고 발작을 일으킨 것이라고 볼 수 있다.

원래 정치적 진영 싸움에는 정황과 절차가 있게 마련이다. 즉 박근혜 탄핵 정국을 보면 '태블릿 PC', '롯데호텔 7시간', '최태민 청와대 뒷산 굿판' 등으로 먼저 인격 살인을 하면서 여론몰이를 한다. 그리고 탄핵소추로 거짓 뉴스로 인격 살인한 내용을 정당화하면서 확인 사살을 한다. 최종적으로 완벽한 거짓 여론 정국을 만들어 헌재 탄핵 인용을 받아내는 전술 전략으로 박근혜 정부를 완전히 무너뜨린 것이다.

그런데 이번에 이재명과 더불어민주당이 너무나도 초조한 나머지 적법한 절차나 전술 전략도 없이 살려고 미쳐서 날뛴 것이 오히려 스스로 죽을 자리를 파버린 것이다. 옛말에 급히 먹으면 체한다는 말이 허튼 말이 아니다. 급히 날로 먹으려다 이재명과 더불어민주당이 급체하고 만 것이다.

尹 대통령 의연한 대처로 '우파 똘똘 뭉치고 있다!'

무엇보다 법률 전문가인 윤석열 대통령이 모든 문제에 대해 차분하게 매우 잘 대처하고 있다. 대통령 탄핵에 대해 편법과 불법, 꼼수로 체포영장을 내란수괴로 몰아 청구하고 발부한 공수처와 법원은 대한민국 형사사법제도를 붕괴시키는 법치 파괴행위로 비난받고 있다. 막장 상황까지 치달아 온 윤 대통령 탄핵에 대한 야당의 비열하고 야비한 불법행위에 온 국민이 들불처럼 들고 일어나 결집하고 있다.

윤석열 대통령에 대한 헌정사상 초유의 체포 수색영장에 법원이 군사상, 공무상 비밀시설과 자료는 책임자의 승낙 없이 수색할 수 없다고 규정하고 있다. 법률 전문가들은 한결같이 "서부지법 이순형(우리법연구회) 좌파 판사가 법률조항 적용을 예외로 한 것은 사법부 권한 밖의 행위로 삼권분립에 위배되는 악행을 저지른 것이다"라고 맹비난한다.

먼저 대통령 측은 공수처 영장의 적법성에 대해 즉각적으로 항의하고 나섰다. 특히 윤갑근 변호인단이 곧바로 이것은 불법 무효 영장이라고 발표하고 헌재에 가처분 신청을 냈다. 또 자유 우파 시민들이 윤석열 대통령 관저를 둘러싸고 격렬한 저항을 벌이면서 강한 결집력을 보이고 있다.

무엇보다 우파 결집에 힘을 얻은 박종준 대통령경호처장은 2025년 1월 5일 "현직 대통령 체포는 결코 있을 수 없다. 대통령 경호처는 대한민국 대통령의 생명과 안전을 지키는 마지막 보루이다"라며 "그 사명은 정파와 이념을 초월한 국가의 핵심 가치이며, 그 존재 자체가 대한민국 민주주의의 상징이다. 우리는 오늘, 이 굳건한 원칙과 신념 아래 국민 여러분께 우리의 입장을 분명히 하고자 한다"라고 천명한 것이다.

이제 더불어민주당과 이재명 동조 세력은 불법적이고 위법적인 모든 악수를 모두 다 두어버렸다. 그리고 이 악수들로 인해 국민적 저항과 역공을 받고 있다. 자유민주주의 대한민국 국민은 미중 대립의 신냉전이라는 맥락에서 큰 그림을 보는 안목을 가지고 작금에 벌어지고 있는 한국의 정치 내전의 혼란상을 바라봐야 한다.

먼저 윤석열 대통령은 한미동맹과 나아가 한미일 공조 노선을 취하고 있다. 반면 이재명과 더불어민주당은 종중 및 북중러 노선을 지지하고 있다. 양 진영은 극명한 반대 노선을 따르는 것이 분명하게 드러냈다. 이는 곧 친미냐, 친중이냐로 좁혀볼 수 있다. 따라서 이제 대한민국은 원하든 원하지 않은 자기 진영에 목숨을 걸어야 할 때가 온 것이다.

◇ 尹 대통령 vs. 이재명 '한쪽은 죽어야 결말난다!'

대한민국의 존망이 걸린 지금, 이제는 윤석열 대통령이 내란수괴 범으로 죽든, 아니면 윤 대통령을 내란 수괴로 몬 공수처와 서부지법 이순형, 그리고 이를 내란수괴 범으로 고소한 민주당이 일당이 죽든 어느 한쪽은 반드시 내란수괴 범으로 판결이 날 수밖에 없게 되었다.

더불어민주당이 계엄 사태를 치킨게임으로 몰아 넣어버렸다. 이제는 누가 죽어도 반드시 한쪽은 죽어야 하는 엄청난 판이 벌어진 것이다. 그래서 계엄을 선포한 윤석열 대통령이 내란수괴인가? 아니면 윤 대통령을 끌어내리기 위해 내란으로 몰고 가면서 음모와 공작을 벌인 더불어민주당과 이재명, 그리고 이에 동조한 검찰과 사법부가 반국가 내란 세력인가?

먼저 결론부터 말하면 허영 연세대 헌법학 교수를 비롯한 대다수 헌법학자는 "대통령이 내린 비상계엄령이 내란으로 처벌받은 것은 동서고금을 통해 단 한 번도 없다"라는 것이 공통된 의견이다. 그렇다면 윤석열 대통령이 내란수괴인가? 아니면 윤 대통령에게 내란 올가미를 씌워 끌어내리려고 한 반국가세력이 내란수괴인가? 이에 대한 답은 명확하게 나와버린 것이다.

이번에 공수처의 불법 체포영장 집행을 온 국민이 강력하게 나서서 막은 것처럼, 앞으로는 검찰과 법원이 더 이상 편법과 불법을 자행할 수 없도록 물리력을 행사해서라도 철저히 막고 정의를 바로 세워야 한다. 그렇지 않으면 자유민주주의 대한민국을 해체하려는 반국가세력에 의해 무너져 가는 이 나라를 살릴 수 없다. 결론적으로 자유민주주의 대한민국을 지키고 살리는 길은 이제 우파 국민이 똘똘 뭉치는 길밖에 없다.

윤석열 대통령 계엄 사태는
'이렇게 끝난다!'

◇ 대한민국 계엄 정국의 결말은 정해졌다!

이제 윤석열 대통령에 대한 계엄 사태의 결말이 정해져 버렸다. 특히 우크라이나 전쟁이 시작된 이후 나날이 미국과 유럽 서방, 그리고 전 세계가 반(反)중국으로 가고 있다. 이는 대한민국에 매우 긍정적인 시그널이 되고 있다. 게다가 전쟁 중인 러시아와 북한은 물론이고 중동지역에서조차도 이란을 제외하고 모든 국가와 정파들이 반(反)중국과 반 북한 및 러시아로 완전히 기울어 버린 것이다.

우리 대한민국은 윤석열 대통령의 계엄 사태로 인해 '미국과 서방 가치' 중심이냐 '친중·친북·친러' 노선이냐의 싸움판에 올라 선 것이다. 이는 곧 근본 두 개 노선 간의 정치 내전이 된 것이다. 이 정치 내전에는 윤석열 대통령 뒤에는 미국이 있고, 이재명 배후에는 중국 공산당 시진핑과 북한 김정은이 있다. 윤석열 대통령 과 이재명의 배후에 미국과 중국이 존재한다는 점에서 대리전으 로 볼 수도 있다.

그러나 우리는 이번 전쟁이 대리전으로 번지기 전에 전 국민이 먼저 각성해서 이를 우리의 문제로 보고 우리 스스로 해결할 수 있어야 한다. 그렇지 않으면 전 세계로부터 자유민주주의 선진국 이란 부러움을 사던 대한민국이 조롱거리로 전락할 수 있다. 그러 므로 우리는 우리의 역량을 결집해 결코 이를 미중 대리전으로 만들지 말아야 한다.

대한민국 보수역량 '친중·친북 박멸할 수 있다!'

무엇보다 자유민주주의 대한민국 국민은 1950년 6·25전쟁을 경험하면서 반공으로 다져져 왔다. 이어 폐허 속에서 보릿고개라 는 혹독한 가난을 딛고 일어서 산업화·근대화를 통해 명실공히 세계가 부러워하는 자유민주주의 선진국으로 우뚝 서게 된 것이다. 선진국으로부터 원조를 받아 겨우 명줄을 이어오던 국민이 이제는 어려운 나라를 돕는 세계 유일의 성공한 국가로 우뚝 선 것이다.

유일 주체사상의 나라 독재자 괴수 김일성의 남침으로 인해 우리가 살아남기 위해 스스로 내면화한 것이 자유민주주의를 지키기 위한 반공정신이다. 우리는 이제 종북과 친중 분자들을 몰아내고 윤석열 대통령을 지키고 나아가 반듯한 자유민주주의 대한민국을 새롭게 건국할 역량을 충분히 갖춘 국민이다.

이렇게 전 세계가 부러워하는 나라를 최빈국, 최악의 비인권 국가의 독재자 괴수 김정은과 이미 몰락의 길에 들어선 중국 공산당의 수괴 시진핑에게 나라를 넘긴다는 건 이제 상상조차 할 수가 없는 일이 되었다. 우리는 종북 주사파와 친중 악질분자들로부터 자유민주주의 대한민국을 살리기 위해 계엄령을 선포한 뒤 오히려 부당한 공격을 받는 윤석열 대통령을 지켜내야 한다.

윤석열 대통령이 선포한 계엄령을 통해 친중 친북 세력에 의해 온 국민이 깊이 병들었다는 것을 깨닫게 된 것이다. 만약 이번에 극약 처방과도 같은 윤석열 대통령의 계엄 사태가 없었다면 그리고 윤석열 대통령이 자기 혼자 살기 위해서 이재명과 적당한 타협을 하고 평화롭고 우아하게 대통령직을 마치고 물러났다면 우리는 죽는 줄도 모르고 친중 세력의 손아귀로 넘어가 중국 공산당의 남한 자치구가 되었을 것이 분명하다.

지금 계엄령을 호재로 이재명과 더불어민주당 종북, 친중 세력은 내로남불식 온갖 구실을 가져다 윤석열 대통령을 파면시키려고 발광하고 있다. 하지만 이제 대한민국 국민은 바보가 아니다. 저들의 전선과 선동에 현혹돼 잠깐 오해를 가진 사람들도 있었다. 하지만 10가지가 넘는 중대범죄 혐의로 수사와 재판을 받는 이재명이 이를 기회로 살아남기 위해 미쳐 날뛰고 있다는 것을 온 국민이 알아버렸다.

그래서 지금 우리 국민은 대한민국을 살리기 위해 목숨을 걸고 윤석열 대통령을 지키기 위해 결집하고 있다. 먼저 이를 국민이 점차 깨달으면서 지금 국민의힘과 윤 대통령의 지지율이 오르고 있다. 이렇게 보수우파가 뭉치기 시작한 것은 이번 계엄을 통해 자유민주주의 대한민국이 내면적으로 이미 종북과 친중 세력에 의해 적화되었다는 것과 이 땅은 종북 간첩과 친중 간첩이 점령하고 있다는 것을 깨닫기 시작한 것이다.

특히 광화문 애국 세력의 결집력이 날로 강화되면서 어리석은 국민을 깨우고 있다. 무엇보다 이재명이 그동안 저질러 온 각종 악행과 범죄혐의를 알고도 이재명을 정치인으로 지지할 사람은 없을 것이다. 지금 일부 '개딸'과 MBC·JTBC 등을 필두로 극좌파 언론의 선동으로 아직 많은 사람이 이재명의 죄과를 잘 모르고 이재명을 지지하고 있다.

하지만 이번 사태를 계기로 대한민국이 앓고 있는 종북·친중 악질적인 공산 독재 이념 바이러스를 알게 된다면 그래도 이재명을 지지하고 따를 자는 진짜 종북·친중 간첩에 속하는 무리는 10% 미만일 것이다. 이렇게 자유롭고 풍요롭고 자신감 넘치는 한류 문화가 세계를 판치는 사유민주주의 대한민국을 어떻게 일구어왔는데, 저 더럽고 추악한 중공 수괴 시진핑에게 그것도 몰락하는 중국에 나를 갖다 바칠 수 있겠는가?

◇ 윤석열 대통령 지지율 상승 '복귀의 신호탄!'

우파 국민이 속속 각성하면서 결집하고 있으니, 이제 이 게임은 이긴 것이나 다름없다. 윤석열 대통령의 화려한 복권을 위해 우파 국민은 더욱더 단단히 뭉쳐나가야 한다. 따라서 우파 국민은 이제

시간은 윤석열 대통령 편이라는 확실히 깨닫고 용기를 갖고 분연히 일어서고 있다.

무엇보다 이는 현재 윤석열 대통령의 지지율과 함께 국민의힘 정당 지지율까지 덩달아 오르고 있다는 것이다. 비록 찌질하기는 하지만 그래도 함께 가야 할 우파정당이기 때문에 국민이 하는 수 없이 지지함으로써 반사이익을 받은 것이다.

윤석열 대통령 자유민주주의 대한민국을 살리기 위해 스스로 위험을 무릅쓰고 대통이라는 최고 권력을 던지면서까지 진심을 온 국민에게 호소한 것을 서서히 자유 우파 국민이 깨닫기 시작한 것이다. 자유를 지키려는 윤석열 대통령의 순수한 열정이 있고, 그 뒤에는 광화문 애국 세력이 이끄는 강력한 천군만마의 보수우파가 결집하면서 윤석열 대통령을 지원하고 있다.

먼저 윤석열 대통령의 지지율이 30%를 회복하면서 급기야 40%를 넘어 50%를 향하고 있다. 오죽하면 종북 빨갱이들이 윤석열 대통령을 광화문의 극우세력이라고 게거품을 뿜겠는가? 그러나 그동안 국민의힘 지지율이 더불어민주당의 절반에도 미치지 못하던 것이 불과 한 달여 만에 뒤집어 버린 것이다. 이는 한마디로 경천동지할 일 아닐 수 없다.

이제 대한민국을 사랑하는 국민은 모두 함께 더욱더 똘똘 뭉쳐야 한다. 이 땅 대한민국이 어디라고 감히 봉준호의 기생충과 같은 종북 주사파와 친중 세력이 날뛴단 말인가. 우리 조상들은 수백만 명이 희생당하면서 미치광이 흡혈귀 김일성이 일으킨 6·25전쟁으로부터 자유민주주의 대한민국을 지켜냈다.

피로 싸워서 일궈낸 자유민주주의 대한민국을 온몸을 던져 지켜내려는 윤석열 대통령을 반드시 우리 손으로 구해야 한다. 그리고 종북·친중 간첩들로 인해 완전히 더럽고 추악한 악질 공산·독재 이념으로 오염된 자유민주주의 대한민국을 새롭게 건설해야 한다.

◇ 전 국민의 여론이 갈수록 매우 우호적이다!

헌법학자들은 헌재의 판결을 사실상 정치재판이라고 말한다. 노무현이 국민 여론의 역풍이 부니까 곧바로 두 달 만에 탄핵이 기각되었다. 그러나 박근혜는 조선일보, 중앙일보, JTBC 등의 악질적인 가짜뉴스로 지지율이 4% 이하로 떨어지면서 여론이 몹시 나쁘게 흘러가니까 결국 8대 0으로 탄핵이 인용된 것이다.

무엇보다 지금 윤석열 대통령의 경우는 여론이 매우 우호적이다. 10%대로 떨어진 지지율이 30%대를 넘어 40%대를 회복했다. 두고 보면 알겠지만, 여론이 호전되면서 지지율은 50%를 넘어서게 될 것이 분명하다. 이는 박근혜 탄핵 당시 가짜뉴스에 당한 학습효과가 있다. 그리고 가짜뉴스를 곧바로 팩트 체크로 밝혀낼 우파 유튜브가 강력하게 대응하고 있다.

앞으로 우파 유튜브와 광화문 애국 세력의 윤석열 대통령 구하기 운동이 열기를 더하면서 지지율은 강하게 반등할 것이다. 1월 3일 권한도 없는 공수처(오동운 검사)가 이순형 좌파 판사와 짜고 체포영장을 발부받아 윤석열 대통령을 체포하러 나섰다. 하지만 광화문 애국 세력의 강한 저항 운동으로 실패했다. 그리고 마침내 공수처는 윤석열 대통령 체포를 포기하고 온 국민의 조롱을 사고 만다.

게다가 이재명과 더불어민주당이 한덕수 권한대행까지 탄핵하면서 여론이 매우 불리하게 흘러가고 있다. 게다가 광화문 애국 세력은 날이 갈수록 강하게 결집하고 있으니, 이재명과 더불어민주당, 나머지 야(野) 잔당과 한동훈과 친한계는 아마 모르긴 해도 지금 미치고 팔짝 뛸 지경일 것이다.

무엇보다 윤석열 대통령을 탄핵하기 위해 눈에 쌍심지를 켜고 날뛰는 종북, 친중 세력에게는 앞으로 날이 갈수록 기댈 언덕이 없다. 이들이 믿는 구석이 바로 중국과 북한인데, 지금이 북한과 중국이 죽을 자리에 서 있다. 중국은 트럼프와의 미중 신냉전으로 죽어가고, 북한은 배고파 죽어가고, 심지어 러시아는 전쟁으로 이미 국가 파산에 이르렀다. 따라서 비록 좌파 독재자들이 대한민국을 북·중·러로 몰고 가도 자유민주주의 대한민국 국민이 이를 허용할 리가 없다.

◇ 트럼프 대통령이 나서서 윤석열 돕는다!

트럼프 2기 정부는 중국을 죽이는 것이 가장 큰 목표다. 그런데 트럼프 행정부가 미국 패권을 넘보는 중국을 죽이기 위해서는 대한민국이 꼭 필요하다. 따라서 국제정치 전문가들은 한결같이 미국이 유일하게 대한민국을 미중 패권 전쟁에서 지정학적 또는 군사적으로 가장 중요한 '린치핀(linchpin: 중심)'이어서 절대로 놓칠 수 없다고 전망한다.

특히 미국은 더불어민주당이 중공과 당교를 맺고 남한을 중공의 자치구로 만든다는 전략을 알면 절대로 이재명의 의도대로 놔두지 않을 것이다. 이번에 민주당 이재명이 윤석열 대통령 탄핵소추안을 의결하면서 탄핵소추안에서 밝힌 내용을 두고 발끈하고 나선 것도 이 때문이다. 앞으로 절대다수 의석을 가진 더불어민주당 이재명이 민주주의적 입법 질서를 무시하고 밀어붙이면서 자유민주주의 대한민국을 중국으로 이끄는 일이 벌어지게 되면 트럼프 대통령이 직접 나선다는 의지를 밝힌 것이다.

무엇보다 한미동맹은 매우 특이한 구성요건을 갖추고 있다. 한미동맹은 양국 간 군사동맹이라는 바탕 위에 연합군을 형성하고 있는 유일한 국가다. 그리고 현재 미국의 전 세계 외교관 숫자가 약 1만 명이다. 그중 한국에서 활동하는 외교관의 숫자가 500명 정도에 달한다. 여기다 현지 고용인의 수가 3~4배 정도다. 그러면 현재 대한민국에서 활동하는 미 국무부 외교관은 고용인원까지 포함하면 대략 2,000여 명에 이른다.

한미는 이런 추세가 80년가량 지속돼 온 것이다. 미국이 대한민국에 가진 정보는 이루 말할 수 없다. 이재명이 헛기침을 해도 그의 의도를 알아차리는 무서운 집단이 미국 국무부다. 이들이 유명 한국인의 밑천을 모조리 알고 있다. 그런데도 대한민국 정치인과 경제인들이 함부로 날뛸 수 있을까? 미국 국무부에는 그만큼 넓고 깊은 네트워킹이 작동하고 있다. 따라서 미국은 대한민국에서 방귀 좀 뀐다는 자들은 마음만 먹으면 그냥 골로 보낼 수 있다는 것이다.

이를테면 조선일보의 사주 방 씨나 중앙일보의 회장 홍 씨 등 언론 대기업 두목들이 해외에 도피한 자금은 없을까? 더불어민주당의 중진들이 북한과 어떤 커넥션을 가졌는지 모를까? 따라서 시급한 경우 내용 까면 대한민국과 같은 권력이나 돈 가진 자들이 구린 세상에서 당하지 않을 자가 있을까. 나는 개인적으로 없다고 본다. 미국 정부는 대한민국 권력층 지도부를 요리할 뭔가를 가지고 있다. 우리가 상상도 못 하는 무지막지한 수를 다 가지고 있다고 보는 것이 상식이다.

특히 트럼프 2기 정부가 출범하면 곧바로 미국 내 부정선거부터 파헤친다. 그리고 이미 윤석열과 트럼프와 국내 부정선거 관련 자들이 소통하는 커넥션이 존재하는 것은 사실이다. 무엇보다 트럼프가 윤석열을 놓치면 중공과의 전쟁이 굉장히 어려워지게 된다. 따라서 지금 한국 계엄 사태는 미중 간의 한판 싸움이기 때문이다. 그래서 현재 트럼프 2기 정부가 이재명과 더불어민주당을 공공연히 까고 있다.

◇ 전 세계가 대한민국 부정선거를 옥죄고 있다!

특히 트럼프 대통령이 전격 지명한 FBI 국장 캐시 파텔은 "우리(FBI)는 정부뿐만 아니라 각국 언론에서도 공범을 잡아낼 것이다. 미국 시민에게 거짓말을 한 자들과 바이든이 대선 부정선거를 조작하도록 도운 자들을 모두 찾아내 뿌리를 뽑아낼 것이다. 민형사상 책임을 물을 것이고, 법이 허용하는 최대 범위까지 기소할 것이다"라고 이미 그가 1년 전에 출간한 책에 밝혀 놓은 대목이다.

트럼프 대통령이 지명한 캐시 파텔이 미국 전역은 물론 대한민국 등 전 세계에서 벌어지고 있는 각종 부정선거를 모두 잡아내겠다고 공개적으로 선언했다. 이렇게 FBI가 미국 안팎에서 일어나고 있는 모든 부정선거를 뿌리 뽑겠다고 나서자 지금 부정선거로 사태가 진행되고 있는 수많은 국가가 바짝 긴장하고 있다. 따라서 트럼프 2기 정부에서 부정선거를 책임지고 있는 캐시 파텔 FBI 국장은 이미 대한민국의 부정선거를 주장하는 전문가들과 깊은 커넥션을 가지고 공동으로 한국의 부정선거를 오래전부터 논의해 오고 있어 현시점에서 귀추가 주목된다.

무엇보다 부정선거 전문가들은 "이재명이 윤석열 정부를 무너뜨리고 친중국으로 향하고 있다는 사실을 미 FBI가 알아채고 부정선거를 밝히기 위해 고삐를 빠짝 조이고 있다"라고 언급한다. 미국은 한국에서 이런 상황이 전개되리라고는 불과 2, 3개월 전만 해도 상상도 하지 못했다. 그런데 공수처가 불법 체포영장을 발부받아 윤석열 대통령을 체포하려고 하자 트럼프 2기 행정부는 출범도 하기 전에 극도의 심각성을 깨닫게 된 것이다.

급기야 새해 초에 헤리티지 블루스 쿨링 연구원은 "불과 몇 달 전만 해도 이재명이 대한민국을 파괴하려는 한국 내 진영 간에 불길하고 위험한 기류가 흐르고 있다는 걸 전혀 눈치채지 못했다"라면서 "윤석열 대통령 탄핵에 이어 한덕수 권한대행까지도 자기들 마음에 들지 않는다고 탄핵하는 걸 보고서야 대한민국에서 친중 세력이 강력하게 윤석열 정부를 위협하고 있다는 사실을 깨달았다"라고 주장했다.

그러면서 "한덕수 대통령 권한대행을 합리적인 법절차를 무시하고 불법적으로 탄핵하는 것을 보고 트럼프 정부는 엄청난 충격을 받았다"라며 "대한민국의 정치 시스템이 적법성을 이탈하면서 제대로 작동하고 있지 않다"라고 비난했다. 이는 곧 이재명과 더불어민주당에 의해서 대한민국의 모든 정치 시스템이 정상 궤도를 벗어났다고 지적한 것이다.

미국은 트럼프 대통령까지도 대한민국 정치 시스템이 오작동하고 있는데, 이는 이재명과 더불어민주당이 중국 시진핑 정부를 섬기려고 발악하고 있기 때문이라고 진단한 것이다. 실제로 대한민국의 정치 시스템은 이재명과 더불어민주당에 의해 심각하게 훼손됐다. 이는 시진핑 공산당 정부가 한국을 배후 조종하면서 윤석열 정부를 해체하고, 중대범죄자 이재명을 친중 정부의 앞잡이로 세우려 하고 있다는 사실을 알아차린 것이다. 트럼프 2기 정부가 한국 부정선거를 먼저 들고 나선 이유다.

선관위, 표 도둑질 멈추고 '국회 해산…제2 건국!'

〈폭스뉴스·WP·가디언지 등 외신은 윤석열 대통령 지지자들이 '도둑질 그만하라'라는 슬로건이 담긴 피켓을 들고 부정선거를 규탄하고 있다. 이는 트럼프 대통령 지지자들로부터 유명해진 구호다.〉

지금 대한민국 안팎에서 벌어지고 있는 부정선거 규탄시위가 대한민국 중앙선관위 앞에서도 벌어지면서 수많은 사람이 점차 부정선거에 대한 인식이 확산하고 있다. 특히 우리나라의 경우에는 그동안 일부의 목소리로 외면당해 오다 이번 윤석열 대통령이 계엄을 선포하면서 부정선거를 가장 핫한 이슈로 폭로하고 나왔다.

실제로 지난 4년 동안 민경욱 전 의원(인천 미추홀구)을 비롯해 황교안 전 총리 등 소수의 목소리로 인해 부정선거는 외면받아 왔다. 하지만 2020년 〈4·15총선〉에 이어 2024년 〈4·10총선〉까지 더불어민주당이 기존 지지율에 비해 예상외로 연이어 압승을 거두면서 많은 국민이 부정선거에 관심을 가진 가운데 윤석열 대통령의 계엄령으로 부정선거 의혹은 눈덩이처럼 커지고 있다

게다가 미국 트럼프 2기 정부의 첫째 목표가 부정선거를 뿌리 뽑기 위해 지난 4년 동안 치밀하게 준비해 온 트럼프 2기 정부 캐시 파텔 FBI 국장이 전면으로 나서면서 대한민국의 부정선거 전문가들과도 커넥션이 속속 드러나고 있다. 대한민국은 부정선거가 확실하다. 이는 수많은 물증이 확보돼 있기 때문이다.

오직 중앙선관위(위원장 노태악)만이 이를 부인하고 있다. 하지

만 이제는 국내외적으로 대한민국의 부정선거를 옥죄고 있는 상황에서 우리 선관위도 더는 버틸 재간이 없다. 이제 곧 대한민국에는 부정선거 태풍이 몰아치면서 국회가 해산되고 수많은 부정선거 관련 정치인들이 사형이나 무기징역 형을 받는다. 그리고 심각하게 오염된 대한민국 정치가 새롭게 거듭나면서 제2의 건국이 일어날 것으로 확신한다.

우리가 단결하면 저 짐승(poor creaters!) 같은 중대범죄자 이재명과 그를 둘러싼 더불어민주당의 악질 정치인과 저질 검사와 판사도 겁에 질려 감히 윤석열 대통령 탄핵을 인용하지는 못할 것이다. 그리하여 윤석열 대통령은 반드시 용산 대통령실로 당당하게 복귀하여 이 나라 대한민국을 다시 최고의 선진국으로 도약시키고, 나아가 한반도 자유 통일을 이룩한 뒤에 자랑스럽게 대통령직에서 내려오게 될 것이라고 조금도 믿어 의심치 않는다.

그런데도 윤석열 대통령은 1월 15일 공수처에 체포됐다. 이를 위해 더불어민주당의 든보잡 오동운이 우리법연구회 소속 좌파 판사가 모여 있는 서울서부지법으로 달려가 이순형 판사(전북 무주군)로부터 사기 영장을 발부받았다. 마침내 권한도 없는 공수처가 극악무도한 불법 2차 체포를 자행한 것이다. 이는 공수처장

오동운이 사전 음모를 통해 중앙지법에서는 영장을 발부받기가 어렵다는 것을 미리 파악하고 불법 영장 쇼핑이란 희대의 사기극을 통해 윤석열 대통령을 체포한 것이다.

더불어민주당의 사냥개 오동운 공수처장이 불법 사기 영장으로 윤석열 대통령을 체포하자 미국에서는 즉각 앙칼진 비난이 쏟아졌다. 특히 트럼프 대통령의 최측근들은 "윤석열 대통령을 불법으로 체포한 것은 도를 넘은 짓이다"라며 "대한민국 공수처가 불법을 자행하면서까지 윤 대통령을 체포한 것은 결국 미국 트럼프 정부에 정면 도전한 것이나 다름없다"라고 주장했다. 그러면서 "곧 트럼프 대통령이 이에 대해 분명한 입장을 발표할 것"이라고 강조해 그 귀추가 주목된다.

윤석열 탄핵 당하면
중국·북한 속국으로 간다!

　이번 윤석열 대통령의 비상계엄을 통해 우리는 대한민국 내부가 이념적으로 종북과 친중국이란 반국가세력에 어떻게 점령되고 타락해 있는가를 명백하게 인식하는 계기가 되었다. 이는 단순히 계엄을 바라보는 시각의 차이가 아니다. 남한 내 종북 주사파와 중국 공산당을 지지하는 친중국 세력이 힘을 합쳐 자유민주주의 대한민국을 파괴하고 공산 전체주의 사회로 몰고 가려는 음모를 고스란히 드러내고 있다.

무엇보다 지금 친중 세력이 종북 주사파 세력과 힘을 합쳐 대한민국을 반미(反美)로 몰아가고 있다. 이를 위해 중공 수괴 시진핑이 배후에서 중국 유학생들과 조선족 중국인들을 조종하면서 윤석열 대통령 탄핵에 앞장서고 있다. 특히 종북 주사파 세력은 지난 수십 년 동안 북한 통일전선부가 남한에 뿌려놓은 수십만 명의 간첩들을 자극해 중국 간첩들과 협력하고 있다. 게다가 이번 계엄에서 드러난 친한동훈계의 친중국파까지 공조해 대한민국 내에서 끊임없이 자유민주주의를 파괴하는데 앞장서 왔다.

어느 때보다 지금 대한민국이 위태롭다. 윤석열 대통령 계엄령 사태의 근본 원인은 종북 주사파 세력과 친중국 세력에 의해 촉발됐다. 윤석열 대통령이 계엄선포 담화문에서 밝혔듯이 그 내용은 "반국가세력의 체제 전복 위협으로부터 자유민주주의 대한민국을 수호하고 국민의 안전을 지키겠다"라는 것을 골자로 하고 있다. 따라서 지금 진행되고 있는 윤석열 탄핵 정국은 자유민주주의를 수호하려는 애국 세력과 종북 주사파 및 친중국 매국노 세력과의 건곤일척의 싸움이다. 여기서 밀리는 세력은 피비린내 나는 숙청을 당하지 않을 수 없는 점을 명심해야 한다.

윤석열 대통령을 중심으로 자유민주주의 대한민국을 지키려는 애국 세력이 이에 맞서고 있다. 이는 이재명의 망국적 의회 독재와 사회 교란 행위로 인해 국가 행정과 사법부의 기능이 완전히 붕괴 상태가 되었기 때문이다. 따라서 윤 대통령이 계엄령을 발동해 국민에게 거대 야당의 반국가적 패악질을 알려 이를 멈추도록 경고한 것이다. 윤석열 대통령은 이번 비상계엄은 자유민주주의 헌정질서의 붕괴를 막고, 국가 기능을 정상화해 국정을 바르게 이끌기 위한 불가피한 조치였다고 지적했다.

종북 주사파 및 친중 간첩 세력은 이런 냉혹한 현실을 명확히 인식하고 있다. 특히 종북 주사파 세력을 이끄는 이재명은 전과 5범이자 10여 건의 중대 범죄혐의로 재판을 받고 있다. 이재명은 어떻게 하더라도 윤석열 정부를 파괴하기 위해 발악하고 있다. 이제까지 보아 온 것처럼 이재명과 더불어민주당은 오직 방탄을 통해 목숨을 걸고 이재명을 보호하면서 윤석열 대통령을 끌어내리기 위해 온갖 음모와 거짓, 가짜뉴스와 심지어 헌법 질서까지 파괴하고 짓밟으며 최후 발악을 하고 있다.

◇ 이재명과 민주당 탄핵 남발로 헌정질서 유린

실제로 거대 야당인 더불어민주당은 자신들의 비리를 수사하고 감사하는 서울중앙지검장과 검사들을 탄핵하고, 헌법기관인 감사원장을 탄핵하면서 협박한다. 그리고 이자들은 이미 행안부 장관과 주요 인사들을 탄핵하면서 국정을 마비시키고 있다. 지금 더불어민주당과 중대범죄자 이재명이 벌이고 있는 의회 독재는 정상적인 정치활동이 아니다. 이들은 특정 반국가세력과 야합하여 목숨을 걸고 자유민주주의 대한민국을 파괴하고 헌정질서를 유린하고 있다. 이미 종북 주사파와 친중 세력이 앞장서 오직 윤석열 대통령 탄핵에 목숨을 걸고 있다.

무엇보다 간첩 조직이 스며든 민노총이 전면에 나서 더불어민주당의 이재명을 결사옹위하고 있다. 민노총은 이미 지도부가 북한 당국의 지령을 받고 김정은의 꼭두각시 노릇을 해오다 3명이 간첩행위로 중형을 받고 구속됐다. 민주노총은 대한민국 내에 사건 사고가 있을 때마다 북한지령을 받고 간첩행위를 일삼아 온 대한민국 최대 반국가 단체임이 밝혀졌다.

특히 민노총은 윤석열 정부 시절에 지난 2022년 10월 29일 발생한 이태원 압사 사건 때조차도 이들이 직접 북한 김정은의 지령을 받고 앵무새 노릇을 하면서 선전 선동에 앞장섰다. 민노총 지도부가 받은 북한 지령문에는 "이태원 참사로 인한 국민적 분노를 윤석열 정부에게로 돌려라"라는 충격적인 내용이 담겨 있다. 민노총은 남한에서 사건 사고가 일어날 때마다 북한지령을 받아 행동한 집단이다.

무엇보다 윤석열 대통령이 계엄령을 발표할 당시 국민의힘 한동훈이 진상 파악도 제대로 하지 않은 채 가장 먼저 계엄반대 목소리를 냈다. 대한민국을 지키려는 윤석열 대통령을 탄핵하는데 한동훈계 의원들이 똘똘 뭉쳐 앞장섰다. 결국 이자들이 국회에서 윤 대통령 탄핵소추안을 가결하는 데 결정적 역할을 했다. 이미 한동훈계는 이재명과 민주당과 협력해 윤 대통령을 탄핵하려고 결심한 것이 드러났다.

이렇게 대한민국에서 대형 사고가 발생할 때마다 직접 북한지령을 받고 남한에서 암약하는 종북 주사파와 중국 간첩들이 총궐기해 자유민주 대한민국을 파괴하고 있는데도, 대한민국 국민의 상당수가 여전히 더불어민주당을 지지하고 있다. 게다가 윤석열 대통령이 이번에 자유민주주의를 수호하기 위해 고육지책으로 선포한 계엄을 오히려 탄핵으로 몰아가는 데 앞장서고 있다. 하지만 이제는 그 판세가 뒤바뀌고 있다. 이미 윤석열 대통령 지지율이 40%를 넘어 50%에 육박하고 있다.

우파 정치인들까지도 양의 탈을 쓰고 두 번씩이나 자당의 대통령을 탄핵하는 파렴치한 행위를 지켜보면서 수많은 애국 시민이 피눈물을 흘리면서 윤석열 대통령을 지키기 위해 뛰쳐나오고 있다. 우리 보수우파 시민은 여기서 단 한 발짝이라도 물러서면 안된다. 만에 하나 윤석열 대통령의 탄핵이 인용되면 대한민국은 이재명과 한동훈이 꿈꾸는 친중국으로 넘어가게 된다. 그리고 종국적으로 대한민국 국민은 중국 공산당 수괴 시진핑의 인민이 된다는 사실을 명심해야 한다.

〈트럼프 대통령-T.RClub〉
〈트럼프 대통령에 대비하라-김창준 저〉 등과 국내외 언론 (인터넷)뉴욕타임스〉
〈거래의 기술(원제: the Art of Deal)〉
〈불구가 된 미국(원제: Crippled Amreica)〉
〈터프해져야 할 때: 미국을 다시 1위로 만들자(원제: Time to Great Tough:
  Making America first one Again)〉
〈트럼프의 부자되는 법(원제: How to Get Rich)〉
〈정상으로 가는 길(원제: The Way to the Top)〉
〈도널드 트럼프 억만장자 마인드(원제: Think Big and Kick Ass in Business
  and Life)〉
〈Fox News〉
〈CNN News〉
〈파이낸셜타임스(FT)〉
〈USA Today〉
〈POLITICO〉
〈RASMUSSEN〉
〈월스트리트저널(WSJ)〉
〈New York Times〉
〈뉴욕 데일리 뉴스(New York Daily News)〉
〈레이즈 리얼 토크(Lei's Real Talk)〉
〈차이나 언스크립티드(China Unscripted)〉
〈조선일보〉
〈월간중앙〉
〈월간조선〉
〈뉴스타파〉
〈한겨레〉
〈The audacity of hope(담대한 희망)-버락 오바마 지음(홍수원 옮김. 2006-
  랜덤 하우스)〉
〈오바마 베스트 연설문(오바마 지음 김욱현 편저)-베이직북스〉
〈미국 정치의 분열과 통합미국정치연구회지음(2008)-오름)
〈펠로폰네소스 전쟁사. 투퀴디데스. 천병희〉

트럼프 2.0 대한민국 지금이 기회다!

초판 1쇄 발행	2025년 1월 25일
초판 1쇄 발행	2025년 1월 31일
지은이	김문수
펴낸이	김문수
펴낸곳	생각하는 갈대
우편번호	22376
주소	인천광역시 중구 흰바위로 203, 211동 503호
전화	02-6953-0442
팩스	02-6455-5795
이메일	moonsu44@hanmail.net
출판등록	제2023-000027호
ISBN	979-11-985509-3-4 03330

ⓒ 2025, 김문수
* 값은 뒤표지에 표시되어 있습니다.
* 잘못된 책은 구입처에서 교환해 드립니다.